山东省教育学高峰学科著作出版基金资助

·教育与语言书系·

对应教学论
——对等教育的基础教学论

李春桥　黎锡雨 | 著

光明日报出版社

图书在版编目（CIP）数据

对应教学论：对等教育的基础教学论 / 李春桥，黎锡雨著．--北京：光明日报出版社，2023.10

ISBN 978-7-5194-7561-1

Ⅰ.①对… Ⅱ.①李… ②黎… Ⅲ.①教学研究 Ⅳ.①G420

中国国家版本馆 CIP 数据核字（2023）第 199573 号

对应教学论：对等教育的基础教学论

DUIYING JIAOXUELUN：DUIDENG JIAOYU DE JICHU JIAOXUELUN

著　　者：李春桥　黎锡雨

责任编辑：王　娟　　　　责任校对：郭思齐　董小花

封面设计：中联华文　　　　责任印制：曹　诤

出版发行：光明日报出版社

地　　址：北京市西城区永安路 106 号，100050

电　　话：010-63169890（咨询），010-63131930（邮购）

传　　真：010-63131930

网　　址：http://book.gmw.cn

E - mail：gmrbcbs@gmw.cn

法律顾问：北京市兰台律师事务所龚柳方律师

印　　刷：三河市华东印刷有限公司

装　　订：三河市华东印刷有限公司

本书如有破损、缺页、装订错误，请与本社联系调换，电话：010-63131930

开　　本：170mm×240mm

字　　数：296 千字　　　　印　　张：16.5

版　　次：2024 年 3 月第 1 版　　　　印　　次：2024 年 3 月第 1 次印刷

书　　号：ISBN 978-7-5194-7561-1

定　　价：95.00 元

目 录
CONTENTS

导论

四线定位教育的概念与研究方法

——对应教学论的教育学基础

一、四线定位教育概念的提出

四线定位教育的概念，是相对于现行单线定位教育的概念而提出的；因此，要弄明白四线定位教育的概念与研究方法，就需要从单线定位教育的概念与研究方法谈起。

二、现行单线定位教育概念的内容

在《当代教育学》中写道："教育是培养人的一种社会活动，是传承社会文化、传递生产经验和社会生活经验的基本途径。学校教育则是教育者根据一定社会的要求，有目的、有计划、有组织地对受教育者的身心施加影响，期望他们发生某种变化的活动。"① 这里包含着对教育的两种理解，即广义与狭义理解：广义教育，是"培养人的一种社会活动"；狭义教育，也就是学校教育活动。从教育活动参加者之间的关系看，按照现行教育理论的理解，广义教育，就是培养者对被培养者的培养活动。培养者如何培养被培养者呢？那就是如引文中所谈的培养者将社会文化传承或传递给被培养者——这种教育，当然也可以说是培养者对被培养者的主动规划或定位活动。而狭义教育，也就是教师对于学生的影响活动。教师如何影响学生呢？那就是如引文中所谈的"有目的、有计划、有组织地对受教育者的身心施加影响"——这种教育，当然也可以说是教师对学生的主动规划或定位活动。概括地看，按照现行教育理论的理解，所谓教育，也就是参加教育活动的一方对另一方的主动规划或定位活动；简约地说，所谓教育，也就是施教一方对受教一方的主动规划或定位活动——这也就是现行的单线定位教育概念或简单教育概念。

① 袁振国．当代教育学［M］．北京：教育科学出版社，2010：4.

三、对现行单线定位教育概念的遮蔽性分析

单线定位教育概念，从施教一方对受教一方的主动影响，切到对教育活动的规划或定位，能够定位出教育活动哪些方面的内容呢？一是，从定位的属性看，单线定位教育概念，能够定位出施教一方的主动规定性与受教一方的被规定性。从上面引文中的广义教育看，那就是培养者的主动培养性与被培养者的被动培养性；从狭义教育看，那就是教师的主动影响性与学生的被动影响性。二是，从定位的指向看，单线定位教育概念，能够定位出施教一方对受教一方的影响指向。从广义教育看，那就是培养者对社会文化的传递或传承与被培养者对社会文化的接受或接收；从狭义教育看，那就是教师对学生身心施加影响与学生对这一影响的接受或认可。三是，从定位的结果看，单线定位教育概念，能够定位出施教一方对受教一方的影响结果。从广义教育看，那就是培养者实现了对被培养者的培养；从狭义教育看，那就是教师实现了对学生的影响。总之，单线定位教育概念，从施教一方对受教一方的主动影响，切到对教育活动的定位，能够定位出的基本内容也就是：具有主动规定性的施教一方对具有被规定性的受教一方的培养或影响。不用多说，这种定位的根据，就是施教一方对受教一方的教育需要，也就是社会文化的一致性对教育传承性的需要；而其价值，就是方便施教一方对受教一方的教育活动，也就是能够支持社会文化的传承性需要。

然而，单线定位教育概念，从施教一方对受教一方的主动影响，切到对教育活动的规划或定位，在对教育活动有所把握的同时；却又遮蔽了教育活动哪些方面的内容呢？一是，从定位的属性看，单线定位教育概念，在定位出施教一方主动规定性与受教一方被规定性的同时，却遮蔽了施教一方的被规定性与受教一方的主动规定性；进一步，还遮蔽了施教与受教双方返回自身的规定性即自返规定性。这里的道理是，施教一方对受教一方的任何主动规定性，都必然会引起受教一方的反应；而这种反应，又必然会反过来影响到施教一方并使施教一方具有被规定性。由此，施教一方便必然会产生返回自身或反思自身的规定性即自返规定性。同时，受教一方对施教一方的活动，也必然会反过来影响到受教一方并使受教一方产生被规定性；由此，受教一方也便必然会产生返回自身或反思自身的规定性即自返规定性。这清楚地表明，施教与受教双方的主动规定性与被规定性以及自返规定性都是必然的对应存在；或者说，施教与受教双方的主动定位与被动定位以及自身的回返性定位（自返性定位或返身性定位）都是必然的对应存在。简单地说，在实际的教育活动中，施教一方与受

教一方，都分别具有自身的对象性关系与返身性关系——直白地说，施教与受教双方，都是在彼此规定中的返身性规定。然而，单线定位教育概念，却在静态的主观抽象思维中，片面地抽取出施教一方的主动规定性与受教一方的被规定性，并以偏概全地泛指双方在教育活动中所产生的相互对应的属性与回返自身的属性；由此，便遮蔽了施教一方的被规定性与受教一方的主动规定性，还遮蔽了施教与受教双方的回返自身的规定性即自返规定性。二是，从定位的指向看，单线定位教育概念，在定位出施教一方对受教一方的影响指向的同时；却遮蔽了受教一方对施教一方的影响指向，还遮蔽了施教与受教双方的自返性影响指向。这里的道理是，施教一方对受教一方的影响指向，必然会引起受教一方回返性的影响指向；与此相对的，受教一方对施教一方的影响指向，也必然会引起施教一方回返性的影响指向。由此，施教与受教双方就必然会产生双向度的影响指向。同时，施教与受教双方的这种双向度的影响指向，又必然会使双方产生指向自身的影响指向即自返性影响指向。这清楚地表明，施教与受教双方的影响指向，不仅是双向度的影响指向，而且还是自返性的影响指向。然而，单线定位教育概念，却在静态的主观抽象思维中，片面地抽取出施教一方对受教一方的影响指向，并以偏概全地泛指双方在教育活动中所产生的相互对应的影响指向与回返自身的影响指向；由此，便遮蔽了受教一方对施教一方的影响指向，还遮蔽了施教与受教双方的自返性影响指向。三是，从定位的结果看，单线定位的教育活动论，在定位出施教一方对受教一方的影响结果的同时；却遮蔽了受教一方对施教一方的影响结果，还遮蔽了施教与受教双方的自返性影响结果。这里的道理是，既然施教与受教双方都分别具有主动规定性与被规定性以及自返规定性，既然施教与受教双方都具有双向度影响指向与自返性影响指向；那么，施教与受教双方便必然会产生双方相互影响的结果与自返性影响的结果。然而，单线定位教育概念，却在静态的主观抽象思维中，片面地抽取出施教一方对受教一方的影响结果，并以偏概全地泛指双方在教育活动中所产生的相互对应的影响结果与回返自身的影响结果；由此，便遮蔽了受教一方对施教一方的影响结果，还遮蔽了施教与受教双方的自返性影响结果。总之，单线定位教育概念，从施教一方对受教一方的主动影响，切到对教育活动的规划或定位，在定位出具有主动规定性的施教一方对具有被规定性的受教一方的影响的同时；却遮蔽了具有主动规定性的受教一方对具有被规定性的施教一方的影响，还遮蔽了施教与受教双方具有自返性的影响。不用多说，这种定位的根源，就是简单主观抽象思维的泛化，而其消极作用，就是不利于施教与受教双方的相互教育与自返性教育，也当然不利于社会文化对教育所提出的传承与创新的对应需要。由此，便不难理解，在单线定位教育概念的视野中，不管是施教一方，还是受教一方；都只能是处于单一规定性中的人即单一属性的人——这也就是我们以术语表达的单性人。如果我们不能满足这种具有单一属性的人，那么，现行单线定位教育概念，就必然也必须被合理的反思与改造——这就需要从其背后的实践哲学基础谈起。

四、对现行单线定位教育概念的哲学基础的反思

现行单线定位教育概念，虽然自认为是以实践哲学的观点来看待教育的；但是这种实践哲学的观点，却是产生于欧洲近代的主体实践哲学的观点。哲学史的常识告诉我们，这种主体实践哲学，是作为对欧洲千年中世纪对人的主动性压抑的反驳而出现的；为此，它当然就需要强调人之为主体的主动性或能动性方面。作为德国近代主体哲学的代表，康德提出人为自然立法、为他人立法、为自我立法的系统思想，就是这种强调的证据。按照康德的理解，所谓实践，也就是作为主体的人指向客体或对象的主动规划或定位的活动——这当然也就是典型的单线定位的实践活动论。由此，我们可以清楚地看到，康德把握到了实践活动一个方面的属性，即人的主动规定性与对象的被规定性。

然而，人为自然立法、为他人立法、为自我立法的实际后果，又是怎样的呢？从人与自然的关系看，人当然可以有对自然活动的主动规定性；但是，人的活动必然会引起自然的变化或反应，而这种变化或反应，又必然会反过来对人产生影响并使人产生被规定性。由此，人便必然会产生返回自身或反思自身的属性即自返性。同时，自然对人的活动，也必然会回返到自然自身并使自然产生被规定性；由此，自然便必然会产生返回自身的属性即自返性。这清楚地表明，人与自然双方的主动规定性与被规定性以及自返性都是必然的对应存在。或者说，人在自然面前的主动定位与被动定位以及自返性定位都是必然的对应存在。从人与他人的关系看，人当然可以有对他人活动的主动规定性；但是，人的活动必然会引起他人的变化或反应，而这种变化或反应，又必然会反过来对人产生影响并使人产生被规定性。由此，人便必然会产生返回自身或反思自身的属性即自返性。同时，他人对人的活动，也必然会回返到他人自身并使他人产生被规定性；由此，他人也便必然会产生返回自身或反思自身的属性即自返性。这清楚地表明，人与他人双方的主动规定性与被规定性以及自返性都是必然的对应存在。或者说，人在他人面前的主动定位与被动定位以及自返性定位都是必然的对应存在。从人与自我的关系看，人当然可以有对自我活动的主动规定性；但是，人的活动必然会引起自我的变化或反应，而这种变化或反应，

又必然会反过来对人产生影响并使人具有被规定性。由此，人便必然会产生返回自身或反思自身的属性即自返性。同时，自我对人的活动，也必然会回返到自我本身并使自我本身产生被规定性；由此，自我也便必然会产生返回自身或反思自身的属性即自返性。这清楚地表明，人与自我双方的主动规定性与被规定性以及自返性都是必然的对应存在。或者说，人在自我面前的主动定位与被动定位以及自返性定位都是必然的对应存在。总之，在人与自然、人与他人、人与自我这三个维度上，人的实践活动，都必然会具有对应的三重性即主动规定性、被规定性与自返规定性；或者说，人在实践活动中，既有主动定位，又有被动定位，还有自返性定位。只不过，近代以来的主体实践哲学，仅仅把握了实践活动的主动规定性或主动定位性，却没能把握到实践活动的被规定性或被动定位性，更没能进一步把握到实践活动的自身回返性即自返性或返身性。

五、对现行单线定位教育概念的哲学基础的对应改造

人与对象双方，既然都具有对应的主动规定性与被规定性以及返回自身的规定性；那么，在实践活动中，人与对象双方的对应关系，也就只能包含如下三种情况：顺对应关系与逆对应关系以及自返性对应关系。所谓人与对象双方的顺对应关系，是指人与对象双方主动规定性与被规定性的一致性匹配关系或和顺关系：即当人发挥主动规定性时，对象就保持被规定性；而当对象发挥主动规定性时，人就保持被规定性。不用多说，人与对象双方的和顺关系，是一种理想状态，它能够带来人与对象双方的互补性或合成性变化或发展，我们以术语表达为上线定位。如千百年以来，人们期待或呼唤的人与自然、人与他人、人与自我之间的和谐相处，就是这种上线定位状态。所谓人与对象双方的逆对应关系，是指人与对象双方主动规定性与被规定性的不一致性匹配关系或矛盾关系，这包括如下三种定位关系。一是，当人与对象双方主动规定性与被规定性处于逆对应关系时，人便会从双方关系中返回自身，以反思或调整自身与对象的关系；这是人在实践活动中的中介性或过渡性定位，我们以术语表达为自返性定位。二是，当人与对象双方主动规定性与被规定性处于逆对应关系时，经过返回自身的过渡性定位，人便会协调矛盾或管控矛盾，以寻求双方的改造性或生成性变化或发展；这是人在实践活动中的现实性或操作性定位，我们以术语表达为中线定位。三是，当人与对象双方主动规定性与被规定性处于逆对应关系时，经过返回自身的过渡性定位，人就不能以自我为中心，以避免双方关系的破裂；这是人在实践活动中的禁止性或戒律性定位，我们以术语表达为下线或底线定位。由此，我们就以人与对象双方的一致性关系与不一致性关系

以及自返性对应关系为基础，得到了人与对象双方的四线定位关系，即理想性或倡导性的上线定位、中介性或过渡性的自返定位、现实性或操作性的中线定位、禁止性或戒律性的下线或底线定位。我们把以人与对象双方对应的主动规定性与被规定性以及自身回返性为基础的四线定位的实践活动概念、以术语表达为四线定位活动概念，区别于以人与对象单一的主动规定性与被规定性为基础的单线定位活动概念。

六、单线定位与四线定位活动概念的对应比较

单线定位与四线定位活动概念，在对实践活动的定位上，会具有哪些基本的不同呢？下面，我们结合人与自然、人与他人、人与自我的对应关系，做出简略的考察。

在人与自然对应关系的定位上，两种活动概念的比较如下。

单线定位活动概念：定位的属性是，人与自然双方中的人的单一主动规定性与自然的单一被规定性。定位的指向是，人对自然的单向度的影响指向，即人对自然的主动改造与自然的被改造。定位的结果是，人对自然的单方面影响结果，即人在利用自然的同时却导致了对自然的破坏——这当然也就是对人自身的伤害。概括地看，在单线定位活动概念的视野中，人与自然双方的活动，也就是人对自然的改造与自然的被改造活动——需要特别注意，这一概念只能反映出人对自然的主观设想或理想愿望或价值期待的简单活动。不难发现，在人与自然的关系上，单线定位活动概念视野中的人，只是具有单一主动规定性或主动性的人即单性人；而自然，也只是具有单一被规定性或被动性的简单对象。

四线定位活动概念：定位的属性是，人与自然双方对应的主动规定性与被规定性以及自身的回返性。定位的指向是，人与自然双方的双向度的影响指向与自返性的影响指向。定位的结果是，人与自然双方的相互性影响结果与自返性影响结果；上线，人与自然和谐相处，这是关于人与自然一致性对应关系的理想定位；自返线，这是关于人与自然不一致性对应关系的过渡性定位；中线，管控或协调人与自然的矛盾或对抗，这是关于人与自然不一致性对应关系的操作定位；下线或底线，不能以双方中的任何一方为中心，以免人与自然关系破裂，这是关于人与自然不一致性对应关系的戒律性定位。通过四线定位的人与自然的对应活动，人就可以满足对自然的主观愿望或理想，可以实现对人与自然双方关系的调整或改变，也可以在不伤害彼此的底线基础上，做出对自然的具有可操作性的现实选择。概括地看，在四线定位活动概念的视野中，人与自

然双方的活动，也就是人与自然双方的相互性活动与自返性活动——需要特别注意，这一概念能够反映出人对自然的理想、自返、操作与戒律维度上的不同对应活动。不难发现，在人与自然的关系上，四线定位活动概念的视野中的人，就是具有与自然不同对应关系以及自返关系的丰富性的人；而自然，也就是具有与人的不同对应关系以及自返关系的多样性的自然。

在人与他人对应关系的定位上，两种活动概念的比较如下。

单线定位活动概念：定位的属性是，人与他人双方中的人的单一主动规定性与他人的单一被规定性。定位的指向是，人对他人的单向度的影响指向，即人对他人的主动影响与他人的被动接受影响。定位的结果是，人对他人的单方面的影响结果，即人在满足自身需要的同时却导致了对他人的损害——这当然也就是对人自身的损害。概括地看，在单线定位活动概念的视野中，人与他人双方的活动，也就是人对他人的影响与他人的被影响活动——需要特别注意，这一概念只能反映出人对他人的主观设想或理想愿望或价值期待的简单活动。不难发现，在人与他人的关系上，单线定位活动概念视野中的人，只是具有单一主动规定性或被规定性的人即单性人。

四线定位活动概念：定位的属性是，人与他人双方对应的主动规定性与被规定性以及自身的回返性。定位的指向是，人与他人双方的双向度的影响指向与自返性的影响指向。定位的结果是，人与他人双方的相互性影响结果与自返性影响结果；上线，人与他人和谐相处，这是关于人与他人一致性对应关系的理想定位；自返线，这是关于人与他人不一致性对应关系的过渡性定位；中线，管控或协调人与他人的矛盾或对抗，这是关于人与他人不一致性对应关系的操作定位；下线或底线，不能以双方中的任何一方为中心，以免人与他人关系破裂，这是关于人与他人不一致性对应关系的戒律性定位。通过四线定位的人与他人对应的社会活动，人可以满足对他人的主观愿望或理想，可以实现对人与他人双方关系的调整或改变，也可以在不伤害彼此的底线基础上，做出对他人的具有可操作性的现实选择。概括地看，在四线定位活动概念的视野中，人与他人双方的活动，也就是人与他人双方的相互性活动与自返性活动——需要特别注意，这一概念能够反映出人对他人的理想、自返、操作与戒律维度上的不同对应活动。不难发现，在人与他人的关系上，四线定位活动概念视野中的人，就是具有相互性与自返性的丰富的人。

在人与自我对应关系的定位上，两种活动概念的比较如下。

单线定位活动概念：定位的属性是，人（角色）与自我双方中的人的单一主动规定性与作为对象的自我的被规定性。定位的指向是，人（角色）对自我的单向度的影响指向，即人（角色）对自我的主动影响与自我的被动接受影响。定位的结果是，人（角色）在满足需要的同时却导致了对自我的伤害——这当然也就是对人（角色）的伤害。概括地看，在单线定位活动概念的视野中，人与自我双方的活动，也就是人对自我的影响与自我被影响的活动——需要特别注意，这一概念只能反映出人对自我的主观设想或理想愿望或价值期待的简单活动。不难发现，在人（角色）与自我的关系上，单线定位活动概念视野中的人，只是具有单一主动规定性的人即单性人。

四线定位活动概念：定位的属性是，人（角色）与自我双方对应的主动规定性与被规定性以及自身的回返性。定位的指向是，人（角色）与自我双方的双向度的影响指向与自返性的影响指向。定位的结果是，人（角色）与自我双方的相互性影响结果与自返性的影响结果；上线，人（角色）与自我和谐相处，这是关于人与自我一致性对应关系的理想定位；自返线，这是关于人（角色）与自我不一致性对应关系的过渡性定位；中线，管控或协调人（角色）与自我的矛盾或对抗，这是关于人与自我不一致性对应关系的操作定位；下线或底线，不能以双方中的任何一方为中心，以免人（角色）与自我关系破裂，这是关于人与自我不一致性对应关系的戒律性定位。通过四线定位的人与自我的对应活动，人可以满足对自我的主观愿望或理想，可以实现对人与自我双方关系调整或改变，也可以在不伤害彼此的底线基础上，做出对自我的具有可操作性的现实选择。概括地看，在四线定位活动概念的视野中，人与自我双方的活动，也就是人与自我双方的相互性活动与自返性活动——需要特别注意，这一概念能够反映出人对自我的理想、自返、操作与戒律维度上的不同对应活动。不难发现，在人与自我的关系上，四线定位活动概念视野中的人，也是具有相互性与自返性的丰富的人。

归纳地看，在人与自然、人与他人、人与自我的对应关系上：单线定位活动概念视野中的活动，都只能是一方对另一方的简单活动，处在这种简单活动中的人，也就只能是以单一属性为基础的单性人；而四线定位活动概念视野中的活动，则是一方与另一方的相互性活动以及自返性活动，处在这种相互性活动与自返性活动中的人，也就是以相互性与自返性为基础的丰富的人。

七、单线定位与四线定位教育概念的对应比较

单线定位与四线定位活动概念，在对教育活动的定位上，又会具有哪些基本的不同呢？下面，是两种定位概念的基本比较。

单线定位教育概念：定位的属性是，施教一方的单一主动规定性与受教一

方的单一被规定性。定位的指向是，施教一方对受教一方的单向度的影响指向，即施教一方对受教一方的主动教育与受教一方的被动接受教育。定位的结果是，施教一方对受教一方单方面的教育或塑造。概括地看，在单线定位教育概念视野中，教育，也就是施教一方对受教一方的简单影响活动——需要特别注意，这一概念只能反映出施教一方对受教一方的主观设想或理想愿望或价值期待的简单活动。不难发现，在单线定位教育概念的视野中，不管是施教一方，还是受教一方；都是具有单一主动规定性或被规定性的人即单性人。由此，我们可以有根据地说，现行单线定位教育概念，就是单性人对单性人的教育理论；简言之，也就是关于单性人的教育理论。

四线定位教育概念：定位的属性是，施教与受教双方对应的主动规定性与被规定性以及自身的回返性。定位的指向是，施教与受教双方的双向度的影响指向以及自返性影响指向。定位的结果是，施教与受教双方的相互性影响结果以及自返性影响结果；上线，施教与受教双方的和谐相处关系，这是关于施教与受教双方一致性对应关系的理想定位；自返线，施教与受教双方返回到自身的自返性关系，这是关于施教与受教双方的不一致性对应关系的过渡性定位；中线，管控或协调施教与受教双方的矛盾或对抗，这是关于施教与受教双方不一致性对应关系的操作定位；下线或底线，不能以双方中的任何一方为中心，以免施教与受教双方教育关系破裂，这是关于施教与受教双方不一致性对应关系的戒律性定位。通过四线定位的施教与受教双方对应的教育活动，双方可以满足对对方的主观愿望或理想，可以实现对自身的调整或改变，也可以在不伤害彼此的底线基础上，做出对对方的具有可操作性的现实选择。概括地看，在四线定位教育概念视野中，教育，也就是施教与受教双方的相互性影响活动与自返性影响活动——需要特别注意，这一概念能够反映出施教与受教双方的理想、自返、操作与戒律维度上的不同对应活动。不难发现，在四线定位教育概念的视野中，不管是施教者，还是受教者；都是具有相互性与自返性的丰富的人。由此，我们也可以有根据地说，四线定位教育概念，就是丰富的人对丰富的人的教育理论；简言之，也就是关于丰富的人的教育理论。

八、关于单线定位与四线定位教育概念的内容的对应比较

为了更清楚地把握两种定位概念的不同，我们不妨将在单线定位与四线定位视野中所形成的两种教育概念的内容，做出如下对比。

现行单线定位教育概念的内容——教育，是施教一方对受教一方的简单影响活动。

四线定位教育概念的内容——教育，是施教与受教双方的相互性影响活动与自返性影响活动：在理想的维度上，它是施教与受教双方以一致性为基础的互补性的教育；在自返的维度上，它是施教与受教双方以不一致性为基础的自身调整或改变的教育；在现实的维度上，它是施教与受教双方以不一致性为基础的生成性的教育；在戒律的维度上，它是施教与受教双方以不一致性为基础的禁止性的教育即双方都不能以自我为中心而破坏或割裂双方的对应教育。

九、关于单线定位与四线定位教育概念的思维路线的对应比较

为了更简明地把握这两种定位概念的不同，我们也不妨将两种教育概念中的不同思维路线做出如下对比。

现行单线定位教育概念的思维路线——教育，应该是什么——请特别注意，现行单线定位教育概念，只有一条思维路线即“应该是什么”。

四线定位教育概念的思维路线——教育，在理想的维度上，应该是什么；在自返的维度上，自身的过渡或调整是什么；在现实的维度上，实际是什么；在戒律的维度上，不能是什么——请特别注意，四线定位教育概念，具有四条思维路线即“应该是什么”“自身的过渡或调整是什么”“实际是什么”以及“不能是什么”。

十、四线定位教育概念的研究方法

综合上述对现行单线定位教育概念的反思与改造，我们就能得到四线定位教育概念的基本研究步骤或方法。

第一，探寻思维活动的切入点。这一操作过程要求我们根据现行单线定位教育概念的基本内容，反向地推论其理解或把握教育的思维起点或切入点，如本文前面谈到的，单线定位教育概念是从“施教一方对受教一方的主动影响”切到对教育的理解的。这里需要仔细注意：探寻思维切入点的过程，内含一种对思维活动做反向推论的具体方法，我们将这种方法，以术语表达为“思维活动还原法”或“思维还原法”，也就是由思维的“结果”，去反向推论思维的“过程”，再继续推论思维的“起点或切入点”。不难理解，通过思维活动还原法，我们就可以将思维活动区分为“思维活动的起点或切入点”“思维活动的过程”与“思维活动的结果”三个相对独立的环节，以便为分析思维活动奠定框架性基础。

第二，分析思维活动的遮蔽性。从操作上看，思维的遮蔽性分析，涉及两个相互对应的方面。一方面是，寻找思维切入点上的所见或所得、根据及其积

极作用。如，本文前面谈到的，单线定位教育概念从“施教一方对受教一方的主动影响”切到对教育的理解，其所见，就是施教一方指向受教一方的影响或塑造；其根据，就是社会文化的一致性需要教育的传承；其积极作用，就是不仅便于施教一方对受教一方的简单教育，而且也能够满足社会对教育的简单传承性需要。另一方面是，寻找思维切入点上的所不见或所失、根源及其消极作用。如本文前面谈到的，单线定位教育概念从“施教一方对受教一方的主动影响”切到对教育的理解，其所不见，就是受教一方反过来指向施教一方的影响或塑造以及施教与受教双方的自返性影响或塑造；其根源，就是单线定位教育概念的片面抽象思维的泛化；其消极作用，就是不利于施教与受教双方的对应性教育以及自返性教育，也不利于社会文化对教育传承与创新的对应需要。这里需要特别提示：思维的遮蔽性，表达的是思维切入点上的所见与所不见两者之间相互对应的阻挡、遮掩或掩蔽的属性；这是人类思维的客观内在属性，而不是人的主观错误或失误。按照我们的理解，人们从任何一个切入点上对对象的把握，都会有所见或所得，也会有所不见或所失，并且所见或所得与所不见或所失两者之间存在相互对应的遮蔽。这正如用一束光去照射某个对象，我们就会得到关于这个对象的光明面，也会得到关于这个对象的阴暗面，并且在光明面与阴暗面之间存在相互对应的遮蔽一样。

第三，确立对应体。经由思维的遮蔽性分析，我们就可以得到相互对应的存在即对应体，如本文前面谈到的，单线定位教育概念从“施教一方对受教一方的主动影响”切到对教育的理解，其所见就是施教一方指向受教一方的影响或塑造，而其所不见则是受教一方反过来指向施教一方的影响或塑造以及施教与受教双方的自返性影响或塑造。经过我们的遮蔽性分析，就可以确立起“由施教一方指向受教一方的教育向度”与“由受教一方指向施教一方的教育向度”以及“施教与受教双方的自返性教育向度”这三种相互对应的教育向度。这里需要仔细注意：对应体，具有不同存在形式，如“由施教一方指向受教一方的教育向度”，就以单线定位教育概念所谓“有目的、有计划、有组织”的显在教育形式而存在，而“由受教一方指向施教一方的教育向度”以及“施教与受教双方的自返性教育向度”，则常常以无目的、无计划、无组织的隐在教育形式而存在。顺便一提，这种无目的、无计划、无组织的隐在教育，是现行单线定位教育概念所无法把握到的教育形式；而关注隐在教育与显在教育的对应，则是四线定位教育概念的基本内容之一。不用多说，关注对应体的不同存在形式，当然可以使人们更精准地把握对应体的具体存在。

第四，对应力分析。确立了对应体之后，就需要去探索对应体双方的力量即对应力分析。具体地看，对应力分析包括如下三种基本情况：顺对应或正对应、逆对应或反对应以及自返性对应。顺对应或正对应，指的是双方之间的一致性关系或和顺关系；逆对应或反对应，指的是双方之间的不一致性关系或矛盾关系；自返性对应，指的是由不一致性关系所导致的双方各自返回自身的对应关系。以上文谈到的“施教一方指向受教一方”与“受教一方指向施教一方”的双向度对应为例：受教一方接受来源于施教一方的指向与施教一方接受来源于受教一方的指向，都属于双方的顺对应或正对应关系；受教一方反对来源于施教一方的指向与施教一方反对来源于受教一方的指向，都属于双方的逆对应或反对应关系；施教与受教双方由于反对应关系而产生的返回自身的指向，则属于自返性对应关系。这里需要特别强调：施教与受教双方之间的顺对应关系、逆对应关系与自返性对应关系，就是四线定位教育概念所把握到的教育的内在机理或机制。我们认为，只有仔细考察教育的内在机理或机制，才可能从操作上去克服现行单线定位教育概念在师生关系上的“教师主导论”或“外因决定论”的粗疏，也才可能精准地确立起师生双方的对应性转化与自返性转化的内在根据。

第五，对应功能分析。沿着对应力分析的思路，我们看到，对应力的功能包括如下三种基本情况：顺对应或正对应的功能，是实现处于对应关系中的双方的互补或合成；逆对应或反对应的功能，是推动处于对应关系中的双方的新成或生成；自返性对应的功能，是推动处于对应关系中的双方实现从双方关系中返回自身的转换或过渡。以上文谈到的“施教一方指向受教一方”与“受教一方指向施教一方”的双向度对应以及“施教与受教双方”的自返性对应的功能为例：施教与受教双方的顺对应功能，就是实现双方的互补性转化，也就是施教一方补充受教一方，同时，受教一方也补充施教一方；施教与受教双方的逆对应功能，就是推动双方以相互讨论或相互批评为基础的新变化即生成，也就是施教一方改变受教一方，同时，受教一方也改变施教一方；施教与受教双方的自返性功能，则是由于双方逆对应关系而推动的双方各自返回自身的过渡功能。这里需要仔细辨析：我们分析的是对应力的“功能”（客观），而不是“价值”（主观）；同时，我们分析的是施教与受教双方的“转化”（客观），而不是“发展”（主观）。我们所以做出这种区分，最基本的目的就是要克服现行单线定位教育概念片面的“教育价值论”，并将教育的主观价值与教育的客观功能做出对应的考察。

第六，对应定位或四线定位。沿着对应的功能分析的思路，我们看到，对应定位的过程，从抽象理论来说，那就是受到客观与主观两方面因素限定的过程；从具体操作来说，那就是在客观限定下的主观选择过程，或者说，是以被动性为基础的主动选择过程。从上文谈到的“施教一方指向受教一方”与“受教一方指向施教一方”的对应功能以及“施教与受教双方”的自返性对应功能来看，在教育活动中，如何对这三种功能进行对应定位呢？那首先就是要明确“施教一方指向受教一方”与“受教一方指向施教一方”以及“施教与受教双方”的自返性这三种向度与功能，都是教育活动中客观的对应存在而与人的主观愿望无关。然后，在把握到这种对应存在的前提下，去做出自己的对应选择或定位；这包括如下四种定位。第一种定位是，上线定位即理想性或愿望性定位：这是以“施教一方指向受教一方”与“受教一方指向施教一方”之间的一致性为前提的定位，如学生接受教师的影响，同时，教师也接受学生的影响。上文谈到，这种以一致性为基础的定位，能带来双方的互补性或合成性变化或发展。第二种定位是，返回自身的自返性定位：这是以“施教一方指向受教一方”与“受教一方指向施教一方”之间的不一致性为前提的定位，如学生不接受教师的影响，同时，教师也不接受学生的影响。上文谈到，这种以不一致性为基础的定位，能够推动双方实现从双方关系中返回到自身的过渡。第三种定位是，中线定位即现实性或操作性定位：这是以“施教一方指向受教一方”与“受教一方指向施教一方”之间的不一致性为前提的定位，如学生不接受教师的影响，或者，教师不接受学生的影响。上文谈到，这种以不一致性为基础的对应定位，经由双方的讨论或调整，能带来双方的协调性或生成性变化或发展。第四种定位是，下线或底线定位即禁止性或戒律性定位：这是以“施教一方指向受教一方”与“受教一方指向施教一方”之间的不一致性为前提的定位。上文谈到，这种定位经由双方的禁止或管控，能够避免双方对应教育关系的破裂。这里需要特别提醒：对应定位的过程，不是现行单线定位概念所片面把握到的单线主观定位的过程（如主观规定由教师指向学生的单向度），而是客观限定中的主观规定过程，或者是被规定中的主动规定过程，这也就是四线定位的过程。

不难理解，在实际的教育活动中，施教与受教双方通过四线定位活动，可以满足双方的理想追求，可以实现双方的自返性过渡，可以满足双方的现实操作，还可以满足双方的底线戒律——拥有这种对应定位或四线定位能力或素质的人，也就是我们以术语表达的丰富的人；以区别于由现行单线定位教育概念所塑造出的以单一属性为特征的简单的人。不用多说，以相互性与自返性为基础而生成的施教与受教双方的四线定位关系，其实，也就是具有差异性或丰富性的教育关系；而以简单性为基础而生成的施教与受教双方的单线定位关系，当然，就只能是等级性关系或不对等关系。

整合上面的内容，我们就能得到反思与改造现行单线定位教育概念的依次递进的六个基本步骤，也就是：思维的切入点探寻、思维的遮蔽性分析、确立对应体、对应力分析、对应功能分析、对应定位或四线定位，我们把这六个基本步骤概括起来，以术语表达为“遮蔽—对应分析与定位法”。在侧重于遮蔽性分析的情境中，可以简约地表达为“遮蔽性分析法”；在侧重于对应分析的情境中，可以简约地表达为“对应分析法”；而在侧重于对应定位的情境中，也可以简约地表达为“对应定位法”或“四线定位法”。不难理解，遮蔽性分析法与对应分析法，是侧重于对教育活动的认识或理解的方法，也就是对应哲学或对应教育哲学的认识论；而对应定位法或四线定位法，则是侧重于对教育活动的行为或操作的方法，也就是对应哲学或对应教育哲学的实践论或活动论。总之，这也就是我们关于四线定位教育概念的基本研究方法。

最后，需要做出两点提示。一是，我们之所以对现行单线定位教育概念做出反思与改造：不仅是因为要改造现行教育基本理论的不足，也不仅是因为要为本书的对应教学论建立起可靠的教育学基础，还因为要改造其背后单线定位实践概念的哲学观，以便在四线定位实践概念的哲学基础上，去涵养具有相互对应属性与自返属性的丰富的人。二是，从单线定位实践概念，到四线定位实践概念的转换：其内在机制，就是人的主动规定性在实践活动中所必然引起的被规定性与自返规定性；不了解主动规定性与被规定性以及自返规定性的对应生成这一机制，就很难完成从单线定位实践概念到四线定位实践概念的过渡。

第一章

对现行教学活动论的遮蔽性分析与对应改造

第一节 对现行教学活动论的遮蔽性分析

切问：

1. 现行教学理论，将教学理解为教师对学生的主动规定性活动；其思维活动的切入点在哪里？我们如何才能探索到其思维活动的切入点？

2. 现行教学活动论，从自己理解教学活动的切入点上，能够把握到教学活动哪些方面的内容呢？

3. 现行教学活动论的根据是什么？这种教学活动论，对实际的教学活动会产生哪些积极作用？

4. 现行教学活动论，从自己理解教学活动的切入点上，在对教学活动有所把握的同时，却又遮蔽了哪些内容呢？

5. 在思维运行中，现行教学活动论，存在遮蔽的根源在哪里？

6. 现行教学活动论，对实际的教学活动会产生怎样的消极作用？

一、现行教学活动论的内容、属性及其思维活动的切入点

（一）现行教学活动论的内容

现行教学活动论的内容，集中表现在关于教学的概念之中。关于教学的概念，在《教育学》中写道："教学是在一定教育目的规范下的，教师的教与学生的学共同组成的一种教育活动。在这一活动中，学生在教师有计划地组织与引导下，能动地学习、掌握系统的科学文化基础知识，发展自身的智能与体力，养成良好的品行与美感，逐步形成全面发展的个性。"① 从这种理解中，我们很

① 王道俊，郭文安．教育学［M］．北京：人民教育出版社，2009：161.

容易看到，现行教学理论，将教学规定为一种教育活动。从这种活动中的双方关系看，那就是教师一方对于或指向学生一方的主动规划活动或主动定位活动。简约地表达，在现行教学理论的视野中，教学，也就是教师对于学生的主动定位活动——这就是现行教学活动论的基本内容。

（二）现行教学活动论的属性

现行教学活动论，具有怎样的属性呢？

按照现行教学活动论的理解，教学就是教师对于学生的主动定位活动。教学活动的实际，果真是这样的吗？当教师对学生进行主动定位的教学活动时，难道不会受到学生的影响而产生被规定性吗？由此，教师的主动规定性与被规定性，难道不会对教师产生回返自身的自返性规定吗？同时，难道学生仅仅是被动地接受教师的定位而不会对教师产生主动定位吗？学生对教师的主动定位，难道不会带来教师的反应并使学生产生被动性吗？由此，学生的主动规定性与被规定性，难道不会对学生产生回返自身的自返性规定吗？从上面的引文中，我们不难发现，现行教学理论，却根本无视教学活动实际中这些具有内在对应性关系的问题；仅仅从自己的主观愿望或主观价值出发，一厢情愿地将教学抽象规定为教师对于学生的主动定位活动——由此，我们就可以有根据地说，现行教学活动论的属性，就是片面性或简单性。正因为现行教学活动论具有内在简单性的属性，所以我们也将现行教学活动论以术语表达为简单教学活动论或简单教学论。

（三）现行教学活动论的思维活动的切入点

现行教学活动论，既然将教学理解为教师对于学生的主动定位活动，那么，我们就可以据此逆向推论出现行教学活动论的思维活动的起点或切入点，那就是“教师对学生的主动影响”。正向地表达，现行教学活动论，从教师对学生的主动影响，切到对教学活动的理解；由此，才将教学规定为教师对于学生的主动定位活动。

二、现行教学活动论的所见、根据及其积极功能

（一）现行教学活动论的所见

现行教学活动论，从教师对学生的主动影响，切到对教学活动的规定或定位，能够定位出教学活动哪些方面的内容呢？一是，从定位的属性看，现行教学活动论，能够定位出教师对学生的主动规定性与学生的被规定性。套用引文中的话说，那就是教师对学生“引导”的属性与学生被引导的属性。二是，从

定位的指向看，现行教学活动论，能够定位出教师对学生的单向度的影响指向。套用引文中的话说，那就是教师对学生“引导”与学生被引导。三是，从定位的结果看，现行教学活动论，能够定位出教师对学生单方面的影响结果。套用引文中的话说，那就是“学生在教师有计划地组织与引导下，能动地学习、掌握系统的科学文化基础知识，发展自身的智能与体力，养成良好的品行与美感，逐步形成全面发展的个性”。总之，现行教学活动论，从教师对学生的主动规定，切到对教学活动的理解，能够把握到的基本内容，也就是：具有主动规定性的教师对具有被规定性的学生单方面的影响或教育。

（二）现行教学活动论的根据

现行教学活动论，从教师对学生的主动影响，切到对教学活动的理解，所把握到的基本内容，是有根据的吗？一是，从定位的属性看，作为教学活动的参加者，教师当然具有对学生进行主动规定的属性——按照现行教学活动论的理解，教师是“在一定教育目的规范下”对学生进行主动规定的。而作为教学活动的参加者；学生也当然具有被教师所规定的属性。就此而论，现行教学活动论所把握到的教师对学生的主动规定性与学生的被规定性，就是有根据的。二是，从定位的指向看，既然教师要对学生进行主动规定，那么，就必然会具有指向学生的影响向度。这也是有根据的。三是，从定位的结果看，既然教师对学生进行了主动规定，既然教师具有指向学生的影响向度，那么，学生就必然会受到教师的影响而发生变化或发展。这也是有根据的。总之，现行教学活动论，从教师对学生的主动影响，切到对教学活动的理解，所把握到的基本内容，从教师对学生的单方面教学来看，都是有根据的，因而也就是合理的。

（三）现行教学活动论的积极功能

现行教学活动论，从教师对学生的主动影响，切到对教学活动的理解，所把握到的基本内容，对于实际的教学活动，都具有积极的功能或价值。一是，从定位的属性看，现行教学活动论，能够把握到教师对学生的主动规定性与学生的被规定性；这能够支持教师自觉地发挥对学生的主动规定性，也能够支持学生在保持自身被规定性的前提下自觉地接受教师的主动规定性。二是，从定位的指向看，现行教学活动论，能够把握到教师对学生的影响指向；这能够支持教师对学生的影响，也能够支持学生接受教师的影响。三是，从定位的结果看，现行教学活动论，能够把握到教师对学生单方面的影响结果；这能够支持教师接受对学生的影响结果，也能够支持学生接受教师的影响结果。总之，现行教学活动论，从教师对学生的主动影响，切到对教学的理解，所把握到的基本内容，从教师对学生单方面的教育来看，都具有积极的价值或作用。

三、现行教学活动论的偏蔽、根源及其消极功能

（一）现行教学活动论的偏蔽

现行教学活动论，从教师对学生的主动影响，切到对教学活动的理解，在有所见或有所把握的同时，却又遗漏或遮蔽了哪些内容呢？一是，从定位的属性看，现行教学活动论，在把握到教师对学生的主动规定性与学生的被规定性的同时，却遮蔽了学生对教师的主动规定性与教师的被规定性；进一步，还遮蔽了师生双方由主动规定性与被规定性所必然引起的回返自身的属性即自返性。二是，从定位的指向看，现行教学活动论，在把握到教师对学生的影响指向的同时，却遮蔽了学生对教师的影响指向；进一步，还遮蔽了师生双方由双向度影响指向所必然产生的自返性影响指向。三是，从定位的结果看，现行教学活动论，在把握到教师对学生影响结果的同时，却遮蔽了学生对教师的影响结果；进一步，还遮蔽了师生双方由于相互影响结果所必然产生的自返性影响结果。总之，现行教学活动论，从教师对学生的主动影响，切到对教学活动的理解，在把握到具有主动规定性的教师对具有被规定性的学生的影响的同时，却遮蔽了具有主动规定性的学生对具有被规定性的教师的影响；进一步，还遮蔽了师生双方的自返性影响。

（二）现行教学活动论的偏蔽的根源

从思维运作看，现行教学活动论，之所以存在上述偏蔽，就是因为其主观抽象思维的泛化导致的。一是，从定位的属性看，教师对学生的任何主动规定性，在实际的教学活动中，都必然会引起学生的反应；而学生的反应，又必然会对教师产生被规定性。由此，教师的主动规定性与被规定性，就必然会引起教师返回自身的规定性即自返性。同时，学生对教师的任何主动规定，在实际的教学活动中，也都必然会引起教师的反应；而教师的反应，又必然会对学生产生被规定性。由此，学生的主动规定性与被规定性，也必然会引起学生返回自身的规定性即自返性。这清楚地表明，在实际的教学活动中，师生双方都同时具有主动规定性、被规定性与自返规定性。然而，现行教学活动论，却在其主观思维中，片面地抽取出教师对学生的主动规定性与学生的被规定性，并以偏概全地泛指师生双方在教学活动中所产生的对应属性；由此，便遮蔽了学生对教师的主动规定性，也遮蔽了教师的被规定性，还遮蔽了师生双方的自返规定性。二是，从定位的指向看，教师对学生的主动规定性指向，必然会引起学

生的反应；而学生的反应，又必然会形成对教师的影响指向。与此对应地，学生对教师的主动规定性指向，也必然会引起教师的反应；而教师的反应，也必然会形成对学生的影响指向。同时，师生双方双向度的影响指向，又必然会产生对师生双方的自返性影响指向。这清楚地表明，在实际的教学活动中，师生双方都同时具有双向度的影响指向以及自返性的影响指向。然而，现行教学活动论，却在其主观思维中，片面地抽取出教师对学生的影响指向，并以偏概全地泛指师生双方在教学活动中所产生的对应指向；由此，便遮蔽了学生对教师的影响指向，还遮蔽了师生双方的自返性影响指向。三是，从定位的结果看，既然师生双方都分别具有自身的主动规定性、被规定性与自返规定性，既然师生双方都分别具有双向度的影响指向与自返性的影响指向；那么，师生双方的影响结果，就必然会是相互影响的结果与自返性影响的结果。然而，现行教学活动论，却在其主观思维中，片面地抽取出教师对学生的影响结果，并以偏概全地泛指师生双方在教学活动中所产生的对应结果；由此，便遮蔽了学生对教师的影响结果，还遮蔽了师生双方自返性的影响结果。

（三）现行教学活动论的消极功能

现行教学活动论，从教师对学生的主动影响，切到对教学活动的理解，在有所把握的同时，却又存在偏蔽。这些认识或思维中的偏蔽，对实际的教学活动，会产生哪些消极影响呢？一是，从定位的属性看，现行教学活动论，在把握到教师对学生的主动规定性与学生的被规定性的同时，却遮蔽了学生对教师的主动规定性与教师的被规定性；进一步，还遮蔽了师生双方的自返规定性。由此，便直接导致了两个方面的不足性。从教师方面看，教师仅仅把握到自己对学生的主动规定性与学生的被规定性，便必然会产生对学生影响的片面主动性的关注而难以产生对师生双方主动规定性与被规定性以及自返规定性的对应关注；从学生方面看，学生仅仅把握到教师的主动规定性与自己的被规定性，便必然会产生对教师主动规定性的片面接受而难以产生对师生双方主动规定性与被规定性以及自返规定性的对应关注。二是，从定位的指向看，现行教学活动论，在把握到教师对学生影响指向的同时，却遮蔽了学生对教师的影响指向；进一步，还遮蔽了师生双方的自返性影响指向。由此，便直接导致了两个方面的不足性。从教师方面看，教师仅仅把握到对学生的影响指向，便必然会产生对这种单一影响指向的关注而难以产生对双方具有的双向度影响指向与自返性影响指向的对应关注；从学生方面看，学生仅仅把握到教师对自己的影响指向，便必然会产生对这种单一影响指向的接受而难以产生对双方具有的双向度影响指向与自返性影响指向的对应关注。三是，从定位的结果看，现行教学活动论，在把握到教师对学生影响结果的同时，却遮蔽了学生对教师的影响结果；进一步，还遮蔽了师生双方的自返性影响结果。由此，便直接导致了两个方面的不足性。从教师方面看，教师仅仅把握到对学生的影响结果，便必然会产生对这种单一影响结果的关注而难以产生对双方影响结果与自返性影响结果的对应关注；从学生方面看，学生仅仅把握到教师对自己的影响结果，便必然会产生对这种单一影响结果的接受而难以产生对双方影响结果与自返性影响结果的对应关注。总之，现行教学活动论，从教师对学生的主动影响，切到对教学活动的理解，从师生双方主动规定性与被规定性以及自返规定性相互对应的教育来看，确实存在严重的简单性偏差并因此受到合理地反思与改造。

四、本节小结

综上所述，我们看到，现行教学活动论，从教师对学生的主动规定，切到对教学活动的理解，虽然能够把握到具有单一主动性的教师对具有单一被动性的学生单方面的教学，也能够把握到这种简单教学的根据并对学校的简单教学活动产生积极的作用；但是，遮蔽了同时具有主动性与被动性以及自返性的师生双方的对应教学。从思维运作看，现行教学活动论的偏蔽，是由其主观思维的抽象泛化所导致的。从实际看，这种抽象泛化的思维或认识，对主动性与被动性以及自返性的对应教学活动存在多方面的消极作用。因此，现行教学活动论，就必然被合理地反思与改造。

五、本节提示

在本节最后，需要做两点提示。一是，探寻现行教学活动论的思维活动切入点的根据，就是现行教学活动论的内容；或者说，我们是通过现行教学活动论的基本内容而探寻到其思维活动切入点的。二是，对现行教学活动论的思维活动切入点的遮蔽性分析，不是我们简单的主观分析，而是根据现行教学活动论所包含的主观思维活动切入点的所见与所不见而展开的——要特别注意，现行教学活动论所包含的简单静态的主观思维，必然会遮蔽与其对应的动态的客观事实。

附言：

1. 教学活动的运行，当然可以从教师对学生主动规定开始；但是，关于教学活动的理论，不能仅仅停留在这里。

2. 现行教学活动论，仅仅把握到教师对学生的主动规定性，而把握不到被规定性，也把握不到自返规定性——这决定了现行教学活动论不可能具有主动性与被动性以及自返性的相互对应的内在属性。

3. 现行教学活动论，只能把握到教师的主动规定性，而把握不到教师的被规定性，也把握不到教师的自返规定性——这为实际教学活动中教师的任性甚至放纵，提供了直接的理论支撑。

4. 现行教学活动论，仅仅把握到教师对学生的主动规定性与学生的被规定性——这当然是典型的简单教学论。这种简单教学论，根本不可能具有反思的理论品质。

5. 仅仅把握到自身活动的主动性，而把握不到被动性以及自返性的教师，就是典型的简单的教师。这种简单的教师，根本不可能具有反思的教学或教育品质。

6. 人类的行为或活动，必然具有主动性、被动性与自返性的对应性——这直接决定了教育或教学活动必然具有主动性、被动性与自返性的对应性。

第二节　对现行教学活动论的对应改造

切问：

1. 从动态的教学活动的事实看，现行教学活动论所包含的“教师对学生的主动影响”，其实都是“师生双方主动与被动的对应性影响”吗？进一步，这种主动与被动的对应性影响，又必然会引起师生双方的自返性影响吗？

2. 教师对学生的主动规定性，对于学生就是被规定性；而学生对教师的主动规定性，对于教师就是被规定性——由此，就可以说，师生双方的主动规定性与被规定性是对应存在的吗？进一步，师生双方的主动规定性与被规定性，又必然会引起师生双方的自返规定性吗？

3. 教师对学生的影响指向，必然会引起学生的回应吗？而学生的这种回应，又必然会引起教师的反应吗？而教师的这种反应，又必然会引起学生的回应吗？由此，师生双方双向度的影响指向，又必然会引起双方的自返性影响指向吗？

4. 教师对学生的主动影响，必然会对学生产生影响结果吗？这种影响结果，又必然会对教师产生影响结果吗？而对教师产生的影响结果，又会对学生产生影响结果吗？由此，师生双方相互影响的结果，又必然会引起师生双方的自返性影响结果吗？

5. 在实际的教学活动中，师生双方的主动规定性与被规定性以及自返规定性，都不是抽象泛化的属性，而是具有边界对应关系的具体属性吗？我们需要从抽象泛化的思维，转换到具体的边界思维或对应思维吗？

6. 如果只有教师对学生的主动规定性活动，那么，师生之间就只能产生等级性的或不对等的简单关系吗？而如果师生双方都分别具有主动规定性与被规定性以及自返规定性活动，那么，师生双方就会产生以主动规定性与被规定性以及自返规定性的对应为基础的对等教育吗？

一、对现行教学活动论所包含的泛化思维的对应改造

上一节我们谈到，现行教学活动论，之所以存在偏蔽，是因为在其思维运作中存在抽象泛化的不足。因此，要改造现行的教学活动论，就必须改造其抽象泛化的主观思维。如何改造这种思维呢？这首先就需要摆脱现行教学活动论所包含的简单主观思维，而转向对教学活动事实或过程的关注——即由主观思维，转向事实思维。然后，还需要走出教学研究者简单泛化的抽象思维，而转向对教学活动的客观与主观对应的边界思维——即由简单的泛化思维，转向对应的边界思维。

二、对现行教学活动论所包含的思维切入点的对应改造

现行教学活动论，从教师对学生的主动影响开始，切到对教学活动的理解，这一切入点本身并不存在问题。现行教学活动论的问题在于：从教师对学生的主动影响开始，切到对教学活动的理解；然而并没有对这一动态影响的过程做出对应的考察，而是仅仅停留在教师对学生的主动影响这里，并将教学活动抽象为教师对学生的主动规定性活动。

教师对学生主动规定的教学活动的动态过程，又是怎样的呢？征之于实际，我们看到，在教学活动中，教师对学生的任何主动规定，都必然会引起学生主动与被动的对应反应；而这种对应反应，又必然会反过来对教师产生主动与被动的对应反应。由此，师生双方主动与被动的对应反应，又必然会引起师生双方的自返性反应。这清楚地表明，师生双方的教学活动，是师生双方主动规定性与被规定性以及自返规定性的相互对应活动，而不是现行教学活动论所把握到的具有主动规定性的教师对具有被规定性的学生的简单活动。由此，我们就将现行教学活动论所包含的“教师对学生的主动规定性活动”的切入点，改造

为“师生双方主动规定性与被规定性以及自返规定性的对应性活动”的切入点；简言之，也就是将现行教学活动论所包含的“教师对学生的主动性活动”的切入点，改造为“师生双方主动性与被动性以及自返性的对应性活动”的切入点。

三、对现行教学活动论所包含的具体内容的对应改造

对应教学活动论，从教师与学生双方主动规定性与被规定性以及自返规定性的对应性活动，切到对教学活动的理解，能够对现行的教学活动论，做出哪些方面的改造呢？下面，分而论之。

第一，从定位的属性看，对应教学活动论，既能把握到师生双方的主动规定性，又能把握到师生双方的被规定性，还能把握到师生双方的自返规定性；而不是现行教学活动论所把握到的教师的主动规定性与学生的被规定性。这里的道理是：在教学活动中，教师对学生的任何主动规定性，对于学生而言都是被规定性；而学生对教师的任何主动规定性，对于教师而言也都是被规定性。由此，师生双方的主动规定性与被规定性，又必然会产生师生双方的自返规定性。这清楚地表明，师生双方的主动规定性与被规定性以及自返规定性，都必然是相互对应的属性；而不可能是现行教学活动论所把握到的教师的主动规定性与学生的被规定性——这种片面的属性，当然，也只能是抽象泛化的形而上学的属性。

第二，从定位的指向看，对应教学活动论，既能把握到教师对学生的影响指向，又能把握到学生对教师的影响指向，还能把握到师生双方自返性的影响指向；而不是现行教学活动论所把握到的教师对学生单向度的影响指向。这里的道理是：在教学活动中，教师对学生的影响指向，必然会引起学生的反应；而这种反应，又必然会反过来指向教师并引起教师的反应；而教师的反应，又必然会指向学生。由此，师生双方双向度的影响指向，又必然会产生双方自返性的影响指向。这清楚地表明，师生双方的影响指向，必然是双向度的影响指向与自返性的影响指向；而不可能是现行教学活动论所把握到的教师对学生单向度的影响指向——这种单向度的影响指向，当然，也只能是抽象泛化的形而上学的影响指向。

第三，从定位的结果看，对应教学活动论，既能把握到教师对学生的影响结果，又能把握到学生对教师的影响结果，还能把握到师生双方自返性的影响结果；而不是现行教学活动论所把握到的教师对学生单方面的影响结果。这里的道理是：在教学活动中，教师对学生的主动影响，必然会对学生产生影响结果；而这种结果，又必然会反过来对教师产生影响结果；而对教师的影响结果，

又必然会对学生产生影响结果。由此，师生双方的相互影响结果，又必然会产生自返性的影响结果。这清楚地表明，师生双方的影响结果，必然是相互影响的结果与自返性影响的结果；而不可能是现行教学活动论所把握到的教师对学生单方面的影响结果——这种单方面的影响结果，当然，也只能是抽象泛化的形而上学的影响结果。

四、对应教学活动论的积极功能

对应教学活动论，从师生双方主动规定性与被规定性以及自返规定性的对应活动，切到对教学活动的理解，能够对实际的教学活动，产生哪些方面的积极影响呢？下面，分而论之。

第一，从定位的属性看，对应教学活动论，能够对实际的教学活动产生如下三方面的积极影响。一方面是，对应教学活动论，能够把握到教师的主动规定性与被规定性以及自返规定性；因此，不仅能够支持教师主动地去影响学生，而且也能够支持教师被动地接受学生的影响，还能够支持教师根据自己对学生的影响与学生对自己的影响而反思或调整对学生与自己的影响。另一方面是，对应教学活动论，能够把握到学生的主动规定性与被规定性以及自返规定性；因此，不仅能够支持学生主动地去影响教师，而且也能够支持学生被动地接受教师的影响，还能够支持学生根据自己对教师的影响与教师对自己的影响而去反思或调整对教师与自己的影响。最后一个方面是，对应教学活动论，既能把握到教师的主动规定性与被规定性以及自返规定性，又能把握到学生的主动规定性与被规定性以及自返规定性；因此，能够支持师生双方建构出以各自主动规定性与被规定性以及自返规定性的对应为基础的对等影响关系。鉴于现行教学活动论的遮蔽或偏差，我们愿意特别强调如下三点。第一点是，关注学生的主动规定性与教师的被规定性。这里的关键是要走出人们熟悉的现行教学理论的偏蔽，那就是认为教学是教师对学生主动规定与学生被规定的观点——那当然是简单抽象思维泛化的后果。在对应思维看来，教师对学生的主动规定，必然是主动与被动对应的规定；所以，就不仅要关注教师的主动规定性与学生的被规定性，而且还要关注学生的主动规定性与教师的被规定性。第二点是，关注师生双方的自返规定性。这里的关键也是要走出人们熟悉的现行教学理论的偏蔽，那就是认为教学是教师对学生主动规定与学生被规定的观点——那当然是简单抽象思维泛化的后果。在对应思维看来，教师对学生的规定，必然是师生双方的相互规定；并且，正是由于双方的相互规定，才必然会引起双方的自返性规定。所以，就不仅要关注师生双方的相互规定性，而且还要关注师生双方的自返规定性。第三点是，关注师生双方在教学活动的属性维度上对等定位的教学关系即四线定位的教学关系。既然师生双方都具有主动规定性与被规定性以及自返规定性，那么，师生双方就要关注在双方主动规定性与被规定性以及自返规定性的一致性与不一致性前提下的四线定位关系。这种四线定位关系的基本内容是：关注理想性的上线，即师生双方在主动规定性与被规定性的一致性前提下，走向对等的教学，以实现双方的互补性变化或发展；关注过渡性的自返线，即师生双方在主动规定性与被规定性的不一致性前提下，返回到自身，以反思或调整自己与对方的关系；关注现实性的中线，即师生双方在主动规定性与被规定性的不一致性前提下，通过返回自身的过渡而走向对话与讨论，以实现双方的生成性变化或发展；关注禁止性的底线，即师生双方在主动规定性与被规定性的不一致性前提下，都不能破坏或割裂对应的教学关系，以保障双方对话或讨论的顺利进行。我们认为，在师生双方教学活动的属性维度上，经由四线定位的教学，就可以构建出师生双方以各自的主动规定性与被规定性以及自返规定性的对应为基础的，涉及理想、自返、现实与戒律的对等教学关系；由此，也可以规避由教师对学生的片面主动规定性所必然导致的简单僵化的不对等教学关系。

第二，从定位的指向看，对应教学活动论，能够对实际的教学活动产生如下三方面的积极影响。一方面是，对应教学活动论，能够把握到教师对学生的影响指向，也能够把握到学生对教师的影响指向，还能把握到教师的自返性影响指向；因此，不仅能够支持教师对学生的影响，而且能够支持教师接受源于学生的影响，还能够支持教师对自我的影响。另一方面是，对应教学活动论，能够把握到学生对教师的影响指向，也能够把握到教师对学生的影响指向，还能把握到学生的自返性影响指向；因此，不仅能够支持学生对教师的影响，而且能够支持学生接受源于教师的影响，还能够支持学生对自我的影响。最后一个方面是，对应教学活动论，既能把握到教师对学生的影响指向，又能把握到学生对教师的影响指向，还能把握到师生双方的自返性影响指向；因此，能够支持师生双方建构出以双向度影响指向与自返性影响指向的对应为基础的对等影响关系。鉴于现行教学活动论的遮蔽或偏差，我们愿意特别强调如下三点。第一点是，关注学生对教师的影响指向。这里的关键是要走出人们熟悉的现行教学理论的偏蔽，那就是认为教学指向是教师对学生的指向观点——那当然是简单抽象思维泛化的后果。在对应思维看来，教师对学生的影响指向，必然是师生双方的相互影响指向；所以，就不仅要关注教师对学生的影响指向，而且还要关注学生对教师的影响指向。第二点是，关注师生双方的自返性影响指向。

这里的关键也是要走出人们熟悉的现行教学理论的偏蔽，那就是认为教学指向是教师对学生的指向观点——那当然是简单抽象思维泛化的后果。在对应思维看来，教师对学生的影响指向，必然是师生双方的相互影响指向；并且，正是由于双方的相互影响指向，才必然会引起双方的自返性影响指向。所以，不仅要关注师生双方的相互影响指向，还要关注双方的自返性影响指向。第三点是，关注师生双方在影响指向维度上对等定位的教学关系即四线定位的教学关系。既然师生双方具有相互影响的指向与自返性影响的指向，那么，师生双方就要关注在双方相互性影响指向与自返性影响指向一致性与不一致性前提下的四线定位关系。这种四线定位关系的基本内容是：关注理想性的上线，即师生双方在相互性影响指向的一致性前提下，走向对等的教学，以实现双方的互补性变化或发展；关注过渡性的自返线，即师生双方在相互性影响指向的不一致性前提下，返回到自身，以反思或调整自己与对方的关系；关注现实性的中线，即师生双方在相互性影响指向的不一致性前提下，通过返回自身的过渡而走向对话或讨论，以实现双方的生成性变化或发展；关注禁止性的底线，即师生双方在相互性影响指向的不一致性前提下，都不能破坏或割裂对应的教学关系。我们认为，在师生双方的影响指向维度上，经由四线定位的教学，就可以构建出师生双方以相互性影响指向与自返性影响指向的对应为基础的涉及理想、自返、现实与戒律的对等教学关系；由此，也可以规避由教师对学生的单向度影响指向所必然导致的简单的不对等教学关系。

第三，从定位的结果看，对应教学活动论，能够对实际的教学活动产生如下三方面的积极影响。一方面是，对应教学活动论，能够把握到教师对学生的影响结果，也能够把握到学生对教师的影响结果，还能把握到教师的自返性影响结果；因此，不仅能够支持教师对学生的影响结果，而且能够支持教师接受源于学生的影响结果，还能够支持教师对自我的影响结果。另一方面是，对应教学活动论，能够把握到学生对教师的影响结果，也能够把握到教师对学生的影响结果，还能把握到学生的自返性影响结果；因此，不仅能够支持学生对教师的影响结果，而且能够支持学生接受源于教师的影响结果，还能够支持学生对自我的影响结果。最后一个方面是，对应教学活动论，既能把握到教师对学生的影响结果，又能把握到学生对教师的影响结果，还能把握到师生双方的自返性影响结果；因此，能够支持师生双方建构出以双方影响结果与自返性影响结果的对应为基础的对等影响关系。鉴于现行教学活动论的遮蔽或偏差，我们愿意特别强调如下三点。第一点是，关注学生对教师的影响结果。这里的关键是要走出人们熟悉的现行教学理论的偏蔽，那就是认为教学结果是教师对学生影响结果的观点——那当然是简单抽象思维泛化的后果。在对应思维看来，教师对学生的影响结果，必然是师生双方相互的影响结果；所以，就不仅要关注教师对学生的影响结果，而且还要关注学生对教师的影响结果。第二点是，关注师生双方的自返性影响结果。这里的关键也是要走出人们熟悉的现行教学理论的偏蔽，那就是认为教学结果是教师对学生影响结果的观点——那当然是简单抽象思维泛化的后果。在对应思维看来，教师对学生的影响结果，必然是师生双方相互的影响结果，并且，正是由于双方相互的影响结果，才必然会引起双方的自返性影响结果；所以，就不仅要关注师生双方的相互影响结果，而且还要关注双方的自返性影响结果。第三点是，关注师生双方在影响结果维度上对等定位的教学关系即四线定位的教学关系。既然师生双方具有相互性的影响结果与自返性的影响结果，那么，师生双方就要关注在双方相互性影响结果与自返性影响结果一致性与不一致性前提下的四线定位关系。这种四线定位关系的基本内容是：关注理想性的上线，即师生双方在相互性影响结果的一致性前提下，走向对等的教学，以实现双方的互补性变化或发展；关注过渡性的自返线，即师生双方在相互性影响结果的不一致性前提下，返回到自身，以反思或调整自己与对方的关系；关注现实性的中线，即师生双方在相互性影响结果的不一致性前提下，通过返回自身的过渡而走向对话或讨论，以实现双方的生成性变化或发展；关注禁止性的底线，即师生双方在相互性影响结果的不一致性前提下，都不能破坏或割裂对应的教学关系。我们认为，在师生双方的影响结果维度上，经由四线定位的教学，就可以构建出师生双方以相互性影响结果与自返性影响结果的对应为基础的，涉及理想、自返、现实与戒律的对等教学关系；由此，也可以规避由教师对学生的单方面影响结果所必然导致的简单的不对等教学关系。

五、本节小结

综上所述，我们对现行教学活动论的改造，涉及三层基本内容。一是，首先由现行教学活动论所包含的主观思维路线，转换到事实思维路线；然后在事实思维路线基础上，将现行教学活动论所包含的主观泛化的思维路线，改造为主观与客观的对应思维路线。二是，在对应思维路线上，将现行教学活动论所包含的认识师生双方关系的“教师对学生的主动规定性活动”的思维切入点，改造为“师生双方主动规定性与被规定性以及自返规定性的对应性活动”的思维切入点。三是，在“师生双方主动规定性与被规定性以及自返规定性的对应性活动”视野中，分别对师生双方的属性、指向与结果这些基本教学关系，做出了对应的考察。最后，我们分别考察了对应教学活动论，在师生双方的属性、指向与结果这些基本维度上，对实际的教学活动所产生的积极影响，以推动人们从现行教师对学生的简单教学活动论，转换到教师与学生双方的对应教学活动论或四线定位的教学活动论。

为了更简明地把握两种教学活动论的不同，我们不妨将其中所包含的不同思维路线，做出如下比较。

教师对学生的简单教学活动论的单线定位路线——教学，就是教师对学生的主动影响活动——这里需要特别注意，简单教学活动论，仅仅是对教师单一主动性这一条思维路线的反应。

教师与学生双方的对应教学活动论的四线定位路线——教学，就是师生双方主动性与被动性以及自返性的对应影响活动，它包含双方对应影响的理想的上线、过渡的自返线、现实的中线以及戒律的底线——这里需要特别注意，对应教学活动论，是对师生双方对应影响的理想、自返、现实与戒律的四条思维路线的反应。

六、本节提示

在本节最后，需要做两点提示。一是，由“教师对学生的主动规定性活动”到“师生双方主动规定性与被规定性以及自返规定性的对应性活动”的过渡环节，就是由对教学活动静态的主观抽象思维转向对教学活动动态的客观与主观的对应思维。二是，由“师生双方的主动规定性活动”到“师生双方的自返性活动”的过渡环节，就是“师生双方由主动规定性所必然引起的被规定性活动”。不了解师生双方的主动规定性在教学活动中所必然引起的被规定性这一动态过程，就很难把握师生双方的自返规定性的客观生成。

附言：

1. 从教师对学生的主动规定开始的教育活动，其实，都是教师与学生双方主动规定与被动规定以及自返性规定的对应教育活动。

2. 对教师与学生的主动性与被动性以及自返性的评价，都应该是具体的边界评价，而不能是抽象的泛化评价。

3. 仅仅把握到教师主动性的现行教学活动论，必然是主动性泛化的简单教学论；此种理论，很难避免任意性或专制性的恶劣属性。

4. 教师对学生的主动规定性与被规定性的不一致所生成的张力，正是推动教师进入教学反思的最基本、最经常、最可靠的动力。

5. 仅仅明白人的主动性而不能同时明白人的被动性与自返性的人，其实，也就是简单的人。

6. 人的主动性与被动性以及自返性的一致性对应关系，是人在简单生活中的简单教育的内在机制；而人的主动性与被动性以及自返性的不一致性对应关系，则是人在对应生活中的反思性教育或后果教育的内在机理。

第二章

对现行教学本质论的遮蔽性分析与对应改造

第一节　对现行教学本质论的遮蔽性分析

切问：

1. 现行教学理论，将教学的本质理解为教师引导学生学习知识并获得发展的活动，其思维活动的切入点在哪里？我们如何才能探索到其思维活动的切入点？

2. 现行教学本质论，从自己理解教学活动的切入点上，能够把握到教学活动哪些方面的内容呢？

3. 现行教学本质论的根据是什么？这种教学本质论，对实际的教学活动会产生哪些积极作用？

4. 现行教学本质论，从自己理解教学活动的切入点上，在对教学活动有所把握的同时，却又遮蔽了哪些内容呢？

5. 在思维运行中，现行教学本质论，存在遮蔽的根源在哪里？

6. 现行教学本质论，对实际的教学活动会产生怎样的消极作用？

一、现行教学本质论的内容、属性及其思维活动的切入点

（一）现行教学本质论的内容

现行教学理论，对教学本质的理解，集中表现在关于教学的概念之中。关于教学的概念，《教育学》中写道：“教学乃是在教师引导下学生能动地学习知识以获得个性发展的活动。”① 从这种理解中，我们很容易看到，现行教学理

① 王道俊，郭文安．教育学［M］．北京：人民教育出版社，2009：161.

论，将教学归属为一种活动。从这种活动所涉及的基本要素看，教学活动包括教师的教、学生的学、教学的知识（简称知识）以及学生的个性发展（简称发展）。从这些基本要素的必然联系即教学的本质看，按照现行教学理论的理解，那也就是：依靠教师的教，去引导学生的学；学生能动地学习知识，学生获得了发展。简约地表达，在现行教学理论的视野中，教学的本质，也就是教师引导学生学习知识并获得发展的活动——这就是现行教学本质论的基本内容。

（二）现行教学本质论的属性

现行教学本质论，具有怎样的属性呢？

按照现行教学本质论的理解，教学就是教师引导学生学习知识并获得发展的活动。教学活动的实际，果真是这样的吗？当教师主动引导学生时，难道不会受到学生的影响而产生被动性吗？由此，教师的主动性与被动性，难道不会推动教师产生返回自身的自返性吗？学生在被动地接受教师的引导时，难道不会对教师产生主动的影响吗？由此，学生的被动性与主动性，难道不会推动学生产生返回自身的自返性吗？同时，当师生双方主动地教学知识时，难道不会受到知识的限定而产生被动性吗？这种主动性与被动性，难道不会推动师生双方产生返回自身的自返性吗？从上面的引文中，我们不难发现，现行教学理论，却根本无视教学实际中这些具有内在对应性关系的问题；仅仅从自己的主观愿望或主观价值出发，一厢情愿地将教学的本质抽象规定为教师引导学生学习知识并获得发展的活动——由此，我们可以有根据地说，现行教学本质论的属性，就是片面性或简单性。正因为现行教学本质论具有内在简单性的属性，所以，我们也将现行教学本质论以术语表达为简单教学本质论或简单教学论。

（三）现行教学本质论的思维活动的切入点

现行教学本质论，既然将教学的本质理解为教师引导学生学习知识并获得发展的活动；那么，我们就可以据此逆向推论出现行教学本质论的思维活动的起点或切入点，那就是“教师对学生与知识的主动影响”。正向地表达，现行教学本质论，从教师对学生与知识的主动影响，切到对教学本质的理解；由此，才将教学本质规定为教师对于学生与知识的主动引导活动。

二、现行教学本质论的所见、根据及其积极功能

（一）现行教学本质论的所见

现行教学本质论，从教师对学生与知识的主动影响，切到对教学活动的定位，能够定位出教学活动哪些方面的内容呢？一是，从定位的属性看，现行教

学本质论，能够定位出师生关系或教学关系中教师的主动性与学生的被动性，也能够定位出教师与知识的关系中教师的主动性与知识的被动性，还能定位出学生与知识的关系中学生的主动性与知识的被动性。二是，从定位的指向看，现行教学本质论，能够定位出师生关系或教学关系中教师对学生的单向度影响指向，也能够定位出教师与知识的关系中教师对知识的单向度影响指向，还能够定位出学生与知识的关系中学生对知识的单向度影响指向。三是，从定位的结果看，现行教学本质论，能够定位出师生关系或教学关系中教师对学生的单方面影响结果，也能够定位出教师与知识的关系中教师对知识的单方面影响结果，还能够定位出学生与知识的关系中学生对知识的单方面影响结果。总之，现行教学本质论，从教师对学生与知识的主动影响，切到对教学活动的理解，能够把握到的基本内容，也就是：具有主动性的教师对于具有被动性的学生与知识的影响以及具有主动性的学生对于具有被动性的知识的影响。

（二）现行教学本质论的根据

现行教学本质论，从教师对学生与知识的主动影响，切到对教学活动的理解，所把握到的基本内容，是有根据的吗？一是，从定位的属性看，在师生关系或教学关系的维度上，教师当然会具有对学生进行主动影响的属性，学生因此也就具有被影响的属性；在教师与知识关系的维度上，教师要利用知识去影响学生，当然就会具有对知识进行主动选择或加工的主动性，知识因此也就具有了被动性；在学生与知识关系的维度上，学生要学习或掌握知识，当然也就会具有对知识进行选择或加工的主动性，知识因此也就具有了被动性。就此而论，现行教学本质论所把握到的教师、学生与知识三方的属性，就是有根据的。二是，从定位的指向看，既然教师要对学生进行主动影响，那么，就必然会具有指向学生的影响向度；既然教师要利用知识去影响学生，那么，就必然会具有指向知识的影响向度；既然学生要学习或掌握知识，那么，也就必然会具有指向知识的影响向度。就此而论，现行教学本质论所把握到的教学影响指向，就是有根据的。三是，从定位的结果看，既然教师对学生进行了主动影响，那么，就必然会产生对学生的影响结果；既然教师利用了知识去影响学生，那么，就必然会产生对知识的影响结果；既然学生学习或掌握了知识，那么，也就必然会产生对知识的影响结果。就此而论，现行教学本质论所把握到的教学影响结果，也是有根据的。总之，现行教学本质论，从教师对学生与知识的主动影响，切到对教学活动的理解，所把握到的基本内容，从教师对学生与知识的影响以及从学生对知识的影响来看，都是有根据的，因而也就是合理的。

（三）现行教学本质论的积极功能

现行教学本质论，从教师对学生与知识的主动影响，切到对教学活动的理解，所把握到的基本内容，对于实际的教学活动，都具有积极的功能或价值。一是，从定位的属性看，现行教学本质论，在师生关系或教学关系维度上，能够把握到教师的主动性与学生的被动性；这能够支持教师自觉地发挥对学生的主动性，也能够支持学生自觉地保持自身的被动性。在教师与知识的关系维度上，现行教学本质论，能够把握到教师的主动性与知识的被动性；这能够支持教师自觉地发挥对知识的主动性，以便于利用知识去影响学生。在学生与知识的关系维度上，现行教学本质论，能够把握到学生的主动性与知识的被动性；这能够支持学生自觉地发挥对知识的主动性，以便利用知识发展自己。二是，从定位的指向看，现行教学本质论，在师生关系或教学关系维度上，能够把握到教师对学生的影响指向；这能够支持教师对学生的影响，也能够支持学生接受教师的影响。在教师与知识的关系维度上，现行教学本质论，能够把握到教师对知识的影响指向；这能够支持教师对知识的影响。在学生与知识的关系维度上，现行教学本质论，能够把握到学生对知识的影响指向；这能够支持学生对知识的影响。三是，从定位的结果看，现行教学本质论，在师生关系或教学关系维度上，能够把握到教师对学生的影响结果；这能够支持教师对学生的影响结果，也能够支持学生接受教师的影响结果。在教师与知识的关系维度上，现行教学本质论，能够把握到教师对知识的影响结果；这能够支持教师对知识的影响结果。在学生与知识的关系维度上，现行教学本质论，能够把握到学生对知识的影响结果；这能够支持学生对知识的影响结果。总之，现行教学本质论，从教师对学生与知识的主动影响，切到对教学活动的理解，所把握到的基本内容，从教师对学生与知识的影响以及从学生对知识的影响来看，都具有积极的价值或作用。

三、现行教学本质论的偏蔽、根源及其消极功能

（一）现行教学本质论的偏蔽

现行教学本质论，从教师对学生与知识的主动影响，切到对教学活动的理解，在有所见或有所把握的同时，却又遗漏或遮蔽了哪些内容呢？一是，从定位的属性看，现行教学本质论，在师生关系或教学关系维度上，在把握到教师主动性与学生被动性的同时，却遮蔽了学生的主动性与教师的被动性；进一步，还遮蔽了师生双方由主动性与被动性所必然引起的自返性。在教师与知识的关

系维度上，现行教学本质论，在把握到教师主动性与知识的被动性的同时，却遮蔽了知识的自在性与教师的被动性；进一步，还遮蔽了教师与知识双方由于主动性或自在性与被动性所必然引起的自返性。在学生与知识的关系维度上，现行教学本质论，在把握到学生主动性与知识的被动性的同时，却遮蔽了知识的自在性与学生的被动性；进一步，还遮蔽了学生与知识双方由于主动性或自在性与被动性所必然引起的自返性。二是，从定位的指向看，现行教学本质论，在师生关系或教学关系维度上，在把握到教师对学生的影响指向的同时，却遮蔽了学生对教师的影响指向；进一步，还遮蔽了师生双方由双向度影响指向所必然产生的自返性影响指向。在教师与知识的关系维度上，现行教学本质论，在把握到教师对知识的影响指向的同时，却遮蔽了知识对教师的影响指向；进一步，还遮蔽了教师与知识双方由于双向度影响指向所必然产生的自返性影响指向。在学生与知识的关系维度上，现行教学本质论，在把握到学生对知识的影响指向的同时，却遮蔽了知识对学生的影响指向；进一步，还遮蔽了学生与知识双方由于双向度影响指向所必然产生的自返性影响指向。三是，从定位的结果看，在师生关系或教学关系维度上，现行教学本质论，在把握到教师对学生的影响结果的同时，却遮蔽了学生对教师的影响结果；进一步，还遮蔽了师生双方由双方影响结果所必然产生的自返性影响结果。在教师与知识的关系维度上，现行教学本质论，在把握到教师对知识的影响结果的同时，却遮蔽了知识对教师的影响结果；进一步，还遮蔽了教师与知识双方由于双方影响结果所必然产生的自返性影响结果。在学生与知识的关系维度上，现行教学本质论，在把握到学生对知识的影响结果的同时，却遮蔽了知识对学生的影响结果；进一步，还遮蔽了学生与知识双方由于双方影响结果所必然产生的自返性影响结果。总之，现行教学本质论，从教师对学生与知识的主动影响，切到对教学活动的理解，在把握到教师对学生与知识的影响的同时，却遮蔽了学生与知识对教师的影响；进一步，还遮蔽了教师、学生与知识三方的自返性影响。

（二）现行教学本质论的偏蔽的根源

从思维运作看，现行教学本质论，所以存在上述偏蔽，就是因为其主观抽象思维的泛化。一是，从定位的属性看，在师生关系或教学关系维度上，教师对学生的任何主动性，在实际的教学活动中，都必然会引起学生的反应；而学生的反应，又必然会使教师产生被动性。由此，教师的主动性与被动性，又必然会引起教师的自返性。同时，学生对教师的任何主动性，在实际的教学活动中，也都必然会引起教师的反应；而教师的反应，又必然会使学生产生被动性。由此，学生的主动性与被动性，又必然会引起学生的自返性。这清楚地表明，在实际的教学活动中，师生双方都会同时具有主动性、被动性与自返性。然而，现行教学本质论，却在其主观思维中，片面地抽取出教师对学生的主动性与学生的被动性，并以偏概全地泛指师生双方在教学活动中所产生的对应属性；由此，便遮蔽了学生对教师的主动性，也遮蔽了教师的被动性，还遮蔽了师生双方的自返性。在教师与知识的关系维度上，教师对知识的主动性，在实际的教学活动中，都只能是被动性限定下的主动性，教师不可能脱离知识的限定性而随意发挥自己的主动性。由此，教师便会产生由主动性与被动性所带来的自返性。同时，具有自在性的知识在对教师具有限定性的同时，也必然会受到教师主动性的影响；由此，知识也便会产生由教师的主动性所带来的自返性。这清楚地表明，在实际的教学活动中，教师与知识双方都会同时具有主动性或自在性、被动性与自返性。然而，现行教学本质论，在其主观思维中，片面地抽取出教师对知识的主动性与知识的被动性，并以偏概全地泛指教师与知识双方在教学活动中所产生的对应属性；由此，便遮蔽了知识对教师的自在性，也遮蔽了教师的被动性，还遮蔽了教师与知识双方的自返性。在学生与知识的关系维度上，学生对知识的主动性，在实际的教学活动中，也只能是被动性限定下的主动性，学生不可能脱离知识的限定性而随意发挥自己的主动性。由此，学生便会产生由主动性与被动性所带来的自返性。同时，具有自在性的知识在对学生具有限定性的同时，也必然会受到学生主动性的影响；由此，知识也便会产生由学生的主动性所带来的自返性。这清楚地表明，在实际的教学活动中，学生与知识双方都会同时具有主动性或自在性、被动性与自返性。然而，现行教学本质论，在其主观思维中，片面地抽取出学生对知识的主动性与知识的被动性，并以偏概全地泛指学生与知识双方在教学活动中所产生的对应属性；由此，便遮蔽了知识对学生的自在性，也遮蔽了学生的被动性，还遮蔽了学生与知识双方的自返性。二是，从定位的指向看，在师生关系或教学关系维度上，教师对学生的主动性指向，必然会引起学生的反应；而学生的反应，又必然会形成对教师的影响指向。与此对应地，学生对教师的主动性指向，也必然会引起教师的反应；而教师的反应，也必然会形成对学生的影响指向。同时，师生双方双向度的影响指向，又必然会对师生双方产生指向自身的影响指向。这清楚地表明，在实际的教学活动中，师生双方都同时会具有双向度的影响指向以及自返性的影响指向。然而，现行教学本质论，在其主观思维中，片面地抽取出教师对学生的影响指向，并以偏概全地泛指师生双方在教学活动中所产生的对应性影响指向；由此，便遮蔽了学生对教师的影响指向，还遮蔽了师生双方的自返性影响指向。在教师与知识的关系维度上，教师对知识的主动性影响指向，在实际的教学活动中，必然会引起知识的变化；而知识的变化，又必然会产生对教师的影响指向。由此，教师与知识双方的双向度影响指向，又必然会对双方产生指向自身的影响。这清楚地表明，在实际的教学活动中，教师与知识双方都会同时具有双向度影响指向与自返性影响指向。然而，现行教学本质论，在其主观思维中，片面地抽取出教师对知识的影响指向，并以偏概全地泛指教师与知识双方在教学活动中所产生的对应性影响指向；由此，便遮蔽了知识对教师的影响指向，还遮蔽了教师与知识双方的自返性影响指向。在学生与知识的关系维度上，学生对知识的主动性影响指向，在实际的教学活动中，也当然会引起知识的变化；而知识的变化，又必然会产生对学生的影响指向。由此，学生与知识双方的双向度影响指向，又必然会对双方产生指向自身的影响。这清楚地表明，在实际的教学活动中，学生与知识双方都会同时具有双向度影响指向与自返性影响指向。然而，现行教学本质论，在其主观思维中，片面地抽取出学生对知识的影响指向，并以偏概全地泛指学生与知识双方在教学活动中所产生的对应性指向；由此，便遮蔽了知识对学生的影响指向，还遮蔽了学生与知识双方的自返性影响指向。三是，从定位的结果看，既然教学活动中的教师、学生与知识三方都分别具有自身的主动性或自在性、被动性与自返性，既然教师、学生与知识三方都分别具有双向度影响指向与自返性影响指向；那么，教师、学生与知识三方的影响结果，就必然会是三方相互影响的结果与自返性影响的结果。然而，现行教学本质论，却在其主观思维中，片面地抽取出教师对学生与知识单方面的影响结果，并以偏概全地泛指教师、学生与知识三方在教学活动中所产生的对应性影响结果；由此，便遮蔽了学生与知识对教师的影响结果，还遮蔽了教师、学生与知识三方的自返性影响结果。

（三）现行教学本质论的消极功能

现行教学本质论，从教师对学生与知识的主动影响，切到对教学活动的理解，在有所把握的同时，却又存在偏蔽。这些认识或思维中的偏蔽，对实际的教学活动，会产生哪些消极影响呢?

一是，从定位的属性看，在师生关系或教学关系维度上，现行教学本质论，在把握到教师主动性与学生被动性的同时，却遮蔽了学生的主动性与教师的被动性；进一步，还遮蔽了师生双方由主动性与被动性所必然引起的自返性。由此，便直接导致了两个方面的不足性。从教师方面看，教师仅仅把握到自己对学生的主动性与学生的被动性，便必然会产生对学生片面的主动性影响而难以产生对师生双方主动性与被动性以及自返性的对应关注；从学生方面看，学生仅仅把握到教师的主动性与自己的被动性，便必然会产生对教师片面主动性的接受而难以产生对师生双方主动性与被动性以及自返性的对应关注。在教师与知识的关系维度上，现行教学本质论，在把握到教师主动性与知识的被动性的同时，却遮蔽了知识的自在性与教师的被动性；进一步，还遮蔽了教师与知识双方由于主动性或自在性与被动性所必然引起的自返性。由此，便直接导致了教师方面的不足性，那就是，教师仅仅把握到自己对知识的主动性与知识的被动性，便必然会产生对知识片面的主动性影响而难以产生对教师与知识双方主动性或自在性与被动性以及自返性的对应关注。在学生与知识的关系维度上，现行教学本质论，在把握到学生主动性与知识的被动性的同时，却遮蔽了知识的自在性与学生的被动性；进一步，还遮蔽了学生与知识双方由于主动性或自在性与被动性所必然引起的自返性。由此，便直接导致了学生方面的不足性，那就是，学生仅仅把握到自己对知识的主动性与知识的被动性，便必然会产生对知识片面的主动性影响而难以产生对学生与知识双方主动性或自在性与被动性以及自返性的对应关注。

二是，从定位的指向看，现行教学本质论，在师生关系或教学关系维度上，在把握到教师对学生的影响指向的同时，却遮蔽了学生对教师的影响指向；进一步，还遮蔽了师生双方由双向度影响指向所必然产生的自返性影响指向。由此，便直接导致了两个方面的不足性。从教师方面看，教师仅仅把握到对学生的影响指向，便必然会产生对这一影响指向的关注而难以产生对双方具有的双向度影响指向与自返性影响指向的对应关注；从学生方面看，学生仅仅把握到教师对自己的影响指向，便必然会产生对这一影响指向的接受而难以产生对双方具有的双向度影响指向与自返性影响指向的对应关注。在教师与知识的关系维度上，现行教学本质论，在把握到教师对知识的影响指向的同时，却遮蔽了知识对教师的影响指向；进一步，还遮蔽了教师与知识双方由于双向度影响指向所必然产生的自返性影响指向。由此，便直接导致了教师方面的不足性，那就是，教师仅仅把握到自己对知识的影响指向，便必然会产生对这一影响指向的关注而难以产生对教师与知识双方具有的双向度影响指向与自返性影响指向的对应关注。在学生与知识的关系维度上，现行教学本质论，在把握到学生对知识的影响指向的同时，却遮蔽了知识对学生的影响指向；进一步，还遮蔽了学生与知识双方由于双向度影响指向所必然产生的自返性影响指向。由此，便直接导致了学生方面的不足性，那就是，学生仅仅把握到自己对知识的影响指向，便必然会产生对这一影响指向的关注而难以产生对学生与知识双方具有的双向度影响指向与自返性影响指向的对应关注。

三是，从定位的结果看，现行教学本质论，在师生关系或教学关系维度上，在把握到教师对学生的影响结果的同时，却遮蔽了学生对教师的影响结果；进一步，还遮蔽了师生双方由双方影响结果所必然产生的自返性影响结果。由此，便直接导致了两个方面的不足性。从教师方面看，教师仅仅把握到对学生的影响结果，便必然会产生对这一影响结果的关注而难以产生对双方影响结果与自返性影响结果的对应关注；从学生方面看，学生仅仅把握到教师对自己的影响结果，便必然会产生对这一影响结果的接受而难以产生对双方影响结果与自返性影响结果的对应关注。在教师与知识的关系维度上，现行教学本质论，在把握到教师对知识的影响结果的同时，却遮蔽了知识对教师的影响结果；进一步，还遮蔽了教师与知识双方由双方影响结果所必然产生的自返性影响结果。由此，便直接导致了教师方面的不足性，那就是，教师仅仅把握到自己对知识的影响结果，便必然会产生对这一影响结果的关注而难以产生对教师与知识双方影响结果与自返性影响结果的对应关注。在学生与知识的关系维度上，现行教学本质论，在把握到学生对知识的影响结果的同时，却遮蔽了知识对学生的影响结果；进一步，还遮蔽了学生与知识双方由双方影响结果所必然产生的自返性影响结果。由此，便直接导致了学生方面的不足性，那就是，学生仅仅把握到自己对知识的影响结果，便必然会产生对这一影响结果的关注而难以产生对学生与知识双方影响结果与自返性影响结果的对应关注。

总之，现行教学本质论，从教师对学生与知识的主动影响，切到对教学活动的理解，从教师、学生与知识三方主动性或自在性、被动性以及自返性的对应教学来看，确实存在严重的简单性偏差因此必须受到合理地反思与改造。

四、本节小结

综上所述，我们看到，现行教学本质论，从教师对学生与知识的主动影响，切到对教学活动的理解，虽然能够把握到具有单一主动性的教师对具有单一被动性的学生与知识的简单影响，也能够把握到这种简单影响的根据并对实际的简单教学活动产生积极的作用；但是，遮蔽了同时具有主动性或自在性与被动性以及自返性的教师、学生与知识三方的对应影响或对应教学。从思维运作看，现行教学本质论的偏蔽，是其主观思维的抽象泛化所导致的。从实际看，这种抽象泛化的思维或认识，对主动性或自在性与被动性以及自返性的对应教学活动都存在多方面的消极作用。因此，现行教学本质论，就必须被合理地反思与改造。

五、本节提示

在本节最后，需要做两点提示。一是，探寻现行教学本质论的思维活动切入点的根据，就是现行教学本质论的内容；或者说，我们是通过现行教学本质论的基本内容而探寻到其思维活动切入点的。二是，对现行教学本质论的思维活动切入点的遮蔽性分析，不是我们简单的主观分析，而是根据现行教学本质论所包含的主观思维活动切入点的所见与所不见而展开的——要特别注意，现行教学本质论所包含的简单静态的主观思维，必然会遮蔽与其对应的动态的客观事实。

附言：

1. 教学活动的运行，当然可以从教师对学生与知识两方面的主动影响开始；但是，关于教学本质的理论，不能仅仅停留在这里。

2. 现行教学本质论，仅仅把握到教师对学生与知识两方面的主动性，却把握不到教师的被动性与自返性——这决定了现行教学本质论不可能具有主动性与被动性以及自返性相互对应的内在属性。

3. 现行教学本质论，只能把握到教师的主动性，而把握不到教师的被动性与自返性——这为实际教学活动中教师的主观随意性，提供了直接的理论支撑。

4. 现行教学本质论，在师生关系或教学关系维度上，仅仅把握到教师对学生的主动性与学生的被动性——这当然是典型的简单教学论；这种简单教学论，根本不可能具有反思的理论品质。

5. 现行教学本质论，在师生双方与知识的关系维度上，仅仅把握到师生双方对知识的主动性与知识的被动性——这当然是典型的简单教学论；在这种教学论影响下的教师，根本不可能具有反思的教学或教育品质。

6. 进入教育或教学活动的教师、学生与知识三方，必然具有主动性或自在性、被动性以及自返性的对应性——这直接决定了教育或教学活动的本质具有相互对应的属性。

第二节　对现行教学本质论的对应改造

切问：

1. 从动态的教学活动的事实看，现行教学本质论所包含的“教师对学生与知识的主动影响”，其实都是“教师、学生与知识三方主动性或自在性与被动性的对应性影响”吗？进一步，这种对应性影响，又必然会引起三方的自返性影响吗？

2. 教师对学生与知识的主动性，对于学生与知识而言就是被动性；而学生与知识对教师的主动性或自在性，对于教师而言就是被动性——由此，就可以说，教师、学生与知识三方的主动性或自在性与被动性是对应的存在吗？进一步，这种对应的存在，又必然会引起三方的自返性吗？

3. 教师对学生与知识的影响指向，必然会引起学生与知识的反应吗？而学生与知识的这种反应，又必然会引起教师的反应吗？而教师的这种反应，又必然会引起学生与知识的反应吗？由此，教师、学生与知识三方双向度的影响指向，又必然会引起三方的自返性影响指向吗？

4. 教师对学生与知识的主动影响，必然会对学生与知识产生影响结果吗？这种影响结果，又必然会对教师产生影响结果吗？而对教师产生的影响结果，又会对学生与知识产生影响结果吗？由此，教师、学生与知识三方相互影响的结果，又必然会引起三方自返性影响的结果吗？

5. 在实际的教学活动中，教师、学生与知识三方的主动性或自在性与被动性以及自返性，都不是抽象泛化的属性，而是具有边界对应关系的具体属性吗？我们需要从抽象泛化的思维，转换到具体的边界思维或对应思维吗？

6. 如果只有教师对学生与知识的主动性活动，那么，教师、学生与知识三方就只能产生不对等的简单关系吗？而如果教师、学生与知识三方都分别具有主动性或自在性与被动性以及自返性活动，那么，三方就会产生以主动性或自在性与被动性以及自返性的对应为基础的对等关系吗？

一、对现行教学本质论所包含的泛化思维的对应改造

上一节我们谈到，现行教学本质论，之所以存在偏蔽，是因为在其思维运作中存在抽象泛化的不足。因此，要改造现行的教学本质论，就必须改造其抽象泛化的主观思维。如何改造这种思维呢？这首先就需要摆脱现行教学本质论

所包含的简单主观思维，而转向对教学活动事实或过程的关注即由主观思维，转向事实思维。然后，还需要走出教学研究者简单泛化的抽象思维，而转向对教学活动的客观与主观对应的边界思维由简单的泛化思维，转向对应的边界思维。

二、对现行教学本质论所包含的思维切入点的对应改造

现行教学本质论，从教师对学生与知识的主动影响开始，切到对教学活动的理解；这一切入点本身并不存在问题。现行教学本质论的问题在于：从教师对学生与知识的主动影响开始，切到对教学活动的理解；然而并没有对这一动态影响的过程做出对应的考察，而是仅仅停留在教师对学生与知识的主动影响这里，并将教学的本质抽象为教师对学生与知识的主动影响。

教师对学生与知识主动影响的教学活动的动态过程，又是怎样的呢？征之于实际，我们看到，在教学活动中，教师对学生与知识的任何主动影响，都必然会引起学生与知识的对应反应；而这种对应反应，又必然会反过来对教师产生对应影响。由此，教师、学生与知识三方的对应反应，又必然会引起三方的自返性反应。这清楚地表明，包含教师、学生与知识三方的教学活动，是三方主动性或自在性与被动性以及自返性的对应活动，而不是现行教学本质论所把握到的具有主动性的教师对具有被动性的学生与知识的简单活动。由此，我们就将现行教学本质论所包含的“教师对学生与知识的主动影响”的切入点，改造为“教师、学生与知识三方主动性或自在性与被动性以及自返性的对应性影响”的切入点。

三、对现行教学本质论所包含的具体内容的对应改造

对应教学本质论，从教师、学生与知识三方主动性或自在性与被动性以及自返性的对应性影响，切到对教学活动的理解；能够对现行的教学本质论，做出哪些方面的改造呢？下面，分而论之。

第一，从定位的属性看，对应教学本质论，既能把握到教师、学生与知识三方的主动性或自在性，又能把握到三方的被动性，还能把握到三方的自返性；而不是现行教学本质论所把握到的教师的主动性以及学生与知识的被动性。这里的道理是：在教学活动中，教师对学生与知识的主动性，对于学生与知识而言就是被动性；而学生与知识对教师的主动性或自在性，对于教师而言就是被动性。由此，教师、学生与知识三方的主动性或自在性与被动性，又必然会产生三方的自返性。这清楚地表明，教师、学生与知识三方的主动性或自在性与被动性以及自返性，必然是相互对应的属性；而不可能是现行教学本质论所把

握到的教师的主动性以及学生与知识的被动性——这种片面的属性，当然，也只能是抽象泛化的形而上学的属性。

第二，从定位的指向看，对应教学本质论，既能把握到教师对学生与知识的影响指向，又能把握到学生与知识对教师的影响指向，还能把握到教师、学生与知识三方的自返性影响指向；而不是现行教学本质论所把握到的教师对学生与知识的简单影响指向。这里的道理是：在教学活动中，教师对学生与知识的影响指向，必然会引起学生与知识的反应；而这种反应，又必然会反过来指向教师并引起教师的反应；而教师的反应，又必然会指向学生与知识。由此，教师、学生与知识三方双向度的影响指向，又必然会产生三方自返性的影响指向。这清楚地表明，教师、学生与知识三方的影响指向，必然是三方相互性的影响指向与自返性的影响指向；而不可能是现行教学本质论所把握到的教师对学生与知识的简单影响指向——这种简单的影响指向，当然，也只能是抽象泛化的形而上学的影响指向。

第三，从定位的结果看，对应教学本质论，既能把握到教师对学生与知识的影响结果，又能把握到学生与知识对教师的影响结果，还能把握到教师、学生与知识三方的自返性影响结果；而不是现行教学本质论所把握到的教师对学生与知识的简单影响结果。这里的道理是：在教学活动中，教师对学生与知识的主动影响，必然会对学生与知识产生影响结果；而这种结果，又必然会反过来对教师产生影响结果；而对教师的影响结果，又必然会对学生与知识产生影响结果。由此，教师、学生与知识三方的相互影响结果，又必然会产生三方的自返性的影响结果。这清楚地表明，教师、学生与知识三方的影响结果，必然是三方相互影响的结果与自返性影响的结果；而不可能是现行教学本质论所把握到的教师对学生与知识的简单影响结果——这种简单的影响结果，当然，也只能是抽象泛化的形而上学的影响结果。

四、对应教学本质论的积极功能

对应教学本质论，从教师、学生与知识三方主动性或自在性与被动性以及自返性的对应性影响，切到对教学活动的理解；能够对实际的教学活动，产生哪些方面的积极影响呢？下面，分而论之。

第一，从定位的属性看，对应教学本质论，能够对实际的教学活动产生如下三方面的积极影响。一方面是，对应教学本质论，能够把握到教师的主动性与被动性以及自返性；因此，不仅能够支持教师主动地影响学生与知识，而且能够支持教师被动地接受学生与知识的影响，还能够支持教师根据自己、学生与知识三方的相互影响去反思或调整自己的活动。另一方面是，对应教学本质论，能够把握到学生与知识的主动性或自在性与被动性以及自返性；因此，不仅能够支持学生与知识主动地或自在地影响教师，而且也能够支持学生与知识被动地接受教师的影响，还能够支持学生根据自己、教师与知识三方的相互影响去反思或调整自己的活动。最后一个方面是，对应教学本质论，既能把握到教师的主动性与被动性以及自返性，又能把握到学生与知识的主动性或自在性与被动性以及自返性；因此，能够支持教师、学生与知识三方建构出以各自主动性或自在性与被动性以及自返性的对应为基础的对等影响关系。鉴于现行教学本质论的遮蔽或偏差，我们愿意特别强调如下三点。第一点是，关注学生与知识的主动性或自在性与教师的被动性。这里的关键是要走出人们熟悉的现行教学本质论的偏蔽，那就是认为教学是教师对学生与知识主动影响的观点——那当然是简单抽象思维泛化的后果。在对应思维看来，教师对学生与知识的主动影响，必然是主动与被动对应的影响；所以，不仅要关注教师的主动性，还要关注学生与知识的主动性或自在性。第二点是，关注教师、学生与知识三方的自返性。这里的关键也是要走出人们熟悉的现行教学本质论的偏蔽，那就是认为教学是教师对学生与知识主动影响的观点——那当然是简单抽象思维泛化的后果。在对应思维看来，教师对学生与知识的影响，必然是教师、学生与知识三方的相互影响；并且，正是由于三方的相互影响，才必然会引起三方的自返性影响。所以，不仅要关注三方的相互影响，还要关注三方的自返性影响。第三点是，关注教师、学生与知识三方在教学活动属性维度上对等定位的教学关系即四线定位的教学关系。既然教师、学生与知识三方都具有主动性或自在性与被动性以及自返性，那么，师生双方就要关注在三方主动性或自在性与被动性以及自返性的一致性与不一致性前提下的四线定位关系。这种四线定位关系的基本内容是：关注理想性的上线，即三方在主动性或自在性与被动性的一致性前提下，走向对等的教学，以实现三方的互补性变化或发展；关注过渡性的自返线（在实际的教学活动中这当然只能靠师生双方来完成），即三方在主动性或自在性与被动性的不一致性前提下，返回到自身，以反思或调整自己与对方的关系；关注现实性的中线，即三方在主动性或自在性与被动性的不一致性前提下，通过返回自身的过渡而走向对话与讨论，以实现三方的生成性变化或发展；关注禁止性的底线，即三方在主动性或自在性与被动性的不一致性前提下，都不能破坏或割裂对应的教学关系，以保障三方对话或讨论的顺利进行。我们认为，在教师、学生与知识三方教学活动的属性维度上，经由四线定位的教学，就可以构建出三方以各自的主动性或自在性与被动性以及自返性的对应为基础的，涉及理想、自返、现实与戒律的对等教学关系；由此，也可以规避由教师对学生与知识的片面主动性所必然导致的简单僵化的不对等教学关系。

第二，从定位的指向看，对应教学本质论，能够对实际的教学活动产生如下三方面的积极影响。一方面是，对应教学本质论，能够把握到教师对学生与知识的影响指向，也能够把握到学生与知识对教师的影响指向，还能把握到教师的自返性影响指向；因此，不仅能够支持教师对学生与知识的影响，而且能够支持教师接受源于学生与知识的影响，还能够支持教师对自我的影响。另一方面是，对应教学本质论，能够把握到学生与知识对教师的影响指向，也能够把握到教师对学生与知识的影响指向，还能把握到学生与知识的自返性影响指向；因此，不仅能够支持学生与知识对教师的影响，而且能够支持学生与知识接受源于教师的影响，还能够支持学生与知识对学生自我或知识本身的影响。最后一个方面是，对应教学本质论，既能把握到教师对学生与知识的影响指向，又能把握到学生与知识对教师的影响指向，还能把握到教师、学生与知识三方的自返性影响指向；因此，能够支持三方建构出以三方相互影响指向与自返性影响指向的对应为基础的对等影响关系。鉴于现行教学本质论的遮蔽或偏差，我们愿意特别强调如下三点。第一点是，关注学生与知识对教师的影响指向。这里的关键是要走出人们熟悉的现行教学本质论的偏蔽，那就是认为教学指向是教师对学生与知识的指向观点——那当然是简单抽象思维泛化的后果。在对应思维看来，教师对学生与知识的影响指向，必然是教师、学生与知识三方相互影响的指向；所以，就不仅要关注教师对学生与知识的影响指向，而且还要关注学生与知识对教师的影响指向。第二点是，关注教师、学生与知识三方的自返性影响指向。这里的关键也是要走出人们熟悉的现行教学本质论的偏蔽，那就是认为教学指向是教师对学生与知识的指向观点——那当然是简单抽象思维泛化的后果。在对应思维看来，教师对学生与知识的影响指向，必然是教师、学生与知识三方相互影响的指向；并且，正是由于三方相互影响的指向，才必然会引起三方的自返性影响指向。所以，就不仅要关注三方的相互影响指向，而且还要关注三方的自返性影响指向。第三点是，关注教师、学生与知识三方在影响指向维度上对等定位的教学关系即四线定位的教学关系。既然教师、学生与知识三方都具有相互性的影响指向与自返性的影响指向，那么，师生双方就要关注在三方相互性影响指向与自返性影响指向一致性与不一致性前提下的四线定位关系。这种四线定位关系的基本内容是：关注理想性的上线，即三方在相互性影响指向的一致性前提下，走向对等的教学，以实现三方的互补性变化或发展；关注过渡性的自返线（在实际的教学活动中这当然只能靠师生双方来完成），即三方在相互性影响指向的不一致性前提下，返回到自身，以反思或调整自身与对方的关系；关注现实性的中线，即三方在相互性影响指向的不一致性前提下，通过返回自身的过渡而走向对话或讨论，以实现三方的生成性变化或发展；关注禁止性的底线，即三方在相互性影响指向的不一致性前提下，都不能破坏或割裂对应的教学关系。我们认为，在教师、学生与知识三方的影响指向维度上，经由四线定位的教学，就可以构建出三方以相互性影响指向与自返性影响指向的对应为基础的涉及理想、自返、现实与戒律的对等教学关系；由此，也可以规避由教师对学生与知识的单向度影响指向所必然导致的简单的不对等教学关系。

第三，从定位的结果看，对应教学本质论，能够对实际的教学活动产生如下三方面的积极影响。一方面是，对应教学本质论，能够把握到教师对学生与知识的影响结果，也能够把握到学生与知识对教师的影响结果，还能把握到教师的自返性影响结果；因此，不仅能够支持教师对学生与知识的影响结果，而且能够支持教师接受源于学生与知识的影响结果，还能够支持教师对自我的影响结果。另一方面是，对应教学本质论，能够把握到学生与知识对教师的影响结果，也能够把握到教师对学生与知识的影响结果，还能把握到学生与知识的自返性影响结果；因此，不仅能够支持学生与知识对教师的影响结果，而且能够支持学生与知识接受源于教师的影响结果，还能够支持学生与知识对学生自我或知识本身的影响结果。最后一个方面是，对应教学本质论，既能把握到教师对学生与知识的影响结果，又能把握到学生与知识对教师的影响结果，还能把握到教师、学生与知识三方的自返性影响结果；因此，能够支持教师、学生与知识三方建构出以三方影响结果与自返性影响结果的对应为基础的对等影响关系。鉴于现行教学本质论的遮蔽或偏差，我们愿意特别强调如下三点。第一点是，关注学生与知识对教师的影响结果。这里的关键是要走出人们熟悉的现行教学本质论的偏蔽，那就是认为教学结果是教师对学生与知识影响结果的观点——那当然是简单抽象思维泛化的后果。在对应思维看来，教师对学生与知识的影响结果，必然是教师、学生与知识三方相互影响的结果；所以，就不仅要关注教师对学生与知识的影响结果，而且还要关注学生与知识对教师的影响结果。第二点是，关注教师、学生与知识三方的自返性影响结果。这里的关键也是要走出人们熟悉的现行教学本质论的偏蔽，那就是认为教学结果是教师对学生与知识影响结果的观点——那当然是简单抽象思维泛化的后果。在对应思维看来，教师对学生与知识的影响结果，必然是教师、学生与知识三方相互影响的结果；并且，正是由于三方相互影响的结果，才必然会引起三方的自返性影响结果。所以，就不仅要关注三方的相互影响结果；而且还要关注三方的自返性影响结果。第三点是，关注教师、学生与知识三方在影响结果维度上对等定位的教学关系即四线定位的教学关系。既然教师、学生与知识三方都具有相互性的影响结果与自返性的影响结果，那么，师生双方就要关注在三方相互性影响结果与自返性影响结果一致性与不一致性前提下的四线定位关系。这种四线定位关系的基本内容是：关注理想性的上线，即三方在相互性影响结果的一致性前提下，走向对等的教学，以实现三方的互补性变化或发展；关注过渡性的自返线（在实际的教学活动中这当然只能靠师生双方来完成），即三方在相互性影响结果的不一致性前提下，返回到自身，以反思或调整自身与对方的关系；关注现实性的中线，即三方在相互性影响结果的不一致性前提下，通过返回自身的过渡而走向对话或讨论，以实现三方的生成性变化或发展；关注禁止性的底线，即三方在相互性影响结果的不一致性前提下，都不能破坏或割裂对应的教学关系。我们认为，在教师、学生与知识三方的影响结果维度上，经由四线定位的教学，就可以构建出三方以相互性影响结果与自返性影响结果的对应为基础的，涉及理想、自返、现实与戒律的对等教学关系；由此，也可以规避由教师对学生与知识的单方面影响结果所必然导致的简单的不对等教学关系。

五、本节小结

综上所述，我们对现行教学本质论改造，涉及三层基本内容。一是，首先由现行教学本质论所包含的主观思维路线，转换到事实思维路线；然后在事实思维路线基础上，将现行教学本质论所包含的主观泛化的思维路线，改造为主观与客观的对应思维路线。二是，在对应思维路线上，将现行教学本质论所包含的认识教学活动的“教师对学生与知识的主动影响”的思维切入点，改造为“教师、学生与知识三方主动性或自在性与被动性以及自返性的对应性影响”的思维切入点。三是，在“教师、学生与知识三方主动性或自在性与被动性以及自返性的对应性影响”视野中，分别对教师、学生与知识三方的属性、指向与结果这些基本教学关系，做出了对应的考察。最后，我们分别考察了对应教学本质论，在教师、学生与知识三方的属性、指向与结果这些基本维度上，对实际的教学活动所产生的积极影响；以推动人们从现行教师对学生与知识的简单教学本质论，转换到教师、学生与知识三方的对应教学本质论或四线定位的教学本质论。

为了更简明地把握两种教学本质论的不同，我们不妨将其中所包含的不同思维路线，做出如下比较。

教师对学生与知识的简单教学本质论的单线定位路线——教学的本质，就是教师对学生与知识的主动影响——这里需要特别注意，简单教学本质论，仅仅是对教师单一主动性这一条思维路线的反应。

教师、学生与知识三方的对应教学本质论的四线定位路线——教学的本质，就是教师、学生与知识三方主动性或自在性与被动性以及自返性的对应影响，它包含三方对应影响的理想的上线、过渡的自返线、现实的中线以及戒律的底线——这里需要特别注意，对应教学本质论，是对教师、学生与知识三方对应影响的理想、自返、现实与戒律的四条思维路线的反应。

六、本节提示

在本节最后，需要做两点提示。一是，由“教师对学生与知识的主动影响”到“教师、学生与知识三方主动性或自在性与被动性以及自返性的对应性影响”的过渡环节，就是由对教学活动静态的主观抽象思维转向对教学活动动态的客观与主观的对应思维。二是，由“教师、学生与知识三方的主动性影响或自在性影响”到“教师、学生与知识三方的自返性影响”的过渡环节，就是“教师、学生与知识三方由主动性或自在性所必然引起的被动性影响”。不了解教师、学生与知识三方的主动性或自在性在教学活动中所必然引起的被动性这一动态过程，就很难把握三方自返性的客观生成。

附言：

1. 从教师对学生与知识的主动影响开始的教学活动，其实，都是教师、学生与知识三方主动性或自在性与被动性以及自返性的对应教学活动。

2. 对教师、学生与知识三方的主动性或自在性与被动性以及自返性的评价，都应该是具体的边界评价，而不能是抽象的泛化评价。

3. 仅仅把握到教师与学生在知识面前的主动性的现行教学本质论，很难涵养出师生双方对知识的敬重或尊重的品质。

4. 教师对学生与知识的主动性与被动性的不一致所生成的张力，正是推动教师进入教学反思的最基本、最经常、最可靠的动力。

5. 仅仅明白教师的主动性而不能同时明白教师的被动性与自返性的人，其实，也就是简单的人。

6. 人们对知识的尊重，源于知识带给人们的被动性；不能在知识面前保持被动性的人们，根本无法生成对知识的谦虚的品行。

第三章

对现行教学形式论的遮蔽性分析与对应改造

第一节　对现行教学形式论的遮蔽性分析

切问：

1. 现行教学理论，将教学活动的形式理解为有序性的形式，其思维活动的切入点在哪里？我们如何才能探索到其思维活动的切入点？

2. 现行教学形式论，从自己理解教学活动形式的切入点上，能够把握到教学活动形式的哪些方面的内容呢？

3. 现行教学形式论的根据是什么？这种形式论，对实际的教学活动会产生哪些积极作用？

4. 现行教学形式论，从自己理解教学活动形式的切入点上，在对教学活动的形式有所把握的同时，却又遮蔽了哪些内容呢？

5. 在思维运行中，现行教学形式论，存在遮蔽的根源在哪里？

6. 现行教学形式论，对实际的教学活动会产生怎样的消极作用？

一、现行教学形式论的内容、属性及其思维活动的切入点

（一）现行教学形式论的内容

现行教学理论，对教学活动形式的理解，集中表现在关于教学活动的概念之中。关于教学活动的概念，在《教育学》中写道："教学是在一定教育目的规范下的，教师的教与学生的学共同组成的一种教育活动。在这一活动中，学生在教师有计划地组织与引导下，能动地学习、掌握系统的科学文化基础知识，

发展自身的智能与体力，养成良好的品行与美感，逐步形成全面发展的个性。”① 在现行教学理论的理解中，教学被归属于一种活动，在这种活动中，“学生在教师有计划地组织与引导下”能动地学习并获得发展。这里谈到的师生之间的“计划性”与“组织性”，就是教学活动的形式。这种教学活动形式的基本内容也就是，教学活动的展开，不是随意的、偶然的或零散的；而是有预设、有规划或有安排的。这也就是说，教学活动，不是教师对学生的盲目的或无序的活动；而是有目的的或有序的活动。简言之，教学活动就是教师对学生的有序活动——这就是现行教学形式论的基本内容。

（二）现行教学形式论的属性

现行教学形式论，具有怎样的性质呢？

按照现行教学理论的理解，教学活动的形式，就是教师对学生的有序活动。教学活动的实际，果真是这样的吗？在教学活动中，教师对学生的有序活动，难道不会引起学生的无序反应吗？学生的无序反应，难道不会引起教师的无序反应吗？师生双方的有序与无序反应，难道不会引起师生双方的自返性活动或反思性活动吗？师生双方活动的有序性与无序性之间，难道只有教师的有序性对学生的影响吗？学生的有序性或无序性活动，难道不会对教师产生有序性或无序性的影响吗？师生双方有序性与无序性的活动，难道不会产生双方自返性的影响指向吗？然而，从上面的引文中，我们看到，现行教学理论，根本无视教学实际中这些具有内在对应性关系的问题，而仅仅将教学活动的形式简单地抽象为有序性的形式。由此，我们可以有根据地说，现行教学形式论的属性，就是片面性或简单性。

（三）现行教学形式论的思维活动的切入点

现行教学形式论，既然将教学活动的形式理解为有序性的形式；那么，我们就可以据此逆向推论出现行教学理论理解教学形式的思维活动的切入点，那就是“教师对学生的预设性”。正向地表达，现行教学形式论，从教师对学生的预设性，切到对教学活动形式的理解；由此，才将教学的形式理解为有序性的形式。

二、现行教学形式论的所见、根据及其积极功能

（一）现行教学形式论的所见

现行教学形式论，从教师对学生的预设性，切到对教学活动形式的理解，

① 王道俊，郭文安．教育学［M］．北京：人民教育出版社，2009：161．

能够把握到教学活动形式的哪些方面的内容呢？一是，从师生双方活动形式的属性看，现行教学形式论，能够把握到教师活动形式的有序性与学生活动形式的无序性。二是，从师生双方活动形式的影响指向看，现行教学形式论，能够把握到教师活动形式的有序性对学生活动形式无序性的影响指向。三是，从师生双方活动形式的影响结果看，现行教学形式论，能够把握到教师活动形式的有序性对学生活动形式无序性的影响或改造。总之，现行教学形式论，从教师对学生的预设性，切到对教学活动形式的理解，能够把握到的内容，也就是，教师活动形式的有序性对学生活动形式的无序性的影响或改造。

（二）现行教学形式论的根据

现行教学形式论，从教师对学生的预设性，切到对教学活动形式的理解，所把握到的基本内容，是有根据的吗？一是，从师生双方活动形式的属性看，现行教学形式论，能够把握到教师活动形式的有序性与学生活动形式的无序性。从教学活动的实际看，教学是有根据、有目的的活动；因此，也就是可以做出有序的计划或组织的活动。所以，教师对于学生的计划性或组织性，也就是有根据的——而从教师对于学生的计划性或组织性，就可以反向地推论出学生活动的无序性。二是，从师生双方活动形式的影响指向看，现行教学形式论，能够把握到教师活动形式的有序性对于学生活动形式的无序性的影响指向。从教学活动的实际看，教师要对学生施加有序的影响或教学，就需要将这种有序性的影响或教学指向学生；这也是有根据的。三是，从师生双方活动形式的影响结果看，现行教学形式论，能够把握到教师活动形式的有序性对于学生活动形式的无序性的影响或改造。从教学活动的实际看，既然教师对学生进行了计划或组织，既然教师对学生进行了有序的教学活动，那么，学生就必然会受到教师计划或组织的有序的影响或改造；这也是有根据的。总之，现行教学形式论，从教师对学生的预设性，切到对教学活动形式的理解，所把握到的基本内容，从教师对于学生的教学而言，都是有根据的；因而就是合理的。

（三）现行教学形式论的积极功能

现行教学形式论，从教师对学生的预设性，切到对教学活动形式的理解，所把握到的基本内容，对于实际的教学活动，都具有积极的功能或价值。一是，从师生双方活动形式的属性看，现行教学形式论，能够把握到教师活动形式的有序性与学生活动形式的无序性；这能够为教师开展有序性的教学活动提供可靠的或合理的认知性基础。二是，从师生双方活动形式的影响指向看，现行教学形式论，能够把握到教师活动形式的有序性对于学生活动形式无序性的影响指向；这能够为教师开展对学生的影响提供可靠的或合理的操作性基础。三是，从师生双方活动形式的影响结果看，现行教学形式论，能够把握到教师活动形式的有序性对于学生活动形式无序性的影响或改造；这能够支持师生双方接受或承认按照计划或组织而实现的教学结果。总之，现行教学形式论，从教师对学生的预设性，切到对教学活动形式的理解，所把握到的基本内容，从教师对学生的教学来看，都具有积极的作用或价值。

三、现行教学形式论的偏蔽、根源及其消极功能

（一）现行教学形式论的偏蔽

现行教学形式论，从教师对学生的预设性，切到对教学活动形式的理解，在有所见或有所把握的同时，却又遗漏或遮蔽了哪些内容呢？一是，从师生双方活动形式的属性看，现行教学形式论，在把握到教师活动形式有序性与学生活动形式无序性的同时，却遮蔽了教师活动形式的无序性与学生活动形式的有序性；进一步，还遮蔽了师生双方由有序性与无序性所必然产生的自返性。二是，从师生双方活动形式的影响指向看，现行教学形式论，在把握到教师活动形式的有序性对学生活动形式的无序性的影响指向的同时，却遮蔽了教师活动形式的无序性对学生活动形式的影响指向，还遮蔽了学生活动形式的有序性与无序性对教师活动形式的影响指向；进一步，还遮蔽了师生双方活动形式的自返性影响指向。三是，从师生双方活动形式的影响结果看，现行教学形式论，在把握到教师活动形式的有序性对学生活动形式的无序性的影响结果的同时，却遮蔽了教师活动形式的无序性对学生活动形式的影响结果，还遮蔽了学生活动形式的有序性与无序性对教师活动形式的影响结果；进一步，还遮蔽了师生双方活动形式的自返性影响结果。总之，现行教学形式论，从教师对学生的预设性，切到对教学活动形式的理解，在把握到教师活动形式的有序性对学生活动形式的无序性的影响的同时，却遮蔽了教师活动形式的无序性对学生活动形式的影响，还遮蔽了学生活动形式的有序性与无序性对教师活动形式的有序性与无序性的影响；进一步，还遮蔽了师生双方活动形式的自返性影响。

（二）现行教学形式论的偏蔽的根源

从思维运作看，现行教学形式论，之所以存在上述偏蔽，就是因为其主观抽象思维的泛化。一是，从师生双方活动形式的属性看，在实际的教学活动中，师生双方活动的有序性，都只能来源于师生双方活动的无序性之中；并且，师生双方活动的有序性，也必然伴随着无序性。同时，师生双方的有序性与无序

性活动，又必然会带来双方的自返性活动。这清楚地表明，在实际的教学活动中，师生双方活动形式的有序性与无序性以及自返性都是相互对应的属性。然而，现行教学形式论，在其主观思维中，片面地抽取出教师活动形式的有序性与学生活动形式的无序性，并以偏概全地泛指师生双方活动形式的对应性；由此，便遮蔽了教师活动形式的无序性与学生活动形式的有序性，还遮蔽了师生双方活动形式的自返性。二是，从师生双方活动形式的影响指向看，在实际的教学活动中，教师活动形式的有序性，必然会引起学生活动形式的有序性与无序性；而这种有序性与无序性，又必然会引起教师活动形式的有序性与无序性。同时，师生双方的双向度影响指向，又必然会带来双方的自返性影响指向。这清楚地表明，在实际的教学活动中，师生双方活动形式的影响指向，都是双向度影响指向与自返性影响指向。然而，现行教学形式论，在其主观思维中，片面地抽取出教师活动形式的有序性对学生活动形式无序性的影响指向，并以偏概全地泛指师生双方活动形式的对应性影响指向；由此，便遮蔽了学生活动形式对教师的影响指向，也遮蔽了师生双方活动形式的自返性影响指向。三是，从师生双方活动形式的影响结果看，在实际的教学活动中，教师活动形式的有序性对学生活动形式的影响结果，必然是有序性与无序性的影响结果；而这一影响结果，又必然会反过来对教师产生有序性与无序性影响结果。同时，师生双方的自返性影响指向，又必然会带来师生双方的自返性影响结果。这清楚地表明，在实际的教学活动中，师生双方活动形式的影响结果，都是相互影响的结果与自返性影响的结果。然而，现行教学形式论，在其主观思维中，片面地抽取出教师活动形式对学生的影响结果，并以偏概全地泛指师生双方活动形式的对应性影响结果；由此，便遮蔽了学生活动形式对教师的影响结果，也遮蔽了师生双方活动形式的自返性影响结果。

（三）现行教学形式论的消极功能

现行教学形式论，从教师对学生的预设性，切到对教学活动形式的理解，在有所把握的同时，却又存在偏蔽。这些认识或思维中的偏蔽，对实际的教学活动，会产生哪些消极影响呢?

一是，从师生双方活动形式的属性看，现行教学形式论，在把握到教师活动形式有序性与学生活动形式无序性的同时，却遮蔽了教师活动形式的无序性与学生活动形式的有序性；进一步，还遮蔽了师生双方活动形式的自返性。由此，便直接导致了两个方面的不足性。从教师方面看，教师仅仅把握到自己活动形式的有序性，便必然会产生对有序性教学活动的偏重而难以产生对有序性与无序性以及自返性教学活动的对应关注；从学生方面看，学生仅仅把握到自己活动形式的无序性，也必然会产生对教师有序性教学活动的偏重而难以产生对有序性与无序性以及自返性教学活动的对应关注。

二是，从师生双方活动形式的影响指向看，现行教学形式论，在把握到教师活动形式的有序性对学生的影响指向的同时，却遮蔽了教师活动形式的无序性对学生的影响指向，还遮蔽了学生活动形式的有序性与无序性对教师的影响指向；进一步，还遮蔽了师生双方活动形式的自返性影响指向。由此，便直接导致了两个方面的不足性。从教师方面看，教师仅仅把握到自己活动形式的有序性对学生的影响指向，便必然会产生对这种单方影响指向的肯定而难以产生对师生双方影响指向以及自返性影响指向的对应关注；从学生方面看，学生仅仅把握到教师活动形式的有序性对自己的影响指向，便必然会产生对这种单方影响指向的接受而难以产生对师生双方影响指向与自返性影响指向的对应关注。

三是，从师生双方活动形式的影响结果看，现行教学形式论，在把握到教师活动形式的有序性对学生活动形式的影响或改造的同时，却遮蔽了教师活动形式的无序性对学生活动形式的影响或改造，还遮蔽了学生活动形式的有序性与无序性对教师活动形式的影响或改造；进一步，还遮蔽了师生双方活动形式的自返性影响或改造。由此，便直接导致了两个方面的不足性。从教师方面看，教师仅仅把握到自己活动形式的有序性对学生活动形式的影响结果，便必然会产生对学生单方面影响结果的认可或接受而难以产生对师生双方影响结果与自返性影响结果的对应接受；从学生方面看，学生仅仅把握到教师单方面的影响结果，便必然会产生对教师单方面影响结果的接受而难以产生对师生双方影响结果与自返性影响结果的对应接受。

总之，现行教学形式论，从教师对学生的预设性，切到对教学活动形式的理解，从师生双方活动形式的相互性关系与自返性关系来看，确实存在严重的简单性偏差；因此，必须受到合理地反思与改造。

四、本节小结

综上所述，我们看到，现行教学形式论，从教师对学生的预设性，切到对教学活动形式的理解，虽然能够把握到教师活动形式的有序性与学生活动形式的无序性，也能够把握到这种有序性与无序性的根据并对简单的教学活动产生积极的作用；但是遮蔽了教师活动形式的无序性与学生活动形式的有序性并因此进一步遮蔽了师生双方活动形式的自返性。从思维运作看，现行教学形式论的偏蔽，是其主观思维的抽象泛化所导致的。从实际看，这种抽象泛化的思维或认识，对于有序性与无序性以及自返性相互对应的教学活动确实存在多方面的消极作用。因此，现行教学形式论，就必然被合理地反思与改造。

五、本节提示

在本节最后，需要做两点提示。一是，探寻现行教学形式论的思维活动切入点的根据，就是现行教学形式论的内容；或者说，我们是通过现行教学形式论的基本内容而探寻到其思维活动的切入点的。二是，对现行教学形式论的思维活动切入点的遮蔽性分析，不是我们简单的主观分析，而是根据现行教学形式论所包含的主观思维活动切入点的所见与所不见而展开的——要特别注意，现行教学形式论所包含的简单静态的主观思维，必然会遮蔽与其对应的动态的客观事实。

附言：

1. 教师按计划性而开始的教学活动，其实，都必然是计划性与变通性以及自返性相互对应的教学活动。

2. 不管是教学活动的有序性还是无序性或自返性，都只能是在相互对应中才能相互彰显的属性。

3. 仅仅把握到教学活动有序性的现行教学形式论，必然是程序性泛化的简单教学论；它很难避免单调与僵硬的劣质。

4. 正是教学活动有序性与无序性以及自返性的内在对应，才能够催生出教学活动内在的生机与灵性。

5. 仅仅知道教学活动的有序性的教师，其实，也就是简单的教师。

6. 教学活动的可预设性，与教学活动的有序性相对应；教学活动的不可预设性，与教学活动的无序性相对应；而教学活动的自返性，则与教学活动的可预设性与不可预设性相对应。

第二节　对现行教学形式论的对应改造

切问：

1. 从动态的教学活动的事实看，现行教学形式论所包含的“教师对学生的预设性”，其实都是“师生双方预设性与不可预设性以及自返性的对应性”吗？

2. 师生双方活动形式的有序性与无序性以及自返性，都只能是相互对应的属性吗？

3. 教师活动的有序性与无序性以及自返性对学生的影响指向，必然会引起学生的回应吗？而学生的这种回应，又必然会指向教师吗？

4. 师生双方活动形式的有序性与无序性以及自返性的影响结果，都只能是对应性的影响结果吗？

5. 在教学活动中，师生双方活动形式的有序性与无序性以及自返性，都不是抽象泛化的属性，而是具有边界对应关系的具体属性吗？我们需要从抽象泛化的思维，转换到具体的边界思维或对应思维吗？

6. 如果教师仅仅对学生进行有序性或程序性的教学，那么，这种教学就必然会成为机械性的简单教学吗？师生双方进行的有序性与无序性以及自返性对应的教学，才可能成为具有内在张力或生命力的教学吗？

一、对现行教学形式论所包含的泛化思维的对应改造

上一节我们谈到，现行的教学形式论，之所以存在偏蔽，是因为在其思维运作中存在抽象泛化的不足。因此，要改造现行教学形式论，就必须改造其抽象泛化的主观思维。如何改造这种思维呢？这首先就需要摆脱现行教学形式论所包含的简单主观思维，而转向对教学活动事实或过程的关注——由主观思维，转向事实思维。然后，还需要走出教学研究者简单泛化的抽象思维，而转向对教学活动的客观与主观对应的边界思维——由简单的泛化思维，转向对应的边界思维。

二、对现行教学形式论所包含的思维切入点的对应改造

现行教学形式论，从教师对学生的预设性开始，切到对教学活动形式的理解；这一切入点本身并不存在问题。现行教学形式论的问题在于：从教师对学生的预设性开始，切到对教学活动形式的理解；然而并没有对这一动态影响的过程做出对应的考察，而是仅仅停留在教师对学生的预设性这里，并将教学活动的形式抽象为简单有序的形式。

教学活动的动态过程，又是怎样的呢？征之于实际，我们看到，在教学活动中，教师当然可以按照预设的计划而开始；但是，由教师活动所引起的学生的活动，不可能是教师在活动之前就完全可以预设的——这也就是说，教师的有序性的活动，必然会引起学生的有序性与无序性以及自返性的活动。而学生的有序性与无序性以及自返性的活动，又必然会反过来对教师产生影响并使教

师的活动具有有序性与无序性以及自返性。从教学活动的动态过程中，我们不难发现，现行教学形式论所包含的“教师对学生的预设性”的切入点，其实，只能是“师生双方预设性与不可预设性以及自返性的对应性”的切入点。由此，我们就将现行教学形式论的“教师对学生的预设性”的切入点，改造为“师生双方预设性与不可预设性以及自返性的对应性”的切入点。

三、对现行教学形式论所包含的具体内容的对应改造

对应教学形式论，从师生双方活动的预设性与不可预设性以及自返性的对应性，切到对教学活动形式的理解；能够对现行的简单教学形式论，做出哪些方面的改造呢？下面，分而论之。

第一，从师生双方活动形式的属性看，对应教学形式论，既能把握到师生双方活动形式的有序性，又能把握到师生双方活动形式的无序性，还能把握到师生双方活动形式的自返性；而不是现行教学形式论所把握到的教师活动形式的有序性与学生活动形式的无序性。这里的道理是：在教学的实际过程中，师生双方的个体活动，当然可以是按照预设而进行的有序性活动；但是由个体活动所引起的对方的活动，不可能是个体在活动之前就能够完全预设的。这也就是说，师生双方的活动，只能是可预设性与不可预设性以及自返性相互对应的活动，或者说，师生双方的活动形式，只能是有序性与无序性以及自返性对应的形式；而不可能是现行简单教学形式论所把握到的教师活动形式的有序性与学生活动形式的无序性——这种片面的有序性与无序性，当然，也只能是抽象泛化的形而上学的属性。

第二，从师生双方活动形式的影响指向看，对应教学形式论，既能把握到教师活动形式的有序性与无序性对于学生的影响指向，又能把握到学生活动形式的有序性与无序性对于教师的影响指向，还能把握到师生双方活动形式的自返性影响指向；而不是现行简单教学形式论所把握到的教师活动形式的有序性对于学生活动形式的无序性的单方面影响指向。这里的道理是：在教学的实际过程中，教师活动形式的有序性对于学生的影响指向，必然会引起学生有序性与无序性以及自返性的反应；而这种反应，又必然会引起教师有序性与无序性以及自返性的反应。这清楚地表明，在教学活动的实际中，教师活动形式的有序性与无序性以及自返性对于学生的影响指向，都必然是师生双方活动形式的双向度影响指向与自返性影响指向，而不可能是现行简单教学形式论所把握到的教师活动形式的有序性对于学生活动形式的无序性的单一影响指向——这种单向度的影响指向，当然，也只能是抽象泛化的形而上学的影响指向。

第三，从师生双方活动形式的影响结果看，对应教学形式论，既能把握到教师活动形式的有序性与无序性以及自返性对于学生的影响结果，又能把握到学生活动形式的有序性与无序性以及自返性对于教师的影响结果，还能把握到师生双方活动形式的自返性对师生双方的影响结果；而不是现行简单教学形式论所把握到的教师活动形式的有序性对于学生活动形式的无序性的单方面的影响结果。这里的道理是：在教学的实际过程中，教师活动形式的有序性与无序性以及自返性对于学生的任何影响，都必然会对学生产生影响结果；而这种影响结果，又必然会对教师产生影响结果。这清楚地表明，在教学活动的实际中，教师活动形式的有序性与无序性以及自返性对于学生的影响结果，必然会产生对于师生双方的对应性影响结果，而不可能是现行简单教学形式论所把握到的教师活动形式的有序性对于学生活动形式无序性的单方面影响结果——这种单方面的影响结果，当然，也只能是抽象泛化的形而上学的影响结果。

四、对应教学形式论的积极功能

对应教学形式论，从师生双方活动的预设性与不可预设性以及自返性的对应性，切到对教学活动形式的理解，能够对实际的教学活动，产生哪些方面的积极影响呢？下面，分而论之。

第一，从师生双方活动形式的属性看，对应教学形式论，能够对实际的教学活动产生如下三方面的积极影响。一方面是，对应教学形式论，能够把握到教师活动形式的有序性与无序性以及自返性；因此，不仅能够支持教师按照预设的计划开展有序性的教学活动，而且也能够支持教师遵循不可预设的变化与自我反思调整既定的教学活动。另一方面是，对应教学形式论，能够把握到学生活动形式的有序性与无序性以及自返性；因此，不仅能够支持学生按照预设的计划开展有序性的学习活动，而且也能够支持学生遵循不可预设的变化与自我反思调整既定的学习活动。最后一个方面是，对应教学形式论，既能把握到教师活动形式的有序性与无序性以及自返性，又能把握到学生活动形式的有序性与无序性以及自返性；因此，能够支持师生双方构建出以有序性与无序性以及自返性的对应为基础的对等影响关系。鉴于现行简单教学形式论的遮蔽或偏差，我们愿意特别强调如下三点。第一点是，关注教师活动形式的无序性与自返性。这里的关键是要走出人们熟悉的现行教学形式论的偏蔽，那就是认为教师的活动是可以预设的因而是有序性的活动的观点——那当然是简单抽象思维泛化的后果。在对应思维看来，教师活动的形式，必然是有序性与无序性以及自返性对应的形式；所以，不仅要关注教师活动形式的有序性，还要关注教师活动形式的无序性与自返性。第二点是，关注学生活动形式的有序性与自返性。这里的关键也是要走出人们熟悉的现行教学形式论的偏蔽，那就是认为学生的活动是个体的无序性活动的观点——那当然是简单抽象思维泛化的后果。在对应思维看来，学生活动的形式，正如教师活动的形式一样，必然是有序性与无序性以及自返性的对应形式；所以，不仅要关注学生活动形式的无序性，还要关注学生活动形式的有序性与自返性。第三点是，关注师生双方在活动形式的属性维度上对等定位的教学关系即四线定位的教学关系。既然师生双方活动的形式都具有有序性与无序性以及自返性的对应属性，那么，师生双方就要关注在双方有序性与无序性以及自返性的一致性与不一致性前提下的四线定位关系。这种四线定位关系的基本内容是：关注理想性的上线，即师生双方在活动形式的有序性与无序性的一致性前提下，走向对等的教学，以实现双方活动形式的互补性变化或发展；关注过渡性的自返线，即师生双方在活动形式的有序性与无序性的不一致性前提下，返回自身，以调整自身与对方的关系；关注现实性的中线，即师生双方在活动形式的有序性与无序性的不一致性前提下，通过过渡性的自返线而走向对话或讨论，以实现双方活动形式的生成性变化或发展；关注禁止性的底线，即师生双方在活动形式的有序性与无序性的不一致性前提下，都不能破坏或割裂对应的教学关系。我们认为，在师生双方活动形式的属性维度上，经由四线定位的教学，就可以构建出师生双方以各自有序性与无序性以及自返性的对应为基础的，涉及理想、自返、现实与戒律的对等教学关系；由此，也可以规避由教师活动形式的有序性与学生活动形式的无序性所必然导致的简单的不对等教学关系。

第二，从师生双方活动形式的影响指向看，对应教学形式论，能够对实际的教学活动产生如下三方面的积极影响。一方面是，对应教学形式论，能够把握到教师活动形式的有序性与无序性以及自返性对于学生活动形式的影响指向；因此，能够支持教师活动形式对于学生的影响。另一方面是，对应教学形式论，能够把握到学生活动形式的有序性与无序性以及自返性对于教师活动形式的影响指向；因此，能够支持学生活动形式对于教师的影响。最后一个方面是，对应教学形式论，既能把握到教师活动形式对于学生的影响指向，又能把握到学生活动形式对于教师的影响指向，还能把握到师生双方的自返性影响指向；因此，能够支持师生双方建构出以各自活动形式的有序性与无序性以及自返性影响指向的对应为基础的对等影响关系。鉴于现行简单教学形式论的遮蔽或偏差，我们愿意特别强调如下三点。第一点是，关注教师对学生以无序性与自返性为基础的影响指向。这里的关键是要走出人们熟悉的现行教学形式论的偏蔽，那就是认为教师对学生的影响指向是以有序性为基础的影响指向的观点——那当然是简单抽象思维泛化的后果。在对应思维看来，教师对学生的影响指向，必然是以有序性与无序性以及自返性的对应为基础的影响指向；所以，不仅要关注教师对学生以有序性为基础的影响指向，还要关注教师对学生以无序性与自返性为基础的影响指向。第二点是，关注学生对教师以有序性与无序性以及自返性为基础的影响指向。这里的关键也是要走出人们熟悉的现行教学形式论的偏蔽，那就是认为教学指向是教师对学生的影响指向观点——那当然是简单抽象思维泛化的后果。在对应思维看来，教师对学生的影响指向，必然是师生双方对应的影响指向；所以，不仅要关注教师对学生以有序性与无序性以及自返性为基础的影响指向，还要关注学生对教师以有序性与无序性以及自返性为基础的影响指向。第三点是，关注师生双方在影响指向维度上对等定位的教学关系即四线定位的教学关系。既然师生双方都具有以有序性与无序性以及自返性为基础的影响指向，那么，师生双方就要关注在有序性与无序性以及自返性影响指向一致性与不一致性前提下的四线定位关系。这种四线定位关系的基本内容是：关注理想性的上线，即师生双方在有序性与无序性影响指向的一致性前提下，走向对等的教学，以实现双方影响指向的互补性变化或发展；关注过渡性的自返线，即师生双方在有序性与无序性影响指向的不一致性前提下，返回自身，以调整自身与对方的关系；关注现实性的中线，即师生双方在有序性与无序性影响指向的不一致性前提下，通过过渡性的自返线而走向对话或讨论，以实现双方影响指向的生成性变化或发展；关注禁止性的底线，即师生双方在有序性与无序性影响指向的不一致性前提下，都不能破坏或割裂对应的教学关系。我们认为，在师生双方的影响指向维度上，经由四线定位的教学，就可以构建出师生双方以各自的有序性与无序性以及自返性影响指向的对应为基础的，涉及理想、自返、现实与戒律的对等教学关系；由此，也可以规避由教师对学生的片面影响指向所必然导致的简单的不对等教学关系。

第三，从师生双方活动形式的影响结果看，对应教学形式论，能够对实际的教学活动产生如下三方面的积极影响。一方面是，对应教学形式论，能够把握到教师活动形式的有序性与无序性以及自返性对学生的影响结果；因此，不仅能够支持教师对学生有计划、有组织的教学价值，而且也能够支持教师通过反思而对学生调整或变通的教学价值。另一方面是，对应教学形式论，能够把握到学生活动形式的有序性与无序性以及自返性对教师的影响结果；因此，不仅能够支持学生对教师的有序的教学价值，而且也能够支持学生通过反思而对教师调整或变通的教学价值。最后一个方面是，对应教学形式论，既能把握到教师活动形式有序性与无序性以及自返性对学生的影响结果，又能把握到学生活动形式有序性与无序性以及自返性对教师的影响结果；因此，能够支持师生双方建构出以各自有序性与无序性以及自返性影响结果的对应为基础的对等影响关系。鉴于现行简单教学形式论的遮蔽或偏差，我们愿意特别强调如下三点。第一点是，关注教师活动形式的无序性与自返性对学生的影响结果。这里的关键是要走出人们熟悉的现行教学形式论的偏蔽，那就是认为教师对学生的影响结果是教师活动形式的有序性对学生的影响结果的观点——那当然是简单抽象思维泛化的后果。在对应思维看来，教师对学生的影响结果，必然是有序性与无序性以及自返性对学生影响的结果；所以，不仅要关注教师活动形式的有序性对学生的影响结果，还要关注教师活动形式的无序性与自返性对学生的影响结果。第二点是，关注学生活动形式的有序性与无序性以及自返性对教师的影响结果。这里的关键也是要走出人们熟悉的现行教学形式论的偏蔽，那就是认为教学的结果是教师对学生影响结果的观点——那当然是简单抽象思维泛化的后果。在对应思维看来，教师对学生的影响结果，必然是师生双方的对应性影响结果；所以，不仅要关注教师活动形式的有序性与无序性以及自返性对学生的影响结果，还要关注学生活动形式的有序性与无序性以及自返性对教师的影响结果。第三点是，关注师生双方在影响结果维度上对等定位的教学关系即四线定位的教学关系。既然师生双方都具有以有序性与无序性以及自返性为基础的对应性影响结果，那么，师生双方就要关注在有序性与无序性以及自返性影响结果一致性与不一致性前提下的四线定位关系。这种四线定位关系的基本内容是：关注理想性的上线，即师生双方在有序性与无序性影响结果的一致性前提下，走向对等的教学，以实现双方活动形式的互补性变化或发展；关注过渡性的自返线，即师生双方在有序性与无序性影响结果的不一致性前提下，返回自身，以调整自身与对方的关系；关注现实性的中线，即师生双方在有序性与无序性影响结果的不一致性前提下，通过过渡性的自返线而走向对话或讨论，以实现双方活动形式的生成性变化或发展；关注禁止性的底线，即师生双方在有序性与无序性影响结果的不一致性前提下，都不能破坏或割裂对应的教学关系。我们认为，在师生双方的影响结果维度上，经由四线定位的教学，就可以构建出师生双方以各自的有序性与无序性以及自返性影响结果的对应为基础的涉及理想、自返、现实与戒律的对等教学关系；由此，也可以规避由教师对学生的单方面影响结果所必然导致的简单的不对等教学关系。

五、本节小结

综上所述，我们对现行简单教学形式论改造，涉及三层基本内容。一是，首先由现行简单教学形式论所包含的主观思维路线，转换到事实思维路线；然后在事实思维路线基础上，将现行简单教学形式论所包含的单一主观泛化的思维路线，改造为主观与客观的对应思维路线。二是，在对应思维路线上，将现行简单教学形式论所包含的认识师生双方活动形式的“教师对学生的预设性”的思维切入点，改造为“师生双方预设性与不可预设性以及自返性的对应性”的思维切入点。三是，在“师生双方预设性与不可预设性以及自返性的对应性”视野中，分别对师生双方活动形式的属性、影响指向与影响结果这些基本教学关系，做出了对应的考察。最后，我们分别考察了对应教学形式论，在师生双方活动形式的属性、影响指向与影响结果这些基本维度上，对实际的教学活动所产生的积极影响，以推动人们从现行的简单教学形式论，转换到对应的教学形式论。

为了更简明地把握两种教学形式论的不同，我们不妨将其中所包含的不同思维路线，做出如下比较。

简单教学形式论的单线定位路线——教学活动的形式，就是教师对于学生所进行的有序性的活动形式——这里需要特别注意，简单教学形式论，仅仅是对教师单一主观性这一条思维路线的反应。

对应教学形式论的四线定位路线——教学活动的形式，就是教师与学生双方所进行的有序性与无序性以及自返性对应的活动形式；它包含双方有序性与无序性以及自返性对应影响的理想的上线、过渡的自返线、现实的中线以及戒律的底线——这里需要特别注意，对应教学形式论，是对师生双方活动形式的有序性与无序性以及自返性对应影响的理想、自返、现实与戒律的四条思维路线的反应。

六、本节提示

在本节最后，需要做两点提示。一是，由“教师对学生的预设性”这一思维活动切入点到“师生双方预设性与不可预设性以及自返性的对应性”思维活动切入点的过渡环节，就是由对教学活动形式的主观抽象思维转向对教学活动形式的客观与主观的对应思维。二是，由“教师对学生的预设性”，到“师生双方的自返性”的过渡环节，就是由教师对学生的预设性活动所必然引起的师生双方活动的不可预设性；不了解师生双方的预设性活动所必然引起的不可预设性活动这一客观过程，就很难完成从“教师对学生的预设性”，到“师生双方的自返性”的内在过渡。

附言：

1. 教师按照有序性而对学生开始的教学活动，其实，都是师生双方有序性与无序性以及自返性对应的教学活动。

2. 对师生双方活动形式的有序性与无序性以及自返性的认识，都应该是对应的边界认识，而不能是抽象泛化的认识。

3. 现行教学形式论，仅仅把握到教学活动形式的有序性而没能把握到无序性与自返性——其实质，就是典型的形而上学的简单论。

4. 师生双方活动形式有序性与无序性以及自返性的不一致性所生成的张力，正是推动师生双方走向教学活动形式变革的最根本的动力。

5. 仅仅明白人的行为或活动的有序性而不能同时明白人的行为或活动的无序性与自返性的人，其实，也就是简单的人。

6. 关于教师按照有序性而对学生进行教学的现行教学理论，正反映出人们在简单生活中的简单教学的基本形式；而关于师生双方按照有序性与无序性以及自返性而进行的对应教学理论，则体现出人们在对应生活中的对应教学的基本形式。

第四章

对现行教学功能论的遮蔽性分析与对应改造

第一节 对现行教学功能论的遮蔽性分析

切问：

1. 现行教学理论，将教学的功能理解为教师对学生的发展功能或积极功能，其思维活动的切入点在哪里？我们如何才能探索到其思维活动的切入点？

2. 现行教学功能论，从自己理解教学功能的切入点上，能够把握到教学功能的哪些方面的内容呢？

3. 现行教学功能论的根据是什么？这种功能论，对实际的教学活动会产生哪些积极作用？

4. 现行教学功能论，从自己理解教学功能的切入点上，在对教学的功能有所把握的同时，却又遮蔽了哪些内容呢？

5. 在思维运行中，现行教学功能论，存在遮蔽的根源在哪里？

6. 现行教学功能论，对实际的教学活动会产生怎样的消极作用？

一、现行教学功能论的内容、属性及其思维活动的切入点

（一）现行教学功能论的内容

现行教学理论，对教学功能的理解，集中表现在关于教学的概念之中。关于教学的概念，在《教育学》中写道："教学乃是在教师引导下学生能动地学习知识以获得个性发展的活动。"① 从这种理解中，我们很容易看到，现行教学理论，将教学理解为一种活动。从这种活动的功能看，那就是教师引导学生，学

① 王道俊，郭文安．教育学［M］．北京：人民教育出版社，2009：161.

生能动地学习知识，以获得“个性的发展”。直白地说，也就是教师发挥具有积极性的作用或功能，去改造学生的不足性或消极性，以便使他们获得个性发展的具有积极性的作用或功能。简约地表达，在现行教学理论的视野中，教学的功能，也就是教师对于学生的积极功能——这就是现行教学功能论的基本内容。

（二）现行教学功能论的属性

现行教学功能论，具有怎样的性质呢？

按照现行教学理论的理解，教学的功能，就是教师对于学生的积极功能。教学活动的实际，果真是这样的吗？在教学活动中，教师对于学生的功能，难道只有积极性而没有消极性吗？教师在“引导”学生时，难道不会“压抑学生的自主性”吗？如果说教师对学生的“引导”，具有积极性的教学功能；那么，教师“压抑学生的自主性”，不就具有消极性的教学功能吗？由此，教师对学生的积极功能与消极功能，难道不会产生返回自身的自返性功能吗？同样地，学生对于教师的功能，难道只有消极性而没有积极性吗？而学生通过对教师的积极功能与消极功能，难道不会产生返回自身的自返性功能吗？在师生之间，难道只有教师对于学生的作用或功能，而没有学生对于教师的作用或功能吗？然而，从上面的引文中，我们看到，现行教学理论，根本无视教学实际中这些具有内在对应性的功能问题，而仅仅将教学的功能简单地抽象为教师对学生的积极功能。由此，我们可以有根据地说，现行教学功能论的属性，就是片面性或简单性。

（三）现行教学功能论的思维活动的切入点

现行教学功能论，既然将教学的功能理解为教师对学生的积极功能；那么，我们就可以据此逆向推论出现行教学理论理解教学功能的思维活动的切入点，那就是“教师对学生的人为选择性或可控性”。正向地表达，现行教学功能论，从教师对学生的人为选择性或可控性，切到对教学功能的理解；由此，才将教学的功能理解为教师对学生的积极功能。

二、现行教学功能论的所见、根据及其积极功能

（一）现行教学功能论的所见

现行教学功能论，从教师对学生的选择性，切到对教学功能的理解，能够把握到教学功能的哪些方面的内容呢？一是，从师生双方教学功能的属性看，现行教学功能论，能够把握到教师教学功能的积极性与学生教学功能的消极性或不足性。二是，从师生双方教学功能的影响指向看，现行教学功能论，能够

把握到教师教学功能的积极性对学生教学功能不足性或消极性的影响指向。三是，从师生双方教学功能的影响结果看，现行教学功能论，能够把握到教师教学功能的积极性对学生教学功能的不足性或消极性的影响或改造。总之，现行教学功能论，从教师对学生的选择性，切到对教学功能的理解，能够把握到的内容，也就是，教师教学功能的积极性对学生教学功能的不足性或消极性的影响或改造。

(二) 现行教学功能论的根据

现行教学功能论，从教师对学生的选择性，切到对教学功能的理解，所把握到的基本内容，是有根据的吗？一是，从师生双方教学功能的属性看，现行教学功能论，能够把握到教师教学功能的积极性与学生教学功能的不足性或消极性。从教学活动的实际看，一方面，教师的教学活动是有根据、有目的、有计划的活动，因此，也就是能够产生积极功能的活动。与此相对地，学生的活动则是成长中的个体活动，因此，也就是具有不足性或消极性的活动。所以，现行教学功能论所把握到的教师活动的积极功能与学生活动的消极功能，就是有根据的。二是，从师生双方教学功能的影响指向看，现行教学功能论，能够把握到教师教学功能的积极性对于学生教学功能的消极性的影响指向。从教学活动的实际看，教师要对学生施加有选择性的影响或教学，就需要将这种有选择性的影响或教学指向学生；这也是有根据的。三是，从师生双方教学功能的影响结果看，现行教学功能论，能够把握到教师教学功能的积极性对于学生教学功能消极性的影响或改造。从教学活动的实际看，既然教师能够对学生产生积极的教学功能，既然教师对学生进行了积极的教学，那么，学生就必然会受到教师积极的教学功能的影响或改造；这也是有根据的。总之，现行教学功能论，从教师对学生的选择性，切到对教学功能的理解，所把握到的基本内容，从教师对于学生的教学而言，都是有根据的；因而就是合理的。

(三) 现行教学功能论的积极功能

现行教学功能论，从教师对学生的选择性，切到对教学功能的理解，所把握到的基本内容，对于实际的教学活动，都具有积极的功能或价值。一是，从师生双方教学功能的属性看，现行教学功能论，能够把握到教师教学功能的积极性与学生教学功能的消极性；这能够为教师对学生进行积极的教学活动提供可靠的或合理的认知性基础。二是，从师生双方教学功能的影响指向看，现行教学功能论，能够把握到教师教学功能的积极性对于学生教学功能的消极性的影响指向；这能够为教师对学生进行积极的影响提供可靠的或合理的操作性基础。三是，从师生双方教学功能的影响结果看，现行教学功能论，能够把握到教师教学功能的积极性对学生教学功能的消极性的影响或改造；这能够支持师生双方接受或承认按照人为选择性而实现的教学结果。总之，现行教学功能论，从教师对学生的选择性，切到对教学功能的理解，所把握到的基本内容，从教师对学生的教学来看，都具有积极的作用或价值。

三、现行教学功能论的偏蔽、根源及其消极功能

（一）现行教学功能论的偏蔽

现行教学功能论，从教师对学生的选择性，切到对教学功能的理解，在有所见或有所把握的同时；却又遗漏或遮蔽了哪些内容呢？一是，从师生双方教学功能的属性看，现行教学功能论，在把握到教师教学功能的积极性与学生教学功能的消极性的同时，却遮蔽了教师教学功能的消极性与学生教学功能的积极性；进一步，还遮蔽了师生双方教学功能的自返性。二是，从师生双方教学功能的影响指向看，现行教学功能论，在把握到教师教学功能对学生教学功能的影响指向的同时，却遮蔽了学生教学功能对教师教学功能的影响指向；进一步，还遮蔽了师生双方教学功能的自返性影响指向。三是，从师生双方教学功能的影响结果看，现行教学功能论，在把握到教师教学功能对学生教学功能的影响结果的同时，却遮蔽了学生教学功能对教师教学功能的影响结果；进一步，还遮蔽了师生双方教学功能的自返性影响结果。总之，现行教学功能论，从教师对学生的人为选择性，切到对教学功能的理解，在把握到教师教学功能积极性对学生教学功能消极性的影响的同时，却遮蔽了学生教学功能对教师教学功能的影响；进一步，还遮蔽了师生双方教学功能的自返性影响。

（二）现行教学功能论的偏蔽的根源

从思维运作看，现行教学功能论，之所以存在上述偏蔽，就是因为其主观抽象思维的泛化导致的。一是，从师生双方教学功能的属性看，在实际的教学活动中，师生双方的教学功能，一方面，具有人为选择性或可控性并因此而具有积极性；另一方面，则具有客观条件的限定性或不可控性并因此而具有消极性。并且，正是因为师生双方都具有积极功能与消极功能，所以，又必然产生了师生双方的自返性功能。这清楚地表明，在实际的教学活动中，师生双方教学功能的积极性与消极性以及自返性都是相互对应的属性。然而，现行教学功能论，其主观思维中，片面地抽取出教师教学功能的积极性与学生教学功能的消极性，并以偏概全地泛指师生双方教学功能的对应性；由此，便遮蔽了教师

教学功能的消极性与学生教学功能的积极性，还遮蔽了师生双方教学功能的自返性。二是，从师生双方教学功能的影响指向看，在实际的教学活动中，教师教学功能的积极性与消极性以及自返性，都必然会引起学生的反应；而学生的反应，又必然会引起教师的反应。这清楚地表明，在实际的教学活动中，师生双方教学功能的影响指向，都是双向度的存在与自返性的存在。然而，现行教学功能论，在其主观思维中，片面地抽取出教师教学功能的积极性对学生教学功能消极性的影响指向，并以偏概全地泛指师生双方教学功能的对应性影响指向；由此，便遮蔽了学生教学功能对教师的影响指向，也遮蔽了师生双方教育功能的自返性影响指向。三是，从师生双方教学功能的影响结果看，在实际的教学活动中，教师教学功能对学生的影响结果，必然是积极性与消极性以及自返性的影响结果；而这一影响结果，又必然会反过来对教师产生积极性与消极性以及自返性的影响结果。这清楚地表明，在实际的教学活动中，师生双方教学功能的影响结果，都是相互性影响结果与自返性影响结果。然而，现行教学功能论，在其主观思维中，片面地抽取出教师教学功能的积极性对学生教学功能消极性的影响结果，并以偏概全地泛指师生双方教学功能对应性的影响结果；由此，便遮蔽了学生教学功能对教师的影响结果，也遮蔽了师生双方教育功能的自返性影响结果。

（三）现行教学功能论的消极功能

现行教学功能论，从教师对学生的选择性，切到对教学功能的理解，在有所把握的同时，却又存在偏蔽。这些认识或思维中的偏蔽，对实际的教学活动，会产生哪些消极影响呢？

一是，从师生双方教学功能的属性看，现行教学功能论，在把握到教师教学功能的积极性与学生教学功能的消极性的同时，却遮蔽了教师教学功能的消极性与学生教学功能的积极性；进一步，还遮蔽了师生双方教学功能的自返性。由此，便直接导致了两个方面的不足性。从教师方面看，教师仅仅把握到自己活动功能的积极性，便必然会产生对自己教学功能积极性的偏重而难以产生对自己教学功能积极性与消极性以及自返性的对应关注；从学生方面看，学生仅仅把握到自己活动功能的消极性，也必然会产生对自己教学功能消极性的偏重而难以产生对自己教学功能的积极性与消极性以及自返性的对应关注。

二是，从师生双方教学功能的影响指向看，现行教学功能论，在把握到教师教学功能的积极性对学生教学功能的消极性的影响指向的同时，却遮蔽了学生教学功能对教师教学功能的影响指向；进一步，还遮蔽了师生双方教学功能的自返性影响指向。由此，便直接导致了两个方面的不足性。从教师方面看，教师仅仅把握到自己活动功能的积极性对学生的影响指向，便必然会产生对这种单方影响指向的肯定而难以产生对师生双方影响指向与自返性影响指向的对应关注；从学生方面看，学生仅仅把握到教师教学功能的积极性对自己的影响指向，便必然会产生对这种单方影响指向的接受而难以产生对师生双方影响指向与自返性影响指向的对应关注。

三是，从师生双方教学功能的影响结果看，现行教学功能论，在把握到教师教学功能的积极性对学生教学功能的消极性的影响或改造的同时，却遮蔽了学生教学功能对教师教学功能的影响或改造；进一步，还遮蔽了师生双方教学功能的自返性影响或改造。由此，便直接导致了两个方面的不足性。从教师方面看，教师仅仅把握到自己教学功能的积极性对学生教学功能的消极性的影响结果，便必然会产生对学生单方面影响结果的认可或接受而难以产生对师生双方影响结果与自返性影响结果的对应接受；从学生方面看，学生仅仅把握到教师教学功能的积极性对学生教学功能消极性的影响结果，便必然会产生对教师单方面影响结果的接受而难以产生对师生双方影响结果与自返性影响结果的对应接受。

总之，现行教学功能论，从教师对学生的选择性，切到对教学功能的理解，从师生双方活动功能内在的对应性关系来看，确实存在严重的简单性偏差并因此而必须受到合理地反思与改造。

四、本节小结

综上所述，我们看到，现行教学功能论，从教师对学生的选择性，切到对教学功能的理解，虽然能够把握到教师教学功能的积极性与学生教学功能的消极性，也能够把握到这种积极性与消极性的根据并对学校的简单教学活动产生积极的作用；但是，却遮蔽了教师教学功能的消极性与学生教学功能的积极性并因此进一步遮蔽了师生双方教学功能的自返性。从思维运作看，现行教学功能论的偏蔽，是其主观思维的抽象泛化所导致的。从实际看，这种抽象泛化的思维或认识，对实际的对应教学活动存在多方面的消极作用。因此，现行简单的教学功能论，就必然被合理地反思与改造。

五、本节提示

在本节最后，需要做两点提示。一是，探寻现行教学功能论的思维活动切入点的根据，就是现行教学功能论的内容；或者说，我们是通过现行教学功能论的基本内容而探寻到其思维活动的切入点的。二是，对现行教学功能论的思维活动切入点的遮蔽性分析，不是我们简单的主观分析，而是根据现行教学功能论所包含的主观思维活动切入点的所见与所不见而展开的——要特别注意，现行教学功能论所包含的简单静态的主观思维，必然会遮蔽与其对应的动态的客观事实。

附言：

1. 考察教学活动的功能，可以从教师有选择性地活动开始，但是，不能停留在这里。

2. 不管是教学活动的可控性、不可控性，还是自返性，都只能是在对应中才能相互彰显的属性。

3. 仅仅把握到教学功能积极性的现行教学功能论，必然是教学价值泛化的简单教学论，此种理论，很难避免对教学价值的夸大其词的判断。

4. 正是教学功能的积极性与消极性以及自返性的内在对应，才能够激发出教学活动的变通或灵性。

5. 仅仅知道教学活动的价值的人，其实，也就是简单的人。

6. 师生教学功能的积极性与消极性以及自返性，都只能是相互对应的属性；离开双方的相互对应，像现行教学理论所谓的简单教学价值论，就只能是主观抽象的空论。

第二节 对现行教学功能论的对应改造

切问：

1. 从动态的教学活动的事实看，现行教学功能论所包含的“教师对学生的选择性”，其实都是“师生双方选择性与不可选择性以及自返性的对应性”吗？

2. 师生双方教学功能的积极性与消极性以及自返性，都只能是相互对应的属性吗？

3. 教师教学功能对学生的影响指向，必然会引起学生的回应吗？而学生的这种回应，又必然会指向教师吗？同时，师生双方的双向度影响指向，又必然会产生双方自返性的影响指向吗？

4. 师生双方教学功能的积极性与消极性以及自返性之间的影响结果，都只能是双方相互性的影响结果与自返性的影响结果吗？

5. 在教学活动中，师生双方教学功能的积极性与消极性以及自返性，都不是抽象泛化的属性，而是具有边界对应关系的具体属性吗？我们需要从抽象泛化的思维，转换到具体的边界思维或对应思维吗？

6. 如果师生双方只有积极性的教学功能，那么，这种教学就必然会成为教学价值泛滥化的简单教学吗？只有师生双方进行既有积极性又有消极性还有自返性的教学，才有可能成为具有内在张力或生命力的教学吗？

一、对现行教学功能论所包含的泛化思维的对应改造

上一节我们谈到，现行教学功能论，之所以存在偏蔽，是因为在其思维运作中存在抽象泛化的不足。因此，要改造现行教学功能论，就必须改造其抽象泛化的主观思维。如何改造这种思维呢？这首先就需要摆脱现行教学功能论所包含的简单主观思维，而转向对教学活动事实或过程的关注——即由主观思维，转向事实思维。然后，还需要走出教学研究者简单泛化的抽象思维，转向对教学活动的客观与主观对应的边界思维——即由简单的泛化思维，转向对应的边界思维。

二、对现行教学功能论所包含的思维切入点的对应改造

现行教学功能论，从教师对学生的选择性开始，切到对教学功能的理解，这一切入点本身并不存在问题。现行教学功能论的问题在于：从教师对学生的选择性开始，切到对教学功能的理解；然而并没有对这一动态影响的过程做出对应的考察，而是仅仅停留在教师对学生的选择性这里，并将教学的功能抽象为简单的具有积极性的功能。

教学活动的动态过程，又是怎样的呢？征之于实际，我们看到，在教学活动中，教师的活动，当然可以是按照人为选择的积极性而开始的活动；但是，由教师活动所引起的学生的活动，不可能是教师在活动之前就完全可以人为选择的——这也就是说，教师具有积极性功能的教学活动，必然会引起学生具有积极性或消极性或自返性的教学活动。而学生具有积极性或消极性或自返性的教学活动，又必然会反过来对教师产生具有积极性或消极性或自返性的教学影响。从教学活动的动态过程中，我们不难发现，现行教学功能论所包含的“教师对学生的选择性”的切入点，其实，只能是“师生双方选择性与不可选择性以及自返性的对应性”的切入点。由此，我们就将现行教学功能论的“教师对学生的选择性”的切入点，改造为“师生双方选择性与不可选择性以及自返性

的对应性”的切入点。

三、对现行教学功能论所包含的具体内容的对应改造

对应教学功能论，从师生双方选择性与不可选择性以及自返性的对应性，切到对教学功能的理解，能够对现行的简单教学功能论，做出哪些方面的改造呢？下面，分而论之。

第一，从师生双方教学功能的属性看，对应教学功能论，既能把握到师生双方教学功能的积极性，又能把握到师生双方教学功能的消极性，还能把握到师生双方教学功能的自返性；而不是现行教学功能论所把握到的教师教学功能的积极性与学生教学功能的消极性。这里的道理是：在教学活动的实际过程中，师生双方的个体活动，当然可以是按照人为选择性而进行的具有积极性的活动；但是由个体活动所引起的对方的活动，不可能是个体在活动之前就能够完全人为选择的。这也就是说，师生双方的活动，只能是可以选择与不可选择以及返回自身的相互对应的活动，或者说，师生双方教学的功能，只能是积极性与消极性以及自返性的对应功能；而不可能是现行简单教学功能论所把握到的教师教学功能的积极性与学生教学功能的消极性——这种片面的积极性与消极性，当然，只能是抽象泛化的形而上学的属性。

第二，从师生双方教学功能的影响指向看，对应教学功能论，既能把握到教师教学功能的积极性与消极性以及自返性对于学生的影响指向，又能把握到学生教学功能的积极性与消极性以及自返性对于教师的影响指向，还能把握到师生双方教学功能的自返性影响指向；而不是现行简单教学功能论所把握到的教师教学功能的积极性对于学生教学功能的消极性的单方面影响指向。这里的道理是：在教学活动的实际过程中，教师教学功能的积极性与消极性以及自返性对于学生的影响指向，必然会引起学生具有积极性与消极性以及自返性的反应；而这种反应，又必然会引起教师具有积极性与消极性以及自返性的反应。这清楚地表明，在教学活动的实际中，教师教学功能的积极性与消极性以及自返性对于学生的影响指向，都必然是师生双方教学功能的积极性与消极性以及自返性的双向度对应影响指向与自返性影响指向，而不可能是现行简单教学功能论所把握到的教师教学功能的积极性对于学生教学功能消极性的单一影响指向——这种单向度的影响指向，当然，也只能是抽象泛化的形而上学的影响指向。

第三，从师生双方教学功能的影响结果看，对应教学功能论，既能把握到教师教学功能的积极性与消极性以及自返性对于学生的影响结果，又能把握到

学生教学功能的积极性与消极性以及自返性对于教师的影响结果，还能把握到师生双方教学功能的自返性影响结果；而不是现行简单教学功能论所把握到的教师教学功能积极性对于学生教学功能消极性的单方面的影响结果。这里的道理是：在教学活动的实际过程中，教师教学功能的积极性与消极性以及自返性对于学生的任何影响，都必然会对学生产生影响结果；而这种影响结果，又必然会对教师产生影响结果。这清楚地表明，在教学活动的实际中，教师教学功能的积极性与消极性以及自返性对于学生的影响结果，必然会产生对于师生双方的相互性影响结果与自返性影响结果，而不可能是现行简单教学功能论所把握到的教师教学功能的积极性对于学生教学功能消极性的单方面影响结果——这种单方面的影响结果，当然，也只能是抽象泛化的形而上学的影响结果。

四、对应教学功能论的积极功能

对应教学功能论，从师生双方选择性与不可选择性以及自返性的对应性，切到对教学功能的理解，能够对实际的教学活动，产生哪些方面的积极影响呢？下面，分而论之。

第一，从师生双方教学功能的属性看，对应教学功能论，能够对实际的教学活动产生如下三方面的积极影响。一方面是，对应教学功能论，能够把握到教师教学功能的积极性与消极性以及自返性；因此，不仅能够支持教师按照人为选择性开展具有积极性的教学活动，而且能够支持教师遵循不可选择性与自我反思所带来的变化调整具有消极性的教学活动。另一方面是，对应教学功能论，能够把握到学生教学功能的积极性与消极性以及自返性；因此，不仅能够支持学生按照人为选择性开展具有积极性的教学活动，而且也能够支持学生遵循不可选择性与自我反思所带来的变化调整具有消极性的教学活动。最后一个方面是，对应教学功能论，既能把握到教师教学功能的积极性与消极性以及自返性，又能把握到学生教学功能的积极性与消极性与自返性；因此，能够支持师生双方构建出以积极性与消极性以及自返性的对应为基础的对等影响关系。鉴于现行简单教学功能论的遮蔽或偏差，我们愿意特别强调如下三点。第一点是，关注教师教学功能的消极性与自返性。这里的关键是要走出人们熟悉的现行教学功能论的偏蔽，那就是认为教师教学功能只有积极性的观点——那当然是简单抽象思维泛化的后果。在对应思维看来，教师教学的功能，必然具有积极性与消极性以及自返性的对应功能；所以，不仅要关注教师教学功能的积极性，而且还要关注教师教学功能的消极性与自返性。第二点是，关注学生教学功能的积极性与自返性。这里的关键也是要走出人们熟悉的现行教学功能论的偏蔽，那就是认为学生教学功能只有消极性的观点——那当然是简单抽象思维泛化的后果。在对应思维看来，学生教学的功能，正如教师教学的功能一样，必然具有积极性与消极性以及自返性的对应功能；所以，就不仅要关注学生教学功能的消极性，还要关注学生教学功能的积极性与自返性。第三点是，关注师生双方在教学功能的属性维度上对等定位的教学关系即四线定位的教学关系。既然师生双方教学功能都具有积极性与消极性以及自返性的对应属性，那么，师生双方就要关注在双方积极性与消极性以及自返性的一致性与不一致性前提下的四线定位关系。这种四线定位关系的基本内容是：关注理想性的上线，即师生双方在教学功能的积极性与消极性的一致性前提下（双方都能以对方的积极性去改造自身的消极性），走向对等的教学，以实现双方教学功能的互补性变化或发展；关注过渡性的自返线，即师生双方在教学功能的积极性与消极性的不一致性前提下（双方中至少有一方不能以对方的积极性去改造自身的消极性），返回自身，以调整自身与对方的关系；关注现实性的中线，即师生双方在教学功能积极性与消极性的不一致性前提下，通过过渡性的自返线而走向对话或讨论，以实现双方教学功能的生成性变化或发展；关注禁止性的底线，即师生双方在教学功能的积极性与消极性的不一致性前提下，都不能破坏或割裂对应的教学关系。我们认为，在师生双方教学功能的属性维度上，经由四线定位的教学，就可以构建出师生双方以各自教学功能的积极性与消极性以及自返性的对应为基础的，涉及理想、自返、现实与戒律的对等教学关系；由此，也可以规避由教师教学功能积极性与学生教学功能消极性所必然导致的简单的不对等教学关系。

第二，从师生双方教学功能的影响指向看，对应教学功能论，能够对实际的教学活动产生如下三方面的积极影响。一方面是，对应教学功能论，能够把握到教师教学功能的积极性与消极性以及自返性对于学生的影响指向；因此，能够支持教师保持对学生的积极功能而反思或规避对学生的消极功能。另一方面是，对应教学功能论，能够把握到学生教学功能的积极性与消极性以及自返性对于教师的影响指向；因此，能够支持学生保持对教师的积极功能而反思或规避对教师的消极功能。最后一个方面是，对应教学功能论，既能把握到教师教学功能对于学生的影响指向，又能把握到学生教学功能对于教师的影响指向，还能把握到师生双方的自返性影响指向；因此，能够支持师生双方建构出以各自教学功能的积极性与消极性以及自返性影响指向的对应为基础的对等影响关系。鉴于现行简单教学功能论的遮蔽或偏差，我们愿意特别强调如下三点。第一点是，关注教师对学生以消极性与自返性为基础的影响指向。这里的关键是要走出人们熟悉的现行教学功能论的偏蔽，那就是认为教师对学生的影响指向是以积极性为基础的影响指向的观点——那当然是简单抽象思维泛化的后果。在对应思维看来，教师对学生的影响指向，必然是以积极性与消极性以及自返性的对应为基础的影响指向；所以，不仅要关注教师对学生以积极性为基础的影响指向，还要关注教师对学生以消极性与自返性为基础的影响指向。第二点是，关注学生对教师以积极性与消极性以及自返性为基础的影响指向。这里的关键也是要走出人们熟悉的现行教学功能论的偏蔽，那就是认为教学指向是教师对学生的影响指向观点——那当然是简单抽象思维泛化的后果。在对应思维看来，教师对学生的影响指向，必然是师生双方对应的影响指向；所以，不仅要关注教师对学生以积极性与消极性以及自返性为基础的影响指向，还要关注学生对教师以积极性与消极性以及自返性为基础的影响指向，第三点是，关注师生双方在影响指向维度上对等定位的教学关系即四线定位的教学关系。既然师生双方都具有以积极性与消极性以及自返性为基础的影响指向，那么，师生双方就要关注在积极性与消极性以及自返性影响指向一致性与不一致性前提下的四线定位关系。这种四线定位关系的基本内容是：关注理想性的上线，即师生双方在积极性与消极性影响指向的一致性前提下（双方都能以对方的积极性影响指向去改造自身的消极性影响指向），走向对等的教学，以实现双方影响指向的互补性变化或发展；关注过渡性的自返线，即师生双方在积极性与消极性影响指向不一致性的前提下（双方中至少有一方不能以对方的积极性影响指向去改造自身的消极性影响指向），返回自身，以调整自身与对方的关系；关注现实性的中线，即师生双方在积极性与消极性影响指向的不一致性前提下，通过过渡性的自返线而走向对话或讨论，以实现双方影响指向的生成性变化或发展；关注禁止性的底线，即师生双方在积极性与消极性影响指向的不一致性前提下，都不能破坏或割裂对应的教学关系。我们认为，在师生双方的影响指向维度上，经由四线定位的教学，就可以构建出师生双方以各自的积极性与消极性以及自返性影响指向的对应为基础的，涉及理想、自返、现实与戒律的对等教学关系；由此，也可以规避由教师对学生的片面影响指向所必然导致的简单的不对等教学关系。

第三，从师生双方教学功能的影响结果看，对应教学功能论，能够对实际的教学活动产生如下三方面的积极影响。一方面是，对应教学功能论，能够把握到教师教学功能的积极性与消极性以及自返性对学生的影响结果；因此，不仅能够支持教师肯定或接受对学生具有积极性的教学功能，也能够支持教师反思或改变对学生具有消极性的教学功能。另一方面是，对应教学功能论，能够把握到学生教学功能的积极性与消极性以及自返性对教师的影响结果；因此，不仅能够支持学生肯定或接受对教师具有积极性的教学功能，而且也能够支持学生反思或改变对教师具有消极性的教学功能。最后一个方面是，对应教学功能论，既能把握到教师教学功能的积极性与消极性以及自返性对学生的影响结果，又能把握到学生教学功能的积极性与消极性以及自返性对教师的影响结果；因此，能够支持师生双方建构出以各自积极性与消极性以及自返性影响结果的对应为基础的对等影响关系。鉴于现行简单教学功能论的遮蔽或偏差，我们愿意特别强调如下三点。第一点是，关注教师教学功能的消极性与自返性对学生的影响结果。这里的关键是要走出人们熟悉的现行教学功能论的偏蔽，那就是认为教师对学生的影响结果是教师教学功能的积极性影响结果的观点——那当然是简单抽象思维泛化的后果。在对应思维看来，教师对学生的影响结果，必然是教师教学功能的积极性与消极性以及自返性对学生影响的结果；所以，不仅要关注教师教学功能的积极性对学生的影响结果，还要关注教师教学功能的消极性与自返性对学生的影响结果。第二点是，关注学生教学功能的积极性与消极性以及自返性对教师的影响结果。这里的关键也是要走出人们熟悉的现行教学功能论的偏蔽，那就是认为教学的结果是教师对学生影响结果的观点——那当然是简单抽象思维泛化的后果。在对应思维看来，教师对学生的影响结果，必然是师生双方的相互性影响结果与自返性影响结果；所以，不仅要关注教师教学功能的积极性与消极性以及自返性对学生的影响结果，还要关注学生教学功能的积极性与消极性以及自返性对教师的影响结果。第三点是，关注师生双方在影响结果维度上对等定位的教学关系即四线定位的教学关系。既然师生双方都具有以积极性与消极性以及自返性为基础的对应影响结果。那么，师生双方就要关注在积极性与消极性以及自返性影响结果一致性与不一致性前提下的四线定位关系。这种四线定位关系的基本内容是：关注理想性的上线，即师生双方在积极性与消极性影响结果的一致性前提下（即双方都能以对方的积极性影响结果改造自身的消极性影响结果），走向对等的教学，以实现双方教学功能的互补性变化或发展；关注过渡性的自返线，即师生双方在积极性与消极性影响结果的不一致性前提下（双方中至少有一方不能以对方的积极性影响结果去改造自身的消极性影响结果），返回自身，以调整自身与对方的关系；关注现实性的中线，即师生双方在积极性与消极性影响结果的不一致性前提下，通过过渡性的自返线而走向对话或讨论，以实现双方教学功能的生成性变化或发展；关注禁止性的底线，即师生双方在积极性与消极性影响结果的不一致性前提下，都不能破坏或割裂对应的教学关系。我们认为，在师生双方的影响结果维度上，经由四线定位的教学，就可以构建出师生双方以各自积极性与消极性以及自返性影响结果的对应为基础的，涉及理想、自返、现实与戒律的对等教学关系；由此，也可以规避由教师对学生的单方面影响结果所必然导致的简单的不对等教学关系。

五、本节小结

综上所述，我们对现行简单教学功能论的改造，涉及三层基本内容。一是，首先由现行简单教学功能论所包含的主观思维路线，转换到事实思维路线；然后在事实思维路线基础上，将现行简单教学功能论所包含的单一主观泛化的思维路线，改造为主观与客观的对应思维路线。二是，在对应思维路线上，将现行简单教学功能论所包含的认识师生双方教学功能的“教师对学生的选择性”的思维切入点，改造为“师生双方选择性与不可选择性以及自返性的对应性”的思维切入点。三是，在“师生双方选择性与不可选择性以及自返性的对应性”视野中，分别对师生双方教学功能的属性、影响指向与影响结果这些基本教学关系，做出了对应的考察。最后，我们分别考察了对应教学功能论，在师生双方教学功能的属性、影响指向与影响结果这些基本维度上，对实际的教学活动所产生的积极影响，以推动人们从现行的简单教学功能论，转换到对应的教学功能论。

为了更简明地把握两种教学功能论的不同，我们不妨将其中所包含的不同思维路线，做出如下比较。

简单教学功能论的单线定位路线——教学活动的功能，就是教师对学生的具有积极性的功能——这里需要特别注意，简单教学功能论，仅仅是对教师单一主观性这一条思维路线的反应。

对应教学功能论的四线定位路线——教学活动的功能，就是教师与学生双方所具有的积极性与消极性以及自返性的对应功能，它包含双方积极性与消极性以及自返性对应影响的理想的上线、过渡的自返线、现实的中线以及戒律的底线——这里需要特别注意，对应教学功能论，是对教师与学生双方教学功能的积极性与消极性以及自返性对应影响的理想、自返、现实与戒律的四条思维路线的反应。

六、本节提示

在本节最后，需要做两点提示。一是，由“教师对学生的选择性”这一思维活动切入点，到“师生双方选择性与不可选择性以及自返性的对应性”思维活动切入点的过渡环节，就是由对教学功能的主观抽象思维，转向对教学功能的客观与主观的对应思维。二是，由“师生双方教学功能的选择性”，到“师生双方教学功能的自返性”的过渡环节，就是师生双方教学功能的选择性所必然引起的教学功能的不可选择性。不理解这一环节，就很难完成由师生双方的选择性到自返性的内在过渡。

附言：

1. 教师按照可控性而开始的教学活动，其实，都是可控性与不可控性以及自返性对应的教学活动。

2. 对师生双方教学功能的积极性与消极性以及自返性的认识，都应该是对应的边界认识，而不能是抽象泛化的认识。

3. 现行教学功能论，仅仅把握到教学功能的积极性而没能把握到消极性与自返性——其实质，就是典型的形而上学的简单论。

4. 师生双方教学功能的积极性与消极性以及自返性所生成的张力，正是推动师生双方走向教学功能定位的最根本的动力。

5. 仅仅明白人的行为或活动的积极性而不能同时明白人的行为或活动的消极性与自返性的人，其实，也就是简单的人。

6. 关于教师对学生只有积极性的现行教学功能论，正表现出人们在简单生活中的简单价值论；而关于师生双方都分别具有积极性与消极性以及自返性的对应教学功能论，则体现出人们在对应生活中的对应功能论。

第五章

对现行教学过程论的遮蔽性分析与对应改造

第一节 对现行教学过程论的遮蔽性分析

切问：

1. 现行教学过程论认为，教学过程是以交往为基础实现认识与价值目标的过程——其思维活动的切入点在哪里？我们如何才能探索到其思维活动的切入点？

2. 现行教学过程论，从自己理解教学活动的切入点上，能够把握到教学活动哪些方面的内容呢？

3. 现行教学过程论的根据是什么？这种过程论，对实际的教学活动会产生哪些积极作用？

4. 现行教学过程论，从自己理解教学活动的切入点上，在对教学活动有所把握的同时，却又遮蔽了哪些内容呢？

5. 在思维运行中，现行教学过程论，存在遮蔽的根源在哪里？

6. 现行教学过程论，对实际的教学活动会产生怎样的消极作用？

一、现行教学过程论的内容、属性及其思维活动的切入点

（一）现行教学过程论的内容

现行教学理论，对教学过程的理解，在《教育学》写道：第一，“教学过程是一种特殊的认识过程”；第二，“教学过程必须以交往为背景和手段”；第三，“教学过程也是一个促进学生身心发展、追求与实现价值目标的过程”。① 分析地看，现行教学过程论，涉及教学活动的特殊认识目标、交往的基础与价值目

① 王道俊，郭文安．教育学［M］．北京：人民教育出版社，2009：180，182.

标三个方面；概括地看，教学过程，也就是以交往为基础、以价值目标为追求的特殊认识过程。简约地说，教学过程是以交往为基础实现认识与价值目标的过程——这就是现行教学过程论的基本内容。

（二）现行教学过程论的属性

现行教学过程论，具有怎样的性质呢？

按照现行教学过程论的理解，教学活动是以交往为基础实现认识与价值目标的过程。教学活动的实际，果真是这样的吗？就教学活动的交往基础看，教师与学生双方的交往，难道只有一致性关系而没有不一致性关系吗？经过具有一致性关系与不一致性关系的对应比较，师生双方难道不会产生返回自身的自返性关系吗？就教学活动中的认识目标看，师生双方的个体认识与间接经验中的他人认识，难道只有一致性关系而没有不一致性关系吗？经过具有一致性关系与不一致性关系的对应比较，师生双方的个体认识与间接经验中的他人认识，难道不会产生返回自身的自返性关系吗？就教学活动中的价值目标看，师生双方的个体价值与间接经验中的他人价值，难道只有一致性关系而没有不一致性关系吗？经过具有一致性关系与不一致性关系的对应比较，师生双方的个体价值与间接经验中的他人价值，难道不会产生返回自身的自返性关系吗？然而，从上面的引文中，我们看到，现行教学过程论，根本无视教学活动实际中这些具有内在对应性关系的问题，而仅仅将教学过程简单地抽象为以交往为基础实现认识与价值目标的过程。由此，我们可以有根据地说，现行教学过程论的属性，就是片面的一致性或抽象性即简单性。

（三）现行教学过程论的思维活动的切入点

现行教学过程论，既然将教学活动理解为以交往为基础实现认识与价值目标的过程；那么，我们就可以据此逆向推论出现行教学过程论理解教学活动的思维活动的切入点，那就是教学活动中具有一致性的“运行基础”“认识追求”与“价值追求”。正向地表达，现行教学过程论，从教学活动中具有一致性的运行基础、认识追求与价值追求，切到对教学活动的理解；由此，才将教学活动理解为以交往为基础实现认识与价值目标的过程。

二、现行教学过程论的所见、根据及其积极功能

（一）现行教学过程论的所见

现行教学过程论，从教学活动中具有一致性的运行基础、认识追求与价值追求，切到对教学活动的理解，能够把握到教学活动哪些方面的内容呢？一是，

从运行基础看，现行教学过程论，能够把握到具有共同性或一致性的人际交往这一教学基础，如师生之间具有一致性的人际交往，生生之间具有一致性的人际交往。二是，从认识追求看，现行教学过程论，能够把握到具有共同性或一致性的认识目标，如师生之间具有一致性的认识目标，生生之间具有一致性的认识目标，师生与间接经验中的他人之间具有一致性的认识目标。三是，从价值追求看，现行教学过程论，能够把握到具有共同性或一致性的价值目标，如师生之间具有一致性的价值目标，生生之间具有一致性的价值目标，师生与间接经验中的他人之间具有一致性的价值目标。总之，现行教学过程论，从教学活动中具有一致性的运行基础、认识追求与价值追求，切到对教学活动的理解，能够把握到的内容，也就是，具有共同性或一致性的交往基础、具有共同性或一致性的认识目标与价值目标。

（二）现行教学过程论的根据

现行教学过程论，从教学活动中具有一致性的运行基础、认识追求与价值追求，切到对教学活动的理解，所把握到的基本内容，是有根据的吗？一是，从运行基础看，现行教学过程论，能够把握到具有共同性或一致性的交往基础。从教学活动的实际看，作为教学活动的共同参加者，不管是师生之间，还是生生之间，当然会具有一致性的交往；这为教学活动的开展提供直接的活动基础。就此而论，现行教学过程论所把握到的这一基础，就是有根据的。二是，从认识追求看，现行教学过程论，能够把握到学生的个体认识与间接经验中的他人认识的共同性或一致性。从教学活动的实际看，教学的作用或功能之一就是要传承间接经验中的他人认识，以便在学生个体认识中继承或延续下去。就此而论，现行教学过程论所把握到的个体认识与他人认识的一致性，就是有根据的。三是，从价值追求看，现行教学过程论，能够把握到学生的个体价值与间接经验中的他人价值的共同性或一致性。从教学活动的实际看，教学的作用或功能之一就是要传承间接经验中的他人价值，以便在学生的个体价值中继承或延续下去。就此而论，现行教学过程论所把握到的个体价值与他人价值的一致性，也是有根据的。总之，现行教学过程论，从教学活动中具有一致性的运行基础、认识追求与价值追求，切到对教学活动的理解，所把握到的基本内容，从教学的一致性基础与教学的传承功能来看，都是有根据的。因而就是合理的。

（三）现行教学过程论的积极功能

现行教学过程论，从教学活动中具有一致性的运行基础、认识追求与价值追求，切到对教学活动的理解，所把握到的基本内容，对于实际的教学活动，都具有积极的功能或价值。一是，从运行基础看，现行教学过程论，能够把握到具有共同性或一致性的交往基础；这能够为师生之间或生生之间开展和谐的教学活动提供可靠的人际交往上的支撑。二是，从认识追求看，现行教学过程论，能够把握到学生的个体认识与间接经验中的他人认识的共同性或一致性；这能够为传承性或继承性的教学活动提供可靠的认识论上的支撑。三是，从价值追求看，现行教学过程论，能够把握到学生的个体价值与间接经验中的他人价值的共同性或一致性；这能够为传承性或继承性的教学活动提供可靠的价值论上的支撑。总之，现行教学过程论，从教学活动中具有一致性的运行基础、认识追求与价值追求，切到对教学活动的理解，所把握到的基本内容，从教学的一致性基础与教学的传承功能来看，都具有积极的作用或价值。

三、现行教学过程论的偏蔽、根源及其消极功能

（一）现行教学过程论的偏蔽

现行教学过程论，从教学活动中具有一致性的运行基础、认识追求与价值追求，切到对教学活动的理解，在有所见或有所把握的同时，却又遗漏或遮蔽了哪些内容呢？一是，从运行基础看，现行教学过程论，在把握到具有共同性或一致性的交往基础的同时，却遮蔽了具有差异性或不一致性的交往基础；进一步，还遮蔽了由共同性与差异性交往基础所必然带来的自返性交往基础。例如，师生之间的矛盾关系、生生之间的矛盾关系以及师生双方由和谐关系与矛盾关系所必然带来的返回自身的关系，就是被现行教学过程论所遗漏的基本内容。二是，从认识追求看，现行教学过程论，在把握到具有共同性或一致性的认识目标的同时，却遮蔽了具有差异性或不一致性的认识目标；进一步，还遮蔽了由共同性与差异性认识目标所必然带来的自返性认识目标。例如，师生之间具有的不一致性的认识目标、师生与他人之间具有的不一致性的认识目标以及师生与他人之间由一致性与不一致性认识目标所必然带来的自返性认识目标，就是被现行教学过程论所遗漏的基本内容。三是，从价值追求看，现行教学过程论，在把握到具有共同性或一致性的价值目标的同时，却遮蔽了具有差异性或不一致性的价值目标；进一步，还遮蔽了由共同性与差异性价值目标所必然带来的自返性价值目标。例如，师生之间具有的不一致性的价值目标、师生与他人之间具有的不一致性的价值目标以及师生与他人之间由一致性与不一致性价值目标所必然带来的自返性价值目标，就是被现行教学过程论所遗漏的基本内容。总之，现行教学过程论，从教学活动中具有一致性的运行基础、认识追

求与价值追求，切到对教学活动的理解，在把握到具有共同性的交往基础、认识追求与价值追求的同时，却遮蔽了具有差异性的交往基础、认识追求与价值追求；进一步，还遮蔽了由共同性与差异性所必然带来的自返性交往基础、认识追求与价值追求。

（二）现行教学过程论的偏蔽的根源

从思维运作看，现行教学过程论，之所以存在上述偏蔽，就是因为其主观抽象思维的泛化。一是，从运行基础看，在实际的教学活动中，不管是师生双方的交往，还是生生双方的交往，都必然是具有一致性与不一致性的交往。同时，不管是师生双方的交往，还是生生双方的交往，也都由于一致性与不一致性的对应比较而必然产生自返性的交往。这清楚地表明，在实际的教学活动中，教师与学生双方的交往，都是具有一致性与不一致性以及自返性的交往。然而，现行教学过程论，在其主观思维中，片面地抽取出具有一致性的交往，并以偏概全地泛指师生双方在教学活动中所产生的对应性交往；由此，便遮蔽了具有不一致性的交往，还遮蔽了具有自返性的交往。二是，从认识追求看，在实际的教学活动中，不管是师生双方的认识目标，还是师生与他人三方的认识目标，都必然是具有一致性与不一致性的认识目标。同时，不管是师生双方的认识目标，还是师生与他人三方的认识目标，也都由于一致性与不一致性的对应比较而必然产生自返性的认识目标。这清楚地表明，在实际的教学活动中，教师、学生与他人三方的认识目标，都是具有一致性与不一致性以及自返性的认识目标。然而，现行教学过程论，却在其主观思维中，片面地抽取出具有一致性的认识目标，并以偏概全地泛指在教学活动中所产生的对应性认识目标；由此，便遮蔽了具有不一致性的认识目标，还遮蔽了具有自返性的认识目标。三是，从价值追求看，在实际的教学活动中，不管是师生双方的价值目标，还是师生与他人三方的价值目标，都必然是具有一致性与不一致性的价值目标。同时，不管是师生双方的价值目标，还是师生与他人三方的价值目标，也都由于一致性与不一致性的对应比较而必然产生自返性的价值目标。这清楚地表明，在实际的教学活动中，教师、学生与他人三方的价值目标，都是具有一致性与不一致性以及自返性的价值目标。然而，现行教学过程论，在其主观思维中，片面地抽取出具有一致性的价值目标，并以偏概全地泛指在教学活动中所产生的对应性价值目标；由此，便遮蔽了具有不一致性的价值目标，还遮蔽了具有自返性的价值目标。

（三）现行教学过程论的消极功能

现行教学过程论，从教学活动中具有一致性的运行基础、认识追求与价值追求，切到对教学活动的理解，在有所把握的同时；却又存在偏蔽。这些认识或思维中的偏蔽，对实际的教学活动，会产生哪些消极影响呢？

一是，从运行基础看，现行教学过程论，在把握到具有共同性或一致性的交往基础的同时，却遮蔽了具有差异性或不一致性的交往基础；进一步，还遮蔽了由共同性与差异性交往基础所必然带来的自返性交往基础。由此，便直接导致了两个方面的不足性。从教师方面看，教师仅仅把握到自己与学生交往的一致性，便必然会产生对这种一致性交往的偏重而难以产生对不一致性交往以及自返性交往的对应关注；从学生方面看，学生仅仅把握到自己与同学或教师交往的一致性，便必然会产生对这种一致性交往的偏重而难以产生对不一致性交往以及自返性交往的对应关注。

二是，从认识追求看，现行教学过程论，在把握到具有共同性或一致性的认识目标的同时，却遮蔽了具有差异性或不一致性的认识目标；进一步，还遮蔽了由共同性与差异性认识目标所必然带来的自返性认识目标。由此，便直接导致了两个方面的不足性。从教师方面看，教师仅仅把握到自己与学生以及他人认识目标的一致性，便必然会产生对这种一致性认识目标的偏重而难以产生对不一致性认识目标以及自返性认识目标的对应关注；从学生方面看，学生仅仅把握到自己与教师以及他人认识目标的一致性，便必然会产生对这种一致性认识目标的偏重而难以产生对不一致性认识目标以及自返性认识目标的对应关注。

三是，从价值追求看，现行教学过程论，在把握到具有共同性或一致性的价值目标的同时，却遮蔽了具有差异性或不一致性的价值目标；进一步，还遮蔽了由共同性与差异性价值目标所必然带来的自返性价值目标。由此，便直接导致了两个方面的不足性。从教师方面看，教师仅仅把握到自己与学生以及他人价值目标的一致性，便必然会产生对这种一致性价值目标的偏重而难以产生对不一致性价值目标以及自返性价值目标的对应关注；从学生方面看，学生仅仅把握到自己与教师以及他人价值目标的一致性，便必然会产生对这种一致性价值目标的偏重而难以产生对不一致性价值目标以及自返性价值目标的对应关注。

总之，现行教学过程论，从教学活动中具有一致性的运行基础、认识追求与价值追求，切到对教学活动的理解，从运行基础、认识追求与价值追求所包含的具有内在对应性的关系来看，确实存在严重的简单性偏差并因此受到合理地反思与改造。

四、本节小结

综上所述，我们看到，现行教学过程论，从教学活动中具有一致性的运行基础、认识追求与价值追求，切到对教学活动的理解，虽然能够把握到具有一致性的交往基础、认识目标与价值目标，也能够把握到它们存在的根据并对实际的简单传承性教学活动产生积极的作用；但是，遮蔽了具有不一致性的交往基础、认识目标与价值目标因此进一步遮蔽了具有自返性的交往基础、认识目标与价值目标。从思维运作看，现行教学过程论的偏蔽，是其主观思维的抽象泛化所导致的。从实际看，这种抽象泛化的思维或认识，对实际的对应教学活动存在多方面的消极作用。因此，现行简单的教学过程论，就必然被合理地反思与改造。

五、本节提示

在本节最后，需要做两点提示。一是，探寻现行教学过程论的思维活动切入点的根据，就是现行教学活动论的内容；或者说，我们是通过现行教学活动论的基本内容而探寻到其思维活动的切入点的。二是，对现行教学过程论的思维活动切入点的遮蔽性分析，不是我们简单的主观分析，而是根据现行教学过程论所包含的主观思维活动切入点的所见与所不见而展开的——要特别注意，现行教学过程论所包含的简单静态的主观思维，必然会遮蔽与其对应的动态的客观事实。

附言：

1. 考察教学活动中的人际交往，当然可以从具有一致性的和谐关系这种主观愿望出发，但是，不能停留在这里。

2. 不管是人际交往中的一致性、不一致性还是自返性，都只能是在对应中才能相互彰显的属性。

3. 仅仅把握到教学活动一致性的现行教学过程论，必然是抽象泛化的简单教学论，此种理论，很容易流入泛泛而谈的空洞或空虚。

4. 正是师生人际交往的一致性与不一致性以及自返性的相互激荡，才能够激发出教学活动的内在力量。

5. 仅仅知道认识目标与价值目标的一致性的人，其实，也就是简单的人。

6. 在实际的教学活动中，教师、学生与他人三方的认识目标与价值目标，都具有一致性与不一致性以及自返性的对应性；而仅仅把握到一致性的现行教学过程论，注定了只能成为形而上学的偏论。

第二节　对现行教学过程论的对应改造

切问：

1. 从动态的教学活动的事实看，现行教学过程论所包含的“具有一致性的运行基础、认识追求与价值追求”切入点，其实都是“具有一致性与不一致性以及自返性的对应的运行基础、认识追求与价值追求”切入点吗？

2. 教学活动中的人际交往、认识追求与价值追求的一致性与不一致性以及自返性，都只能是相互对应的属性吗？

3. 对教学活动中的人际交往的定位，就是对具有一致性与不一致性以及自返性的人际交往的对应定位吗？

4. 对教学活动中的认识目标的定位，就是对具有一致性与不一致性以及自返性的认识目标的对应定位吗？

5. 对教学活动中的价值目标的定位，就是对具有一致性与不一致性以及自返性的价值目标的对应定位吗？

6. 在教学活动中，人际交往、认识目标与价值目标的一致性与不一致性以及自返性，都不是抽象泛化的属性，而是具有边界对应关系的具体属性吗？我们需要从抽象泛化的思维，转换到具体的边界思维或对应思维吗？

7. 定位于人际交往、认识目标与价值目标的一致性关系的教学，必然会沦落为追求统一性标准的简单教学吗？定位于人际交往、认识目标与价值目标的一致性与不一致性以及自返性关系的对应教学，才可能成为具有内在张力或生命力的教学吗？

一、对现行教学过程论所包含的泛化思维的对应改造

上一节我们谈到，现行教学过程论，之所以存在偏蔽，是因为在其思维运作中存在抽象泛化的不足。因此，要改造现行教学过程论，就必须改造其抽象泛化的主观思维。如何改造这种思维呢？这首先就需要摆脱现行教学过程论所包含的简单主观思维，而转向对教学活动事实或过程的关注——即由主观思维，转向事实思维。然后，还需要走出教学研究者简单泛化的抽象思维，而转向对教学活动的客观与主观对应的边界思维——即由简单的泛化思维，转向对应的边界思维。

二、对现行教学过程论所包含的思维切入点的对应改造

现行教学过程论，从教学活动中具有一致性的运行基础、认知追求与价值追求，切到对教学活动的理解；这一切入点本身并不存在问题。现行教学过程论的问题在于：从教学活动中具有一致性的运行基础、认知追求与价值追求这种主观愿望开始，切到对教学活动的理解；然而并没有对这一动态过程做出对应的考察，而是仅仅停留在具有一致性的主观愿望这里，并将教学过程抽象为以交往为基础实现认识与价值目标的过程。

教学活动的动态过程，又是怎样的呢？第一，从教学的交往基础看，师生双方当然都可以从具有一致性或和谐性的人际交往的主观愿望出发；但是，从这种主观愿望出发的人际交往，由于教学需要或教学追求的不同而在客观上必然会产生不一致性或不和谐性。而由一致性与不一致性的对应比较，师生双方又必然会产生回返自身的自返性。第二，从教学的认识目标看，师生双方当然都可以从具有一致性的认识目标出发；但是，从这种主观愿望出发的认识追求，却由于教学需要或教学追求的不同而在客观上必然会产生不一致性。而由一致性与不一致性的对应比较，师生双方又必然会产生回返自身的自返性。第三，从教学的价值目标看，师生双方当然也都可以从具有一致性的价值目标出发；但是，从这种主观愿望出发的价值追求，由于教学需要或教学追求的不同而在客观上必然会产生不一致性。而由一致性与不一致性的对应比较，师生双方又必然会产生回返自身的自返性。总之，从教学活动的动态过程中，我们不难发现，现行教学过程论所包含的“具有一致性的运行基础、认识追求与价值追求”的切入点，其实都是“具有一致性与不一致性以及自返性的对应的运行基础、认识追求与价值追求”的切入点。由此，我们就将现行教学过程论的“具有一致性的运行基础、认识追求与价值追求”的切入点，改造为“具有一致性与不一致性以及自返性的对应的运行基础、认识追求与价值追求”的切入点。

三、对现行教学过程论所包含的具体内容的对应改造

对应教学过程论，从教学活动中具有一致性与不一致性以及自返性的对应的运行基础、认识追求与价值追求，切到对教学活动的理解，能够对现行的简单教学过程论，做出哪些方面的改造呢？下面，分而论之。

第一，从运行基础看，对应教学过程论，既能把握到教学活动中人际交往的一致性，又能把握到人际交往的不一致性，还能把握到人际交往的自返性；而不是现行教学过程论所把握到的人际交往的一致性。这里的道理是：在教学

活动的实际过程中，师生双方的人际交往，当然可以按照主观愿望的一致性或和谐性开始；但是，由主观愿望所引起的客观反应，由于教学追求的不同而必然会产生不一致性或不和谐性。而由一致性与不一致性交往的对应比较，又必然会产生自返性的交往。这也就是说，教学活动中的人际交往，都必然会具有一致性与不一致性以及自返性；而不可能是现行简单教学过程论所把握到的一致性——这种片面的一致性，当然，只能是抽象泛化的形而上学的属性。

第二，从认识目标看，对应教学过程论，既能把握到教学活动中认识追求的一致性，又能把握到认识追求的不一致性，还能把握到认识追求的自返性；而不是现行教学过程论所把握到的认识追求的一致性。这里的道理是：在教学活动的实际过程中，师生双方的认识追求，当然可以按照主观愿望的一致性开始；但是，主观愿望所引起的客观反应，由于教学追求的不同而必然会产生不一致性。而由一致性与不一致性认知追求的对应比较，又必然会产生自返性的认识追求。这也就是说，教学活动中的认识追求，都必然会具有一致性与不一致性以及自返性；而不可能是现行简单教学过程论所把握到的一致性——这种片面的一致性，当然，只能是抽象泛化的形而上学的属性。

第三，从价值目标看，对应教学过程论，既能把握到教学活动中价值追求的一致性，又能把握到价值追求的不一致性，还能把握到价值追求的自返性；而不是现行教学过程论所把握到的价值追求的一致性。这里的道理是：在教学活动的实际过程中，师生双方的价值追求，当然可以按照主观愿望的一致性开始；但是，由主观愿望所引起的客观反应，由于教学追求的不同而必然会产生不一致性。而由一致性与不一致性价值追求的对应比较，又必然会产生自返性的价值追求。这也就是说，教学活动中的价值追求，都必然会具有一致性与不一致性以及自返性；而不可能是现行简单教学过程论所把握到的一致性——这种片面的一致性，当然，只能是抽象泛化的形而上学的属性。

四、对应教学过程论的积极功能

对应教学过程论，从教学活动中具有一致性与不一致性以及自返性的对应的运行基础、认识追求与价值追求，切到对教学活动的理解，能够对实际的教学活动，产生哪些方面的积极影响呢？下面，分而论之。

第一，从运行基础看，对应教学过程论，能够对实际的教学活动产生如下两方面的积极影响。一方面是，对应教学过程论，能够把握到教学活动中人际交往的一致性与不一致性以及自返性；这不仅能够支持师生双方开展和谐的人际交往，而且能够支持师生双方通过反思改变或调整不和谐的人际交往。鉴于现行教学过程论的遮蔽或偏差，我们愿意特别强调如下两点。第一点是，关注教学活动中人际交往的不一致性。这里的关键是要走出人们熟悉的现行教学过程论的偏蔽，那就是认为教学活动中的人际交往只有一致性或和谐性的观点——那当然是简单抽象思维泛化的后果。在对应思维看来，教学活动中的人际交往，必然具有一致性与不一致性的对应关系；所以，不仅要关注人际交往的一致性，还要关注人际交往的不一致性。第二点是，关注教学活动中人际交往的自返性。这里的关键也是要走出人们熟悉的现行教学过程论的偏蔽，那就是认为教学活动中的人际交往只有一致性或和谐性的观点——那当然是简单抽象思维泛化的后果。在对应思维看来，教学活动中的人际交往，必然具有一致性与不一致性的对应关系；并且，正是这种具有一致性与不一致性的对应关系，又必然产生了师生双方的自返性关系。所以，不仅要关注人际交往的一致性与不一致性，还要关注人际交往的自返性。另一方面是，既然教学活动中的人际交往具有一致性与不一致性以及自返性；那么，师生双方就要关注在一致性与不一致性以及自返性的相互对应前提下的四线定位关系。这种四线定位关系的基本内容是：关注理想性的上线，即师生双方在人际交往的一致性前提下，走向和谐的教学，以实现双方人际交往的互补性变化或发展；关注过渡性的自返线，即师生双方在人际交往的不一致性前提下，返回到自身，以调整自身与对方的关系；关注现实性的中线，即师生双方在人际交往的不一致性前提下，通过过渡性的自返线而走向对话或讨论，以实现双方人际交往的生成性变化或发展；关注禁止性的底线，即师生双方在人际交往的不一致性前提下，都不能破坏或割裂对应的教学关系。我们认为，在师生双方教学活动的运行基础维度上，经由四线定位的教学，就可以构建出师生双方以人际交往的一致性与不一致性以及自返性的对应为基础的，涉及理想、自返、现实与戒律的对等教学关系；由此，也可以规避现行教学过程论只有一致性关系的人际交往所必然导致的简单教学关系。

第二，从认识追求看，对应教学过程论，能够对实际的教学活动产生如下两方面的积极影响。一方面是，对应教学过程论，能够把握到教学活动中认识目标的一致性与不一致性以及自返性；这不仅能够支持师生双方开展具有共同性认识目标的教学，而且能够支持师生双方通过反思改变或调整具有差异性认识目标的教学。鉴于现行教学过程论的遮蔽或偏差，我们愿意特别强调如下两点。第一点是，关注教学活动中认识目标的不一致性。这里的关键是要走出人们熟悉的现行教学过程论的偏蔽，那就是认为教学活动中的认识目标只有一致性或共同性的观点——那当然是简单抽象思维泛化的后果。在对应思维看来，教学活动中的认识目标，必然具有一致性与不一致性的对应关系；所以，就不仅要关注认识目标的一致性，而且还要关注认识目标的不一致性。第二点是，关注教学活动中认识目标的自返性。这里的关键也是要走出人们熟悉的现行教学过程论的偏蔽，那就是认为教学活动中的认识目标只有一致性或共同性的观点——那当然是简单抽象思维泛化的后果。在对应思维看来，教学活动中的认识目标，必然具有一致性与不一致性的对应关系；并且，正是这种具有一致性与不一致性的对应关系，又必然产生了师生双方的自返性关系。所以，就不仅要关注认识目标的一致性与不一致性，而且还要关注认识目标的自返性。另一方面是，既然教学活动中的认识目标具有一致性与不一致性以及自返性，那么，师生双方就要关注在一致性与不一致性以及自返性的相互对应前提下的四线定位关系。这种四线定位关系的基本内容是：关注理想性的上线，即师生双方在认识目标的一致性前提下，走向和谐的教学，以实现双方认识目标的互补性变化或发展；关注过渡性的自返线，即师生双方在认识目标的不一致性前提下，返回到自身，以调整自身与对方的关系；关注现实性的中线，即师生双方在认识目标的不一致性前提下，通过过渡性的自返线而走向对话或讨论，以实现双方认识目标的生成性变化或发展；关注禁止性的底线，即师生双方在认识目标的不一致性前提下，都不能破坏或割裂对应的教学关系。我们认为，在师生双方教学活动的认识目标维度上，经由四线定位的教学，就可以构建出师生双方以认识目标的一致性与不一致性以及自返性的对应为基础的，涉及理想、自返、现实与戒律的对等教学关系；由此，也可以规避现行教学过程论只有一致性关系的认识目标所必然导致的简单教学关系。

第三，从价值追求看，对应教学过程论，能够对实际的教学活动产生如下两方面的积极影响。一方面是，对应教学过程论，能够把握到教学活动中价值目标的一致性与不一致性以及自返性；这不仅能够支持师生双方开展具有共同性价值目标的教学，而且能够支持师生双方通过反思改变或调整具有差异性价值目标的教学。鉴于现行教学过程论的遮蔽或偏差，我们愿意特别强调如下两点。第一点是，关注教学活动中价值目标的不一致性。这里的关键是要走出人们熟悉的现行教学过程论的偏蔽，那就是认为教学活动中的价值目标只有一致性或共同性的观点——那当然是简单抽象思维泛化的后果。在对应思维看来，教学活动中的价值目标，必然具有一致性与不一致性的对应关系；所以，不仅要关注价值目标的一致性，还要关注价值目标的不一致性。第二点是，关注教学活动中价值目标的自返性。这里的关键也是要走出人们熟悉的现行教学过程论的偏蔽，那就是认为教学活动中的价值目标只有一致性或共同性的观点——

那当然是简单抽象思维泛化的后果。在对应思维看来，教学活动中的价值目标，必然具有一致性与不一致性的对应关系；并且，正是这种具有一致性与不一致性的对应关系，又必然产生了师生双方的自返性关系。所以，不仅要关注价值目标的一致性与不一致性，还要关注价值目标的自返性。另一方面是，既然教学活动中的价值目标具有一致性与不一致性以及自返性；那么，师生双方就要关注在一致性与不一致性以及自返性的相互对应前提下的四线定位关系。这种四线定位关系的基本内容是：关注理想性的上线，即师生双方在价值目标的一致性前提下，走向和谐的教学，以实现双方价值目标的互补性变化或发展；关注过渡性的自返线，即师生双方在价值目标的不一致性前提下，返回到自身，以调整自身与对方的关系；关注现实性的中线，即师生双方在价值目标的不一致性前提下，通过过渡性的自返线而走向对话或讨论，以实现双方价值目标的生成性变化或发展；关注禁止性的底线，即师生双方在价值目标的不一致性前提下，都不能破坏或割裂对应的教学关系。我们认为，在师生双方教学活动的价值目标维度上，经由四线定位的教学，就可以构建出师生双方以价值目标的一致性与不一致性以及自返性的对应为基础的，涉及理想、自返、现实与戒律的对等教学关系；由此，也可以规避现行教学过程论只有一致性关系的价值目标所必然导致的简单教学关系。

五、本节小结

综上所述，我们对现行简单教学过程论的改造，涉及三层基本内容。一是，首先，由现行简单教学过程论所包含的主观思维路线，转换到事实思维路线；然后，在事实思维路线基础上，将现行简单教学过程论所包含的单一主观泛化的思维路线，改造为主观与客观的对应思维路线。二是，在对应思维路线上，将现行简单教学过程论所包含的认识教学活动的“具有一致性的运行基础、认识追求与价值追求”的思维切入点，改造为“具有一致性与不一致性以及自返性的对应的运行基础、认识追求与价值追求”的思维切入点。三是，在“具有一致性与不一致性以及自返性的对应的运行基础、认识追求与价值追求”视野中，分别对教学活动的运行基础、认识追求与价值追求这些基本维度，做出了对应的考察。最后，我们分别考察了对应教学过程论，在教学活动的运行基础、认识追求与价值追求这些基本维度上，对实际的教学活动所产生的积极影响；以推动人们从现行的简单教学过程论，转换到对应的教学过程论。

为了更简明地把握两种教学过程论的不同，我们不妨将其中所包含的不同思维路线，做出如下比较。

简单教学过程论的单线定位路线——教学过程，是以具有一致性的交往为基础实现具有共同性的认识与价值目标的过程——这里需要特别注意，简单教学过程论，仅仅是对教师单一主观性这一条思维路线的反应。

对应教学过程论的四线定位路线——教学过程，是以具有对应性的交往为基础实现具有对应性的认识与价值目标的过程，它包含双方一致性与不一致性以及自返性对应影响的理想的上线、过渡的自返线、现实的中线以及戒律的底线——这里需要特别注意，对应教学过程论，是对师生双方在教学活动中的一致性与不一致性以及自返性对应影响的理想、自返、现实与戒律的四条思维路线的反应。

六、本节提示

在本节最后，需要做两点提示。一是，由“具有一致性的运行基础、认识追求与价值追求”这一思维活动切入点，到“具有一致性与不一致性以及自返性对应的运行基础、认识追求与价值追求”思维活动切入点的过渡环节，就是由对教学过程的主观抽象思维，转向对教学过程的客观与主观的对应思维。二是，由“具有一致性的运行基础、认识追求与价值追求”，到“具有自返性的运行基础、认识追求与价值追求”的过渡环节，就是师生双方在教学活动中的主观愿望所必然引起的教学活动的不一致性。不理解这种不一致性，就很难完成由一致性到自返性的内在过渡。

附言：

1. 师生双方从和谐性开始的教学活动，其实，都是和谐性与不和谐性以及自返性的对应教学活动。

2. 对师生双方在教学活动中的一致性与不一致性以及自返性的认识，都应该是对应的边界认识，而不能是抽象泛化的认识。

3. 现行教学过程论，仅仅把握到教学活动的一致性而没能把握到不一致性与自返性——其实质，就是典型的形而上学的简单论。

4. 师生双方在教学活动中的一致性与不一致性以及自返性所生成的张力，正是教学活动内在的生命力。

5. 仅仅明白人际交往的和谐性而不能同时明白不和谐性与自返性的人，其实，也就是简单的人。

6. 关于师生在教学活动中只有一致性的现行教学过程论，正表现出人们在简单生活中的简单教学论；而关于师生双方在教学活动中具有一致性与不一致性以及自返性的对应教学过程论，则体现出人们在对应生活中的对应教学论。

第六章

对现行间接经验与直接经验关系论的遮蔽性分析与对应改造

第一节　对现行间接经验与直接经验关系论的遮蔽性分析

切问：

1. 现行教学理论认为，学生认识的主要任务是学习间接经验。理解间接经验与直接经验关系的思维活动的切入点在哪里？我们如何才能探索到其思维活动的切入点？

2. 现行关于间接经验与直接经验的关系论，从自己理解两种经验的切入点上，能够把握到两种经验哪些方面的内容呢？

3. 现行关于间接经验与直接经验关系论的根据是什么？这种关系论，对实际的教学活动会产生哪些积极作用？

4. 现行关于间接经验与直接经验的关系论，从自己理解两种经验的切入点上，对两种经验有所把握的同时，却又遮蔽了哪些内容呢？

5. 在思维运行中，现行关于间接经验与直接经验的关系论，存在遮蔽的根源在哪里？

6. 现行关于间接经验与直接经验的关系论，对实际的教学活动会产生怎样的消极作用？

一、现行间接经验与直接经验关系论的内容、属性及其思维活动的切入点

（一）现行间接经验与直接经验关系论的内容

关于间接经验与直接经验的关系即两种经验的关系，现行教学理论有一个

基本判断，那就是“学生认识的主要任务是学习间接经验”①。从这种理解中，我们很容易看到，现行教学理论，将两种经验的关系，理解为如引文中所表达的主要与次要的关系，即学生学习的主要任务是掌握间接经验或他人经验，而次要任务则是掌握直接经验或个人经验。直白地说，在现行教学理论的视野中，两种经验的关系，也就是主要与次要的关系——这就是现行间接经验与直接经验关系论的基本内容。

（二）现行间接经验与直接经验关系论的属性

现行两种经验的关系论，具有怎样的属性呢？

按照现行两种经验关系论的理解，间接经验与直接经验的关系就是主要与次要的关系。实际教学活动中两种经验的关系，果真是这样的吗？学生学习的主要任务，难道真是学习间接经验吗？学习间接经验的目的是什么，难道不是为了直接生活的需要吗？学习间接经验的动力是什么，难道不是直接生活的需要吗？离开直接生活的需要，间接经验还能有什么价值吗？同时，间接经验，难道真像现行教学论所把握到的那样仅仅具有优越性而没有不足性吗？与此对应地，直接经验，难道仅仅具有不足性而没有优越性吗？在教学活动中，难道只有间接经验对学生直接经验的影响或改造，而没有学生直接经验对间接经验的影响或改造吗？如果没有学生直接经验对他人间接经验的影响或改造，那么教学活动不就成了仅仅具有传承性而没有创造性的简单教学活动了吗？从上面的引文中，我们不难发现，现行教学论，根本无视教学活动中两种经验的这些具有内在对应性关系的问题；仅仅从自己的主观愿望或主观价值出发，一厢情愿地将两种经验的关系抽象规定为主要与次要的关系。由此，我们就可以有根据地说，现行两种经验关系论的属性，就是片面性或简单性。正因为现行两种经验的关系论具有内在简单性的属性，所以，我们也将现行两种经验的关系论以术语表达为简单关系论。

（三）现行简单关系论的思维活动的切入点

现行简单关系论，既然认为学生学习的主要任务是学习间接经验；那么，我们就可以据此逆向推论出现行简单关系论的思维活动的起点或切入点，那就是“对两种经验的简单比较”。正向地表达，现行简单关系论，从两种经验的简单比较，切到对间接经验与直接经验关系的理解；由此，才认为学生学习的主要任务是学习间接经验。

---

① 王道俊，郭文安．教育学［M］．北京：人民教育出版社，2009：200.

二、现行简单关系论的所见、根据及其积极功能

（一）现行简单关系论的所见

现行简单关系论，从对两种经验的简单比较，切到对两种经验的理解或定位，能够定位出两种经验的哪些方面的内容呢？一是，从两种经验的属性看，现行两种经验的关系论，能够定位出间接经验的优越性与直接经验的不足性。关于间接经验的优越性，按照上面引用的那本教育学教材的说法，也就是“简约化、洁净化、系统化与心理化”①。反过来说，也就是，间接经验不是杂乱的、模糊的、零散的，也不是使人怀疑或困惑的。关于学生直接经验的不足性，按照上面引用的那本教育学教材的说法，也就是“个人的活动范围是狭小的，无论个人如何努力，仅仅依靠直接经验来认识世界越来越不可能”②。二是，从两种经验的影响指向看，现行两种经验的关系论，能够定位出具有优越性的间接经验，对具有不足性的直接经验的影响指向。反过来说，也就是，在教学活动中，具有不足性的学生直接经验，不具有对间接经验的影响指向。三是，从两种经验的影响结果看，现行两种经验的关系论，能够定位出具有优越性的间接经验对具有不足性的直接经验的影响结果。反过来说，也就是，在教学活动中，具有不足性的学生直接经验，不具有对间接经验的影响结果。总之，现行简单关系论，从对两种经验的简单比较，切到对两种经验的定位，能够定位出的基本内容，也就是：具有优越性的间接经验对于具有不足性的学生的直接经验的影响或改造。

（二）现行简单关系论的根据

现行简单关系论，从对两种经验的简单比较，切到对两种经验的理解，所把握到的基本内容，是有根据的吗？一是，从两种经验的属性看，现行简单关系论，能够把握到间接经验的优越性与直接经验的不足性。从教学活动的事实看，进入教学活动的间接经验，都是经过人为选择的内容，其合理性或优越性，当然是有根据的。同时，作为正在成长中的学生，其不合理性或不足性，也当然是有根据的。二是，从两种经验的影响指向看，现行简单关系论，能够把握到具有优越性的间接经验，对具有不足性的直接经验的影响指向。这里的根据是：因为间接经验具有优越性而直接经验具有不足性。三是，从两种经验的影

① 王道俊，郭文安．教育学［M］．北京：人民教育出版社，2009：200.

② 王道俊，郭文安．教育学［M］．北京：人民教育出版社，2009：200.

响结果看，现行简单关系论，能够把握到具有优越性的间接经验对具有不足性的直接经验的影响结果。这里的根据是：因为具有优越性的间接经验具有对直接经验的影响指向。总之，现行简单关系论，从对两种经验的简单比较，切到两种经验的理解，所把握到的基本内容，从教学活动中间接经验对学生直接经验的影响或改造来看，都是有根据的，因而也就是合理的。

（三）现行简单关系论的积极功能

现行简单关系论，从对两种经验的简单比较，切到对两种经验的理解，所把握到的基本内容，对于实际的教学活动，都具有积极的功能或价值。一是，从两种经验的属性看，现行简单关系论，能够把握到间接经验的优越性与直接经验的不足性；这能够支持教师明确两种经验的属性并开展自己的教学活动，也能够支持学生明确两种经验的属性并开展自己的学习活动。二是，从两种经验的影响指向看，现行简单关系论，能够把握到具有优越性的间接经验，对具有不足性的直接经验的影响指向；这能够支持教师对学生的影响指向，也能够支持学生接受教师的影响指向。三是，从两种经验的影响结果看，现行简单关系论，能够把握到具有优越性的间接经验对具有不足性的直接经验的影响结果；这能够支持教师以间接经验改造学生的直接经验，也能够支持学生接受间接经验对个人直接经验的改造。总之，现行简单关系论，从对两种经验的简单比较，切到对两种经验的理解，所把握到的基本内容，从教学活动中间接经验对学生直接经验的影响或改造来看，都具有积极的价值或作用。

三、现行简单关系论的偏蔽、根源及其消极功能

（一）现行简单关系论的偏蔽

现行简单关系论，从对两种经验的简单比较，切到对两种经验的理解，在有所见或有所把握的同时，却又遗漏或遮蔽了哪些内容呢？一是，从两种经验的属性看，现行简单关系论，在把握到间接经验的优越性与直接经验的不足性的同时，却遮蔽了间接经验的不足性与直接经验的优越性；进一步，还遮蔽了两种经验双方由优越性与不足性所必然产生的回返自身的属性即自返性。二是，从两种经验的影响指向看，现行简单关系论，在把握到具有优越性的间接经验对具有不足性的直接经验的影响指向的同时，却遮蔽了具有优越性的直接经验对具有不足性的间接经验的影响指向；进一步，还遮蔽了两种经验双方由双向度影响指向所必然产生的自返性影响指向。三是，从两种经验的影响结果看，现行简单关系论，在把握到具有优越性的间接经验对具有不足性的直接经验的

影响结果的同时，却遮蔽了具有优越性的直接经验对具有不足性的间接经验的影响结果；进一步，还遮蔽了两种经验双方由于相互影响所必然产生的自返性影响结果。总之，现行简单关系论，从对两种经验的简单比较，切到对两种经验的理解，在把握到具有优越性的间接经验对具有不足性的直接经验的影响的同时，却遮蔽了具有优越性的直接经验对具有不足性的间接经验的影响；进一步，还遮蔽了两种经验双方具有的自返性的影响。

（二）现行简单关系论偏蔽的根源

从思维运作看，现行简单关系论，之所以存在上述偏蔽，就是因为其主观抽象思维的泛化。一是，从两种经验的属性看，间接经验与直接经验，分别是他人与个人在不同生活情境中为解决不同问题而产生的经验；在两种经验对应比较的框架中，它们各有属于自己的优越性与不足性。如果可以像现行两种经验论所说的那样，进入教学活动的间接经验具有“简约化、洁净化、系统化与心理化”的优越性；那么，间接经验也就必然会具有由这些优越性所必然带来的缺少了直接经验中的“杂乱性、模糊性、零散性与困惑性”的不足性。同样地，如果也可以像现行两种经验论所说的那样，“个人的活动范围是狭小的，无论个人如何努力，仅仅依靠直接经验来认识世界越来越不可能”；那么，直接经验也就必然会具有与这种不足性相对应的，如直接经验是学习间接经验的目的和动力等的优越性。同时，因为两种经验都必然会具有相互对应的优越性与不足性，所以，两种经验也必然会产生回返自身的自返性。这清楚地表明，在实际的教学活动中，间接经验与直接经验，都会同时具有优越性与不足性以及自返性。然而，现行简单关系论，却在其主观思维中，片面地抽取出间接经验的优越性与直接经验的不足性，并以偏概全地泛指两种经验在教学活动中的对应属性；由此，便遮蔽了间接经验的不足性与直接经验的优越性，还遮蔽了两种经验的自返性。二是，从两种经验的影响指向看，既然两种经验分别具有自身的优越性与不足性以及自返性，那么，两种经验就必然会具有由优越性指向不足性的双向度影响指向以及自返性影响指向。然而，现行简单关系论，却在其主观思维中，片面地抽取出具有优越性的间接经验对具有不足性的直接经验的影响指向，并以偏概全地泛指两种经验在教学活动中所产生的对应影响指向；由此，便遮蔽了具有优越性的学生的直接经验对具有不足性的间接经验的影响指向，还遮蔽了两种经验的自返性影响指向。三是，从两种经验的影响结果看，既然两种经验分别具有自身的优越性与不足性以及自返性，既然两种经验分别具有双向度影响指向与自返性影响指向；那么，两种经验就必然会具有由优越性指向不足性的双向度影响结果以及自返性影响结果。然而，现行简单关系论，其主观思维中，片面地抽取出具有优越性的间接经验对具有不足性的直接经验的影响结果，并以偏概全地泛指两种经验在教学活动中所产生的对应影响结果；由此，便遮蔽了具有优越性的学生的直接经验对具有不足性的间接经验的影响结果，还遮蔽了两种经验的自返性影响结果。

（三）现行简单关系论的消极功能

现行简单关系论，从对两种经验的简单比较，切到对两种经验的理解，在有所把握的同时，却又存在偏蔽。这些认识或思维中的偏蔽，对实际的教学活动，会产生哪些消极影响呢？

一是，从两种经验的属性看，现行简单关系论，在把握到间接经验的优越性与直接经验的不足性的同时，却遮蔽了间接经验的不足性与直接经验的优越性；进一步，还遮蔽了两种经验双方由优越性与不足性所必然产生的回返自身的属性即自返性。由此，便直接导致了两个方面的不足性。从教师方面看，教师仅仅把握到间接经验的优越性与学生直接经验的不足性，便必然会产生对两种经验的片面性关注而难以产生对两种经验的对应性关注；从学生方面看，学生仅仅把握到间接经验的优越性与学生直接经验的不足性，也必然会产生对两种经验的片面性关注而难以产生对两种经验的对应性关注。

二是，从两种经验的影响指向看，现行简单关系论，在把握到具有优越性的间接经验对具有不足性的直接经验的影响指向的同时，却遮蔽了具有优越性的直接经验对具有不足性的间接经验的影响指向；进一步，还遮蔽了两种经验双方由双向度影响指向所必然产生的自返性影响指向。由此，便直接导致了两个方面的不足性。从教师方面看，教师仅仅把握到间接经验对学生直接经验的影响指向，便必然会产生对这种单一影响指向的关注而难以产生对两种经验的双向度影响指向与自返性影响指向的对应关注；从学生方面看，学生仅仅把握到间接经验对自己的影响指向，也必然会产生对这种单一影响指向的接受而难以产生对两种经验的双向度影响指向与自返性影响指向的对应关注。

三是，从两种经验的影响结果看，现行简单关系论，在把握到具有优越性的间接经验对具有不足性的直接经验的影响结果的同时，却遮蔽了具有优越性的直接经验对具有不足性的间接经验的影响结果；进一步，还遮蔽了两种经验双方由于相互影响所必然产生的自返性影响结果。由此，便直接导致了两个方面的不足性。从教师方面看，教师仅仅把握到间接经验对学生直接经验的影响结果，便必然会产生对这种单一影响结果的关注而难以产生对两种经验相互影响结果与自返性影响结果的对应关注；从学生方面看，学生仅仅把握到间接经验对自己的影响结果，也必然会产生对这种单一影响结果的接受而难以产生对两种经验相互影响结果与自返性影响结果的对应关注。

总之，现行简单关系论，从对两种经验的简单比较，切到对两种经验的理解，从实际教学活动中间接经验与直接经验的对应影响来看，确实存在严重的简单性偏差并因此受到合理地反思与改造。

四、本节小结

综上所述，我们看到，现行简单关系论，从对两种经验的简单比较，切到对两种经验的理解，虽然能够把握到具有单一优越性的间接经验对具有单一不足性的学生直接经验的影响，也能够把握到这种简单影响的根据并对实际的简单教学活动产生积极的作用；但是，遮蔽了同时具有优越性与不足性以及自返性的间接经验与直接经验的对应影响或对应教学。从思维运作看，现行简单关系论的偏蔽，是其主观思维的抽象泛化所导致的。从实际看，这种抽象泛化的思维或认识，对以两种经验的优越性与不足性以及自返性的对应影响为基础的对应教学活动存在多方面的消极作用。因此，现行简单关系论，就必然被合理地反思与改造。

五、本节提示

在本节最后，需要做两点提示。一是，探寻现行关于间接经验与直接经验的简单关系论的思维活动切入点的根据，就是现行简单关系论的内容；或者说，我们是通过现行简单关系论的基本内容而探寻到其思维活动切入点的。二是，对现行关于间接经验与直接经验的简单关系论的思维活动切入点的遮蔽性分析，不是我们简单的主观分析，而是根据现行简单关系论所包含的主观思维活动切入点的所见与所不见而展开的——要特别注意，现行简单关系论所包含的简单静态的主观思维，必然会遮蔽与其对应的动态的客观事实。

附言：

1. 对间接经验的把握，当然可以和直接经验相对比，但是，这种对比，不能是简单片面的对比。

2. 现行两种经验的关系论，仅仅把握到间接经验的优越性，而把握不到不足性，也把握不到自返性——这决定了现行两种经验的关系论不可能具有优越性与不足性以及自返性相互对应的内在属性。

3. 现行两种经验的关系论，只能把握到学生直接经验的不足性，而把握不到优越性，也把握不到自返性——这为实际教学活动中对学生直接经验的轻视或忽视，提供了直接的理论支持。

4. 现行两种经验的关系论，仅仅把握到间接经验的优越性与学生直接经验的不足性——这当然是典型的简单关系论；这种简单关系论，根本不可能具有反思的理论品质。

5. 仅仅把握到学生直接经验的不足性，而把握不到优越性与自返性的教师，就是典型的简单的教师；这种简单的教师，根本不可能具有反思的教学或教育品质。

6. 实际教学活动中的间接经验与直接经验，必然会具有优越性与不足性以及自返性的对应性——这直接决定了关于两种经验的教学必然是关于两种经验的优越性与不足性以及自返性的对应教学。

第二节 对现行间接经验与直接经验关系论的对应改造

切问：

1. 从动态的教学活动的事实看，现行两种经验关系论所包含的“间接经验的优越性与学生直接经验的不足性”，其实都是“两种经验的优越性与不足性的对应性”吗？进一步，两种经验的对应性影响，又必然会引起两种经验的自返性影响吗？

2. 在教学活动中的两种经验的优越性与不足性，都只能是在相互对应中才存在的属性吗——由此，就可以说，两种经验的优越性与不足性是对应存在的吗？进一步，两种经验的优越性与不足性的对应存在，又必然会产生两种经验的自返性吗？

3. 间接经验对于学生的影响指向，必然会引起学生反向的回应吗？而学生的反向回应，又必然会引起间接经验的反向回应吗？由此，两种经验双向度的影响指向，又必然会引起双方的自返性影响指向吗？

4. 间接经验对于学生的影响，必然会产生对于学生的影响结果吗？这种影响结果，又必然会对间接经验产生影响结果吗？由此，两种经验双方相互影响的结果，又必然会引起双方的自返性影响的结果吗？

5. 在实际的教学活动中，两种经验的优越性与不足性以及自返性，都不是抽象泛化的属性，而是具有边界对应关系的具体属性吗？我们需要从抽象泛化的思维，转换到具体的边界思维或对应思维吗？

6. 在教学活动中，如果只有他人经验的优越性对学生经验不足性的影响；那么，他人与学生双方，就只能产生等级性的或不对等的简单关系吗？而如果他人经验与学生经验都分别具有优越性与不足性以及自返性的对应影响，那么，他人与学生双方，就会产生以这种对应影响为基础的对等关系吗？

一、对现行两种经验关系论所包含的泛化思维的对应改造

上一节我们谈到，现行两种经验的简单关系论，之所以存在偏蔽，是因为在其思维运作中存在抽象泛化的不足。因此，要改造现行简单关系论，就必须改造其抽象泛化的主观思维。如何改造这种思维呢？这首先就需要摆脱现行简单关系论所包含的简单主观思维，而转向对教学活动中两种经验关系的事实或过程的关注——由主观思维，转向事实思维。然后，还需要走出教学研究者简单泛化的抽象思维，而转向对教学活动中两种经验关系的客观与主观对应的边界思维——由简单的泛化思维，转向对应的边界思维。

二、对现行两种经验关系论所包含的思维切入点的对应改造

现行简单关系论，从对两种经验的简单比较，切到对两种经验的理解，这一切入点本身并不存在问题。现行简单关系论的问题在于：从间接经验的优越性与学生直接经验的不足性开始，切到对两种经验的理解；然而并没有对两种经验的动态影响的过程做出对应的考察，而是仅仅停留在对两种经验的简单比较这里，并将两种经验的动态关系抽象为主要与次要的简单关系。

实际教学活动中间接经验对学生直接经验的动态影响的过程，又是怎样的呢？征之于实际，我们看到，在教学活动中，间接经验对学生的影响，绝不仅仅是间接经验的优越性对学生的积极影响，还必然伴随着间接经验的不足性对学生的消极影响——如间接经验的抽象性或外在性对学生的消极影响。同样地，学生直接经验对间接经验的影响，也绝不仅仅是直接经验的不足性对间接经验的消极影响；还必然伴随着直接经验的优越性对间接经验的积极影响——如直接经验的具体性或内在性对间接经验的积极影响。由此，我们可以清楚地看到，间接经验与直接经验的优越性与不足性，都只能是在相互对应的动态教学过程中才能成为具体的属性。同时，间接经验与直接经验是在两种不同情境中所产生的不同经验，各有属于自己的优越性与不足性以及由优越性与不足性所必然带来的自返性；而不是现行两种经验关系论所把握到的间接经验的优越性与直

接经验的不足性。由此，我们就将现行简单关系论所包含的“间接经验的优越性与学生直接经验的不足性”的切入点，改造为“两种经验的优越性与不足性以及自返性的对应性”的切入点；简言之，也就是将现行简单关系论所包含的“对两种经验的简单比较”的切入点，改造为“对两种经验的对应比较”的切入点。

三、对现行两种经验关系论所包含的具体内容的对应改造

两种经验的对应关系论，从两种经验的对应比较，切到对两种经验的理解，能够对现行两种经验的简单关系论，做出哪些方面的改造呢？下面，分而论之。

第一，从两种经验的属性看，对应关系论，既能把握到两种经验的优越性，又能把握到两种经验的不足性，还能把握到两种经验的自返性；而不是现行简单关系论所把握到的间接经验的优越性与直接经验的不足性。这里的道理是：在教学活动中，间接经验与直接经验，只能是在相互对应中才能存在并产生对应影响的两种经验。同时，它们的优越性与不足性以及自返性，也只能是在相互对应中才能够彰显的属性。这清楚地表明，在实际的教学活动中，间接经验与直接经验的优越性与不足性以及自返性，都必然是相互对应的属性，而不可能是现行简单关系论所把握到的两种经验的片面的属性——这种片面的属性，当然，只能是抽象泛化的形而上学的属性。

第二，从两种经验的影响指向看，对应关系论，既能把握到间接经验对直接经验的影响指向，又能把握到直接经验对间接经验的影响指向，还能把握到间接经验与直接经验的自返性影响指向；而不是现行简单关系论所把握到的间接经验对直接经验的单向度的影响指向。这里的道理是：在教学活动中，间接经验对学生的影响指向，必然会引起学生反向的回应；而这种反向回应，又必然会引起间接经验的回应。由此，两种经验之间双向度的影响指向，又必然会产生双方自返性的影响指向。这清楚地表明，间接经验与直接经验的影响指向，必然是双向度的影响指向与自返性的影响指向，而不可能是现行简单关系论所把握到的间接经验对直接经验的单向度的影响指向——这种单向度的影响指向，当然，也只能是抽象泛化的形而上学的影响指向。

第三，从两种经验的影响结果看，对应关系论，既能把握到间接经验对直接经验的影响结果，又能把握到直接经验对间接经验的影响结果，还能把握到间接经验与直接经验的自返性影响结果；而不是现行简单关系论所把握到的间接经验对直接经验的单方面的影响结果。这里的道理是：在教学活动中，间接经验对学生的影响指向，必然会对学生产生影响结果；而这种影响结果，又必

然会对间接经验产生影响结果。由此，两种经验双方的影响结果，又必然会产生双方自返性的影响结果。这清楚地表明，间接经验与直接经验的影响结果，必然是双方的影响结果与自返性的影响结果，而不可能是现行简单关系论所把握到的间接经验对直接经验的单方面的影响结果——这种单方面的影响结果，当然，也只能是抽象泛化的形而上学的影响结果。

四、两种经验对应关系论的积极功能

两种经验的对应关系论，从两种经验的对应比较，切到对两种经验的理解，能够对实际的教学活动，产生哪些方面的积极影响呢？下面，分而论之。

第一，从两种经验的属性看，对应关系论，能够对实际的教学活动产生如下三方面的积极影响。一方面是，对应关系论，能够把握到间接经验的优越性与不足性以及自返性；因此，不仅能够支持师生双方开展关于间接经验优越性与不足性的对应教学，而且也能够支持师生双方开展由这种对应教学所必然引起的关于间接经验的自返性教学或反思性教学。另一方面是，对应关系论，能够把握到直接经验的优越性与不足性以及自返性；因此，不仅能够支持师生双方开展关于直接经验优越性与不足性的对应教学，而且也能够支持师生双方开展由这种对应教学所必然引起的关于直接经验的自返性教学或反思性教学。最后一个方面是，对应关系论，既能把握到间接经验的优越性与不足性以及自返性，又能把握到直接经验的优越性与不足性以及自返性；因此，能够支持师生双方建构出以两种经验优越性与不足性以及自返性的对应为基础的对等影响关系。鉴于现行简单关系论的遮蔽或偏差，我们愿意特别强调如下三点。第一点是，关注间接经验的不足性与直接经验的优越性。这里的关键是要走出人们熟悉的现行两种经验关系论的偏蔽，那就是认为间接经验只有优越性而直接经验只有不足性的观点——那当然是简单抽象思维泛化的后果。在对应思维看来，间接经验与直接经验，都分别具有优越性与不足性；所以，就不仅要关注间接经验的优越性与直接经验的不足性，而且还要关注间接经验的不足性与直接经验的优越性。第二点是，关注间接经验与直接经验双方的自返性。这里的关键也是要走出人们熟悉的现行两种经验关系论的偏蔽，那就是认为间接经验只有优越性而直接经验只有不足性的观点——那当然是简单抽象思维泛化的后果。在对应思维看来，间接经验与直接经验，不仅分别具有优越性与不足性；而且，正是由于双方的优越性与不足性，又必然产生了双方的自返性。所以，不仅要关注两种经验的优越性与不足性，还要关注两种经验的自返性。第三点是，关注两种经验在属性维度上对等定位的教学关系即四线定位的教学关系。既然两

种经验都具有优越性与不足性以及自返性，那么，在教学活动中，师生双方就要关注两种经验在优越性与不足性以及自返性的一致性与不一致性前提下的四线定位关系。这种四线定位关系的基本内容是：关注理想性的上线，即在两种经验的优越性与不足性的一致性前提下（两种经验都能够以对方的优越性去改造自身的不足性），走向对等的教学，以实现两种经验的互补性变化或发展；关注过渡性的自返线，即在两种经验的优越性与不足性的不一致性前提下（两种经验中至少有一种经验不能以对方的优越性改造自身的不足性），返回到自身，以反思或调整自己与对方的关系；关注现实性的中线，即在两种经验的优越性与不足性的不一致性前提下，通过返回自身的过渡而走向对话与讨论，以实现两种经验的生成性变化或发展；关注禁止性的底线，即在两种经验的优越性与不足性的不一致性前提下，都不能破坏或割裂对应的教学关系，以保障双方对话或讨论的顺利进行。我们认为，在两种经验的属性维度上，经由四线定位的教学，师生双方就可以构建出以两种经验各自的优越性与不足性以及自返性的对应为基础的，涉及理想、自返、现实与戒律的对等教学关系；由此，也可以规避由现行简单关系论的单一优越性或不足性所必然导致的不对等教学关系。

第二，从两种经验的影响指向看，对应关系论，能够对实际的教学活动产生如下三方面的积极影响。一方面是，对应关系论，能够把握到间接经验对直接经验的影响指向，也能够把握到直接经验对间接经验的影响指向，还能把握到间接经验的自返性影响指向；因此，不仅能够支持间接经验对直接经验的影响，而且能够支持直接经验对间接经验的影响，还能够支持间接经验的自返性影响（在教学活动中这当然是由师生双方来完成的）。另一方面是，对应关系论，能够把握到直接经验对间接经验的影响指向，也能够把握到间接经验对直接经验的影响指向，还能把握到直接经验的自返性影响指向；因此，不仅能够支持直接经验对间接经验的影响，而且能够支持间接经验对直接经验的影响，还能够支持直接经验的自返性影响。最后一个方面是，对应关系论，既能把握到间接经验对直接经验的影响指向，又能把握到直接经验对间接经验的影响指向，还能把握到两种经验的自返性影响指向；因此，能够支持师生双方建构出以两种经验的双向度影响指向与自返性影响指向的对应为基础的对等影响关系。鉴于现行简单关系论的遮蔽或偏差，我们愿意特别强调如下三点。第一点是，关注直接经验对间接经验的影响指向。这里的关键是要走出人们熟悉的现行简单关系论的偏蔽，那就是认为教学指向是间接经验对直接经验的指向观点——那当然是简单抽象思维泛化的后果。在对应思维看来，间接经验对直接经验的影响指向，必然是两种经验相互的影响指向；所以，不仅要关注间接经验对直接经验的影响指向，还要关注直接经验对间接经验的影响指向。第二点是，关注两种经验双方的自返性影响指向。这里的关键也是要走出人们熟悉的现行简单关系论的偏蔽，那就是认为教学指向是间接经验对直接经验的指向观点——那当然是简单抽象思维泛化的后果。在对应思维看来，间接经验对直接经验的影响指向，必然是两种经验双方相互的影响指向；并且，正是由于双方相互的影响指向，又必然会引起双方的自返性影响指向。所以，不仅要关注两种经验双方的相互影响指向，还要关注双方的自返性影响指向。第三点是，关注两种经验在影响指向维度上对等定位的教学关系即四线定位的教学关系。既然两种经验双方具有双向度的影响指向与自返性的影响指向，那么，师生双方就要关注在两种经验双向度影响指向与自返性影响指向一致性与不一致性前提下的四线定位关系。这种四线定位关系的基本内容是：关注理想性的上线，即两种经验在双向度影响指向的一致性前提下，走向对等的教学，以实现双方的互补性变化或发展；关注过渡性的自返线，即两种经验在双向度影响指向的不一致性前提下，返回到自身，以反思或调整自己与对方的关系；关注现实性的中线，即两种经验在双向度影响指向的不一致性前提下，通过返回自身的过渡而走向对话或讨论，以实现双方的生成性变化或发展；关注禁止性的底线，即两种经验在双向度影响指向的不一致性前提下，都不能破坏或割裂对应的教学关系。我们认为，在两种经验的影响指向维度上，经由四线定位的教学，师生双方就可以构建出以两种经验的双向度影响指向与自返性影响指向的对应为基础的，涉及理想、自返、现实与戒律的对等教学关系；由此，也可以规避由现行简单关系论的单向度影响指向所必然导致的不对等教学关系。

第三，从两种经验的影响结果看，对应关系论，能够对实际的教学活动产生如下三方面的积极影响。一方面是，对应关系论，能够把握到间接经验对直接经验的影响结果，也能够把握到直接经验对间接经验的影响结果，还能把握到间接经验的自返性影响结果；因此，不仅能够支持间接经验对直接经验的影响结果，而且能够支持直接经验对间接经验的影响结果，还能够支持间接经验的自返性影响结果（在教学活动中这当然是由师生双方来完成的）。另一方面是，对应关系论，能够把握到直接经验对间接经验的影响结果，也能够把握到间接经验对直接经验的影响结果，还能把握到直接经验的自返性影响结果；因此，不仅能够支持直接经验对间接经验的影响结果，而且能够支持间接经验对直接经验的影响结果，还能够支持直接经验的自返性影响结果。最后一个方面是，对应关系论，既能把握到间接经验对直接经验的影响结果，又能把握到直接经验对间接经验的影响结果，还能把握到两种经验的自返性影响结果；因此，能够支持师生双方建构出以两种经验的双方影响结果与自返性影响结果的对应为基础的对等影响关系。鉴于现行简单关系论的遮蔽或偏差，我们愿意特别强调如下三点。第一点是，关注直接经验对间接经验的影响结果。这里的关键是要走出人们熟悉的现行简单关系论的偏蔽，那就是认为教学结果是间接经验对直接经验的影响结果的观点——那当然是简单抽象思维泛化的后果。在对应思维看来，间接经验对直接经验的影响结果，必然是两种经验相互的影响结果；所以，不仅要关注间接经验对直接经验的影响结果，还要关注直接经验对间接经验的影响结果。第二点是，关注两种经验双方的自返性影响结果。这里的关键也是要走出人们熟悉的现行简单关系论的偏蔽，那就是认为教学结果是间接经验对直接经验的影响结果的观点——那当然是简单抽象思维泛化的后果。在对应思维看来，间接经验对直接经验的影响结果，必然是两种经验双方相互的影响结果；并且，正是由于双方相互的影响结果，又必然会引起双方的自返性影响结果。所以，不仅要关注两种经验双方的相互影响结果，还要关注双方的自返性影响结果。第三点是，关注两种经验在影响结果维度上对等定位的教学关系即四线定位的教学关系。既然两种经验具有双方的影响结果与自返性的影响结果，那么，师生双方就要关注在两种经验双方影响结果与自返性影响结果一致性与不一致性前提下的四线定位关系。这种四线定位关系的基本内容是：关注理想性的上线，即两种经验在双方影响结果的一致性前提下，走向对等的教学，以实现双方的互补性变化或发展；关注过渡性的自返线，即两种经验在双方影响结果的不一致性前提下，返回到自身，以反思或调整自己与对方的关系；关注现实性的中线，即两种经验在双方影响结果的不一致性前提下，通过返回自身的过渡而走向对话或讨论，以实现双方的生成性变化或发展；关注禁止性的底线，即两种经验在双方影响结果的不一致性前提下，都不能破坏或割裂对应的教学关系。我们认为，在两种经验的影响结果维度上，经由四线定位的教学，师生双方就可以构建出以两种经验的双方影响结果与自返性影响结果的对应为基础的涉及理想、自返、现实与戒律的对等教学关系；由此，也可以规避由现行简单关系论的单方面影响结果所必然导致的不对等教学关系。

五、本节小结

综上所述，我们对现行两种经验的简单关系论的改造，涉及三层基本内容。一是，首先，由现行简单关系论所包含的主观思维路线，转换到事实思维路线；然后，在事实思维路线基础上，将现行简单关系论所包含的主观泛化的思维路线，改造为主观与客观的对应思维路线。二是，在对应思维路线上，将现行简单关系论所包含的认识两种经验关系的“对两种经验的简单比较”的思维切入点，改造为“对两种经验的对应比较”的思维切入点。三是，在“两种经验的对应比较”视野中，分别对两种经验的属性、影响指向与影响结果这些基本教学关系，做出了对应的考察。最后，我们分别考察了对应关系论，在两种经验的属性、影响指向与影响结果这些基本维度上，对实际的教学活动所产生的积极影响；以推动人们从现行的简单关系论，转换到对应关系论或四线定位的关系论。

为了更简明地把握两种关系论的不同，我们不妨将其中所包含的不同思维路线，做出如下比较。

现行两种经验简单关系论的单线定位路线——在教学活动中，间接经验与直接经验的关系，就是具有优越性的间接经验对具有不足性的直接经验的影响或改造关系——这里需要特别注意，简单关系论，仅仅是对两种经验的优越性或不足性的单一思维路线的反映。

两种经验对应关系论的四线定位路线——在教学活动中，间接经验与直接经验的关系，就是分别具有优越性与不足性以及自返性的两种经验的对应影响关系；它包含两种经验对应影响的理想的上线、过渡的自返线、现实的中线以及戒律的底线——这里需要特别注意，对应关系论，是对两种经验对应影响的理想、自返、现实与戒律的四条思维路线的反映。

六、本节提示

在本节最后，需要做两点提示。一是，由“对两种经验的简单比较”到“对两种经验的对应比较”的过渡环节，就是由对教学活动中两种经验的静态的主观抽象思维，转向对教学活动中两种经验的动态的客观与主观的对应思维。二是，由“两种经验的优越性”到“两种经验的自返性”的过渡环节，就是在教学活动中“两种经验由自身优越性所必然引起的不足性”。不了解两种经验在教学活动中由于自身优越性所必然引起的不足性这一动态过程，就很难把握两种经验的自返性的客观生成。

附言：

1. 在静态的抽象思维中，对间接经验优越性与直接经验不足性的简单比较；在动态的教学活动中，其实，都是关于两种经验的优越性与不足性以及自返性的对应比较。

2. 对间接经验与直接经验的优越性与不足性以及自返性的评价，都应该是具体的边界评价，而不能是抽象的泛化评价。

3. 仅仅把握到间接经验优越性与直接经验不足性的现行教学理论，必然是具有等级性的简单教学论；此种教学论，必然导致对学生个体的轻视或压抑。

4. 间接经验与直接经验的不一致所生成的张力，正是推动两种经验不断发生变化的内在动力。

5. 仅仅明白间接经验的优越性而不能同时明白间接经验的不足性与自返性的人，其实，也就是简单的人。

6. 人的直接经验与间接经验的一致性关系，就是对间接经验的接受性或继承性关系的基础；而直接经验与间接经验的不一致性关系，则构成对间接经验的创造性或创新性关系的基础。

第七章

对现行掌握知识与发展智力关系论的遮蔽性分析与对应改造

第一节　对现行掌握知识与发展智力关系论的遮蔽性分析

切问：

1. 现行教学理论认为，掌握知识与发展智力两者具有相互促进的关系，其理解两者关系的思维活动的切入点在哪里？我们如何才能探索到其思维活动的切入点？

2. 现行关于掌握知识与发展智力的关系论，从自己理解两者关系的切入点上，能够把握到两者关系哪些方面的内容呢？

3. 现行关于掌握知识与发展智力关系论的根据是什么？这种关系论，对实际的教学活动会产生哪些积极作用？

4. 现行关于掌握知识与发展智力的关系论，从自己理解两者关系的切入点上，在对两者关系有所把握的同时，却又遮蔽了哪些内容呢？

5. 在思维运行中，现行关于掌握知识与发展智力的关系论，存在遮蔽的根源在哪里？

6. 现行关于掌握知识与发展智力的关系论，对实际的教学活动会产生怎样的消极作用？

一、现行掌握知识与发展智力关系论的内容、属性及其思维活动的切入点

（一）现行掌握知识与发展智力关系论的内容

关于掌握知识与发展智力的关系，现行教学理论有一个基本判断，那就是

"智力的发展与知识的掌握二者相互依存，相互促进"①。从这种理解中，我们很容易看到，现行教学理论，将掌握知识与发展智力的关系，理解为如引文中所表达的"相互依存""相互促进"的关系。什么是相互依存？那也就是指掌握知识与发展智力两者，是双方对应的存在，离开其中的一方，另一方也就无法存在。什么是相互促进？那也就是指掌握知识与发展智力两者之间，是双向度的积极影响关系：一方面是，掌握知识能够促进智力的发展；另一方面是，发展智力能够促进知识的掌握。直白地说，在现行教学理论的视野中，掌握知识与发展智力的关系，也就是双方的一致性关系——这就是现行掌握知识与发展智力关系论的基本内容。

（二）现行掌握知识与发展智力关系论的属性

现行掌握知识与发展智力的关系论，具有怎样的属性呢？

按照现行教学论的理解，掌握知识与发展智力的关系，也就是双方的一致性关系。实际教学活动中的双方关系，果真是这样的吗？掌握知识与发展智力之间，难道只有一致性关系，而没有不一致性关系吗？像"教书匠"与"书呆子"一样的师生，不是也掌握了知识甚至是很多知识吗？难道他们也发展了智力或能力吗？为什么掌握知识与发展智力之间，会产生不一致性关系呢？如果掌握知识与发展智力之间，确实存在不一致性关系；那么，掌握知识与发展智力双方，难道不会因此而产生返回自身的自返性关系吗？从上面的引文中，我们不难发现，现行教学论，根本无视掌握知识与发展智力关系中的这些具有内在对应性关系的问题；而仅仅从自己的主观愿望或主观价值出发，一厢情愿地将两者之间的关系抽象规定为一致性关系——由此，我们就可以有根据地说，现行掌握知识与发展智力关系论的属性，就是片面性或简单性。正因为如此，我们也将现行掌握知识与发展智力的关系论以术语表达为简单关系论。

（三）现行简单关系论的思维活动的切入点

现行简单关系论，既然认为掌握知识与发展智力之间具有相互促进的关系；那么，我们就可以据此逆向推论出现行简单关系论的思维活动的起点或切入点，那就是"掌握知识与发展智力之间的一致性影响"。正向地表达，现行简单关系论，从双方的一致性影响，切到对掌握知识与发展智力关系的理解；由此，才认为两者之间具有相互促进的关系。

---

① 王道俊，郭文安．教育学［M］．北京：人民教育出版社，2009：202.

二、现行简单关系论的所见、根据及其积极功能

（一）现行简单关系论的所见

现行简单关系论，从双方的一致性影响，切到对掌握知识与发展智力关系的理解，能够把握到双方哪些方面的内容呢？一是，从掌握知识与发展智力关系的属性看，现行简单关系论，能够把握到两者的共同性或同一性关系。套用上面引用的那本教育学教材的说法，也就是“在教学过程中，学生智力的发展依赖于他们知识的掌握”“同时，学生对知识的掌握又依赖于他们智力的发展”①。二是，从掌握知识与发展智力关系的影响指向看，现行简单关系论，能够把握到两者之间一致性的双向度影响指向。按照现行教学论的理解，那也就是掌握知识有利于发展智力，同时，发展智力也有利于掌握知识。三是，从掌握知识与发展智力关系的影响结果看，现行简单关系论，能够把握到两者一致性的影响结果。按照现行教学论的理解，那也就是掌握知识促进了智力的发展；同时，发展智力也促进了知识的掌握。总之，现行简单关系论，从双方的一致性影响，切到对掌握知识与发展智力关系的理解，能够把握到的基本内容，也就是：具有同一性地掌握知识与发展智力两者的相互影响关系。

（二）现行简单关系论的根据

现行简单关系论，从双方的一致性影响，切到对掌握知识与发展智力关系的理解，所把握到的基本内容，是有根据的吗？一是，从掌握知识与发展智力关系的属性看，现行简单关系论，能够把握到两者的共同性或同一性关系。从教学活动的事实看，经过师生双方仔细加工或辨别地掌握知识这一基础，确实能够带来与此对应的智力的发展；同时，经过加工或辨别而对应发展了的智力，确实也能够进一步推动知识的掌握。就此而言，现行简单关系论所把握到地掌握知识与发展智力的同一性关系，就是有根据的。二是，从掌握知识与发展智力关系的影响指向看，现行简单关系论，能够把握到两者之间一致性的双向度影响指向。这里的根据是：在实际的教学活动中，因为掌握知识与发展智力两者之间确实存在共同性或同一性关系，所以，这两者之间就必然会产生以一致性为基础的双向度影响指向。三是，从掌握知识与发展智力关系的影响结果看，现行简单关系论，能够把握到两者一致性的影响结果。这里的根据是：在实际的教学活动中，因为掌握知识与发展智力两者之间必然会产生以一致性为基础

---

① 王道俊，郭文安．教育学［M］．北京：人民教育出版社，2009：202.

的双向度影响指向，所以，掌握知识与发展智力两者就必然会产生一致性的影响结果。总之，现行简单关系论，从双方的一致性影响，切到对掌握知识与发展智力关系的理解，所把握到的基本内容，从教学活动中掌握知识与发展智力两者之间一致性影响关系的事实来看，是有根据的，因而也就是合理的。

（三）现行简单关系论的积极功能

现行简单关系论，从双方的一致性影响，切到对掌握知识与发展智力关系的理解，所把握到的基本内容，对于实际的教学需要，都具有积极的功能或价值。一是，从掌握知识与发展智力关系的属性看，现行简单关系论，能够把握到两者的共同性或同一性关系；这能够支持教师明确两者的一致性关系并以此为基础开展自己的教学活动，也能够支持学生明确两者的一致性关系并以此为基础开展自己的学习活动。二是，从掌握知识与发展智力关系的影响指向看，现行简单关系论，能够把握到两者之间一致性的双向度影响指向；这能够支持掌握知识对发展智力的一致性影响指向，也能够支持发展智力对掌握知识的一致性的影响指向。三是，从掌握知识与发展智力关系的影响结果看，现行简单关系论，能够把握到两者一致性的影响结果；这能够支持掌握知识对发展智力的一致性影响结果，也能够支持发展智力对掌握知识的一致性的影响结果。总之，现行简单关系论，从双方的一致性影响，切到对掌握知识与发展智力关系的理解，所把握到的基本内容，从教学活动中掌握知识与发展智力两者之间一致性影响关系的实际需要来看，都具有积极的价值或作用。

三、现行简单关系论的偏蔽、根源及其消极功能

（一）现行简单关系论的偏蔽

现行简单关系论，从双方的一致性影响，切到对掌握知识与发展智力关系的理解，在有所见或有所把握的同时，却又遗漏或遮蔽了哪些内容呢？一是，从掌握知识与发展智力关系的属性看，现行简单关系论，在把握到两者的共同性或同一性的同时，却遮蔽了两者的特殊性或差异性；进一步，还遮蔽了两者由同一性与差异性所必然产生的回返自身的属性即自返性。二是，从掌握知识与发展智力关系的影响指向看，现行简单关系论，在把握到两者之间一致性的双向度影响指向的同时，却遮蔽了两者之间不一致性的双向度影响指向；进一步，还遮蔽了两者由双向度影响指向所必然产生的自返性影响指向。三是，从掌握知识与发展智力关系的影响结果看，现行简单关系论，在把握到两者一致性的影响结果的同时，却遮蔽了两者不一致的影响结果；进一步，还遮蔽了两

者由于相互影响所必然产生的自返性影响结果。总之，现行简单关系论，从双方的一致性影响，切到对掌握知识与发展智力关系的理解，在把握到具有一致性地掌握知识与发展智力的相互影响关系的同时，却遮蔽了具有不一致性地掌握知识与发展智力的相互影响关系；进一步，还遮蔽了掌握知识与发展智力两者都具有的自返性的影响关系。

（二）现行简单关系论偏蔽的根源

从思维运作看，现行简单关系论，所以存在上述偏蔽，就是其主观抽象思维的泛化导致的。一是，从掌握知识与发展智力关系的属性看，掌握知识与发展智力，分别属于教学活动的不同教学侧面。因此，两者之间的关系，首先就是具有区分性的差异性关系；然后，才是具有关联性的一致性关系。如果没有两者的区分性关系，那么，也就不可能有两者的关联性关系。同时，正是由于区分性与关联性的对应关系，所以，必然产生了两者的自返性关系。这清楚地表明，在实际的教学活动中，就属性而言，掌握知识与发展智力两者，都同时具有一致性与不一致性以及自返性。然而，现行简单关系论，在其主观思维中，片面地抽取出两者的一致性，并以偏概全地泛指两者在教学活动中的对应属性；由此，便遮蔽了两者的不一致性，还遮蔽了两者的自返性。二是，从掌握知识与发展智力关系的影响指向看，既然两者都分别具有一致性与不一致性以及自返性，那么，两者就必然会具有包含一致性与不一致性的双向度影响指向以及自返性影响指向。然而，现行简单关系论，在其主观思维中，片面地抽取出两者具有一致性的双向度影响指向，并以偏概全地泛指两者在教学活动中所产生的对应影响指向；由此，便遮蔽了两者具有不一致性的双向度影响指向，还遮蔽了两者的自返性影响指向。三是，从掌握知识与发展智力关系的影响结果看，既然两者都分别具有包含一致性与不一致性的双向度影响指向以及自返性影响指向；那么，两者就必然会具有包含一致性与不一致性的双方影响结果以及自返性的影响结果。然而，现行简单关系论，在其主观思维中，片面地抽取出两者具有一致性的双方影响结果，并以偏概全地泛指两者在教学活动中所产生的对应影响结果；由此，便遮蔽了两者具有不一致性的双方影响结果，还遮蔽了两者自返性的影响结果。

（三）现行简单关系论的消极功能

现行简单关系论，从双方的一致性影响，切到对掌握知识与发展智力关系的理解，在有所把握的同时；却又存在偏蔽。这些认识或思维中的偏蔽，对实际的教学活动，会产生哪些消极影响呢？

一是，从掌握知识与发展智力关系的属性看，现行简单关系论，在把握到两者的共同性或同一性的同时，却遮蔽了两者的特殊性或差异性；进一步，还遮蔽了两者由同一性与差异性所必然产生的回返自身的属性即自返性。由此，便直接导致了两个方面的不足性。从教师方面看，教师仅仅把握到掌握知识与发展智力的同一性关系，便必然会产生对两者一致性关系的片面关注而难以产生对两者对应性关系的对应关注；从学生方面看，学生仅仅把握到掌握知识与发展智力的同一性关系，也必然会产生对两者一致性关系的片面关注而难以产生对两者对应性关系的对应关注。

二是，从掌握知识与发展智力关系的影响指向看，现行简单关系论，在把握到两者之间一致性的双向度影响指向的同时，却遮蔽了两者之间不一致性的双向度影响指向；进一步，还遮蔽了两者由双向度影响指向所必然产生的自返性影响指向。由此，便直接导致了两个方面的不足性。从教师方面看，教师仅仅把握到掌握知识与发展智力两者具有一致性的双向度影响指向，便必然会产生对这种具有一致性的双向度影响指向的片面关注而难以产生对两者具有对应性的影响指向的对应关注；从学生方面看，学生仅仅把握到掌握知识与发展智力两者具有一致性的双向度影响指向，也必然会产生对这种具有一致性的双向度影响指向的片面关注而难以产生对两者具有对应性的影响指向的对应关注。

三是，从掌握知识与发展智力关系的影响结果看，现行简单关系论，在把握到两者一致性的影响结果的同时，却遮蔽了两者不一致性的影响结果；进一步，还遮蔽了两者由于相互影响所必然产生的自返性影响结果。由此，便直接导致了两个方面的不足性。从教师方面看，教师仅仅把握到掌握知识与发展智力两者具有一致性的双方影响结果，便必然会产生对这种具有一致性的双方影响结果的片面关注而难以产生对双方具有对应性的影响结果的对应关注；从学生方面看，学生仅仅把握到掌握知识与发展智力两者具有一致性的双方影响结果，也必然会产生对这种具有一致性的双方影响结果的片面关注而难以产生对双方具有对应性的影响结果的对应关注。

总之，现行简单关系论，从双方的一致性影响，切到对掌握知识与发展智力关系的理解，从实际教学活动中掌握知识与发展智力两者的对应性影响关系的实际需要来看，确实存在严重的简单性偏差并因此而合理地反思与改造。

四、本节小结

综上所述，我们看到，现行简单关系论，从双方的一致性影响，切到对掌握知识与发展智力关系的理解，虽然能够把握到具有同一性的两者的相互影响关系，也能够把握到这种相互影响关系的根据并对实际教学活动中两者的一致性影响关系产生积极的作用；但是，遮蔽了同时具有一致性与不一致以及自返性的两者的对应影响或对应教学。从思维运作看，现行简单关系论的偏蔽，是由其主观思维的抽象泛化所导致的。从实际看，这种抽象泛化的思维或认识，对同时具有一致性与不一致以及自返性地掌握知识与发展智力两者的对应影响或对应教学活动，存在多方面的消极作用。因此，现行简单关系论，就必然被合理地反思与改造。

五、本节提示

在本节最后，需要做两点提示。一是，探寻现行掌握知识与发展智力的简单关系论的思维活动切入点的根据，就是现行简单关系论的内容；或者说，我们是通过现行简单关系论的基本内容而探寻到其思维活动切入点的。二是，对现行掌握知识与发展智力的简单关系论的思维活动切入点的遮蔽性分析，不是我们简单的主观分析，而是根据现行简单关系论所包含的主观思维活动切入点的所见与所不见而展开的——要特别注意，现行简单关系论所包含的简单静态的主观思维，必然会遮蔽与其对应的动态的客观事实。

附言：

1. 对掌握知识与发展智力关系的把握，当然可以从两者的一致性影响关系开始；但是，关于两者关系的理论，却不能仅仅停留在这里。

2. 现行关于掌握知识与发展智力的关系理论，仅仅把握到两者的一致性影响，而把握不到不一致性影响，也把握不到自返性影响——这决定了现行的简单关系论，就不可能具有对应性的理论品质。

3. 现行关于掌握知识与发展智力的关系理论，仅仅把握到两者的一致性影响，而把握不到不一致性影响，也把握不到自返性影响——这为实际教学活动中，教师对学生外在的知识灌输，提供了直接的认识上的支持。

4. 现行关于掌握知识与发展智力的关系理论，仅仅把握到两者的一致性影响，而把握不到不一致性影响，也把握不到自返性影响——这当然是典型的简单关系论；这种简单关系论，根本不可能揭示出掌握知识与发展智力的内在机理或内在机制。

5. 仅仅把握到掌握知识与发展智力的一致性关系的教师，就是典型的简单的教师；这种简单的教师，根本不可能具有反思的教学或教育品质。

6. 在实际教学活动中，掌握知识与发展智力，两者必然会具有一致性与不一致性以及自返性的对应关系——这直接决定了关于掌握知识与发展智力的教学，必然是一致性与不一致性以及自返性的对应教学。

第二节 对现行掌握知识与发展智力关系论的对应改造

切问：

1. 从动态的教学活动的事实看，现行关于掌握知识与发展智力的关系论所包含的“两者的一致性影响”，其实都是“两者的一致性与不一致性的相互性影响”吗？进一步，两者的这种相互性影响，又必然会引起两者的自返性影响吗？

2. 在教学活动中，掌握知识与发展智力两者的一致性与不一致性，都只能是在相互对应中才存在的属性吗——由此，就可以说，两者的一致性与不一致性是对应存在的吗？进一步，两者的这种对应性存在，又必然会产生两者的自返性存在吗？

3. 在教学活动中，掌握知识与发展智力两者的一致性与不一致性，必然会产生双向度的影响指向吗？由此，这种双向度的影响指向，又必然会产生两者自返性的影响指向吗？

4. 在教学活动中，掌握知识与发展智力两者的一致性与不一致性影响，必然会产生双方的影响结果吗？由此，这种双方的影响结果，又必然会产生双方自返性的影响结果吗？

5. 在教学活动中，掌握知识与发展智力两者的一致性与不一致性以及自返性，都不是抽象泛化的属性，而是具有边界对应关系的具体属性吗？我们需要从抽象泛化的思维，转换到具体的边界思维或对应思维吗？

6. 在教学活动中，掌握知识与发展智力两者，如果只有一致性的简单影响；那么，两者就只能产生简单的线性关系吗？而如果具有一致性与不一致性以及自返性的对应影响；那么，两者就会产生以这种对应影响为基础的对等关系吗？

一、对现行掌握知识与发展智力关系论所包含的泛化思维的对应改造

上一节我们谈到，现行掌握知识与发展智力的简单关系论，之所以存在偏蔽，是因为在其思维运作中存在抽象泛化的不足。因此，要改造现行的简单关系论，就必须改造其抽象泛化的主观思维。如何改造这种思维呢？这首先需要摆脱现行简单关系论所包含的简单主观思维，而转向对教学活动中掌握知识与

发展智力关系的事实或过程的关注——即由主观思维，转向事实思维。然后，还需要走出教学研究者简单泛化的抽象思维，而转向对教学活动中掌握知识与发展智力关系的客观与主观对应的边界思维——即由简单的泛化思维，转向对应的边界思维。

二、对现行掌握知识与发展智力关系论所包含的思维切入点的对应改造

现行简单关系论，从双方的一致性影响，切到对掌握知识与发展智力关系的理解，这一切入点本身并不存在问题。现行简单关系论的问题在于：从双方的一致性影响，切到对掌握知识与发展智力关系的理解；然而并没有对两者动态影响的过程做出对应的考察，而是仅仅停留在两者的一致性影响这里，并将两者的动态关系简单地抽象为相互促进的关系。

在实际教学活动中，掌握知识与发展智力的动态影响的过程，又是怎样的呢？征之于实际，我们看到，在教学活动中，掌握知识与发展智力，因为是教学活动的两个不同侧面，也当然是师生认识活动的两个不同侧面；所以，两者绝不仅仅只有一致性影响关系，还必然会具有不一致性关系，如人们熟悉的"教书匠"或"书呆子"一类的师生，就分明地体现了掌握知识与发展智力的不一致性。同时，正是由于掌握知识与发展智力的一致性与不一致性影响的对应关系，才又产生了两者各自回返自身的自返性。由此，我们可以清楚地看到，在实际的教学活动中，掌握知识与发展智力，两者既具有一致性，又具有不一致性，还具有自返性；而不是现行简单关系论所把握到的两者的一致性。由此，我们就将现行简单关系论所包含的"两者的一致性影响"的切入点，改造为"两者的一致性与不一致性以及自返性对应影响"的切入点。

三、对现行掌握知识与发展智力关系论所包含的具体内容的对应改造

掌握知识与发展智力的对应关系论，从两者的对应影响，切到对两者关系的理解，能够对现行的简单关系论，做出哪些方面的改造呢？下面，分而论之。

第一，从掌握知识与发展智力关系的属性看，对应关系论，既能把握到两者的一致性，又能把握到两者的不一致性，还能把握到两者的自返性；而不是现行简单关系论所把握到的两者的一致性。这里的道理是：在教学活动中，掌握知识与发展智力，既是教学活动的不同侧面，又是师生认识活动的不同侧面；所以，首先就要把握两者的不一致性；然后，在这种不一致性基础上，才能够把握两者的一致性。同时，由于不一致性与一致性的对应影响，所以，两者又必然产生了自返性。这清楚地表明，在实际的教学活动中，掌握知识与发展智

力，两者既有一致性，又有不一致性，还有自返性；而不可能是现行简单关系论所把握到的两者的一致性——这种片面的一致性，当然，只能是抽象泛化的形而上学的属性。

第二，从掌握知识与发展智力关系的影响指向看，对应关系论，既能把握到两者之间具有一致性的双向度影响指向，又能把握到两者之间具有不一致性的双向度影响指向，还能把握到两者的自返性影响指向；而不是现行简单关系论所把握到的两者之间只有一致性的双向度影响指向。这里的道理是：在教学活动中，掌握知识与发展智力，两者既有一致性，又有不一致性，还有自返性；所以，两者就必然会产生由对应影响所带来的具有一致性与不一致性的双向度影响指向与自返性影响指向。这清楚地表明，在教学活动中，掌握知识与发展智力，两者必然会具有一致性与不一致性的双向度的影响指向与自返性的影响指向；而不可能是现行简单关系论所把握到的两者之间具有一致性的双向度影响指向——这种具有简单性的影响指向，当然，也只能是抽象泛化的形而上学的影响指向。

第三，从掌握知识与发展智力关系的影响结果看，对应关系论，既能把握到两者具有一致性的双方影响结果，又能把握到两者具有不一致性的双方影响结果，还能把握到两者双方的自返性影响结果；而不是现行简单关系论所把握到的两者只有一致性的双方影响结果。这里的道理是：在教学活动中，掌握知识与发展智力，两者既有一致性影响指向，又有不一致性影响指向，还有自返性影响指向；所以，两者就必然会产生由对应影响指向所带来的具有一致性与不一致性的双方影响结果与自返性影响结果。这清楚地表明，在教学活动中，掌握知识与发展智力，两者必然会具有一致性与不一致性的双方影响结果与自返性的影响结果；而不可能是现行简单关系论所把握到的两者具有一致性的双方影响结果——这种具有简单性的影响结果，当然，也只能是抽象泛化的形而上学的影响结果。

四、掌握知识与发展智力对应关系论的积极功能

掌握知识与发展智力的对应关系论，从两者的对应影响，切到对两者关系的理解，能够对实际的教学活动，产生哪些方面的积极影响呢？下面，分而论之。

第一，从掌握知识与发展智力关系的属性看，对应关系论，能够对实际的教学活动产生如下两方面的积极影响。一方面是，对应关系论，能够把握到掌握知识与发展智力两者的一致性与不一致性以及自返性；这不仅能够支持师生

双方开展关于两者的一致性教学活动，而且能够支持师生双方通过反思去改变或调整两者的不一致性教学活动。鉴于现行简单关系论的遮蔽或偏差，我们愿意特别强调如下两点。第一点是，关注掌握知识与发展智力的不一致性。这里的关键是要走出人们熟悉的现行简单关系论的偏蔽，那就是认为掌握知识与发展智力两者只有一致性的观点——那当然是简单抽象思维泛化的后果。在对应思维看来，掌握知识与发展智力，两者必然会具有一致性与不一致性的对应关系；所以，不仅要关注两者关系的一致性，还要关注两者关系的不一致性。第二点是，关注掌握知识与发展智力两者的自返性。这里的关键也是要走出人们熟悉的现行简单关系论的偏蔽，那就是认为掌握知识与发展智力两者只有一致性的观点——那当然是简单抽象思维泛化的后果。在对应思维看来，掌握知识与发展智力，两者必然会具有一致性与不一致性的对应关系；并且，正是这种具有一致性与不一致性的对应关系，才必然产生了双方的自返性关系。所以，不仅要关注两者的一致性与不一致性，还要关注两者的自返性。另一方面是，对应关系论，既然能够把握到掌握知识与发展智力两者具有一致性与不一致性以及自返性，那么，就能够支持师生双方建构出以两者一致性与不一致性以及自返性的相互对应为前提的对等教学关系或四线定位关系。这种四线定位关系的基本内容是：关注理想性的上线，即师生双方在掌握知识与发展智力两者具有一致性的前提下，走向和谐的教学，以实现掌握知识与发展智力两者的互补性变化或发展；关注过渡性的自返线，即师生双方在掌握知识与发展智力两者具有不一致性的前提下，返回到教学活动自身，以调整掌握知识与发展智力的关系；关注现实性的中线，即师生双方在掌握知识与发展智力两者具有不一致性的前提下，通过过渡性的自返线而走向关于掌握知识与发展智力的对话或讨论，以实现掌握知识与发展智力的生成性变化或发展；关注禁止性的底线，即师生双方在掌握知识与发展智力两者具有不一致性的前提下，都不能破坏或割裂关于掌握知识与发展智力的对应教学关系。我们认为，在掌握知识与发展智力关系的属性维度上，经由四线定位的教学，师生双方就可以构建出以掌握知识与发展智力两者的一致性与不一致性以及自返性的对应为基础的，涉及理想、自返、现实与戒律的对等教学关系；由此，也可以规避由现行简单关系论关于掌握知识与发展智力两者只有一致性影响所必然导致的不对等教学关系。

第二，从掌握知识与发展智力关系的影响指向看，对应关系论，能够对实际的教学活动产生如下两方面的积极影响。一方面是，对应关系论，能够把握到掌握知识与发展智力两者具有一致性的双向度影响指向，也能够把握到两者具有不一致性的双向度影响指向，还能够把握到两者的自返性影响指向；因此，不仅能够支持掌握知识与发展智力两者的一致性影响，而且能够支持两者的不一致性影响，还能够支持两者的自返性影响。鉴于现行简单关系论的遮蔽或偏差，我们愿意特别强调如下两点。第一点是，关注掌握知识与发展智力两者具有不一致性影响指向。这里的关键是要走出人们熟悉的现行简单关系论的偏蔽，那就是认为掌握知识与发展智力两者只有一致性的双向度影响指向的观点——那当然是简单抽象思维泛化的后果。在对应思维看来，掌握知识与发展智力两者的双向度影响指向，必然是具有一致性与不一致性的双向度影响指向；所以，不仅要关注两者具有一致性的双向度影响指向，还要关注两者具有不一致性的双向度影响指向。第二点是，关注掌握知识与发展智力两者的自返性影响指向。这里的关键也是要走出人们熟悉的现行简单关系论的偏蔽，那就是认为掌握知识与发展智力两者只有一致性的双向度影响指向的观点——那当然是简单抽象思维泛化的后果。在对应思维看来，掌握知识与发展智力两者的双向度影响指向，必然是具有一致性与不一致性的双向度影响指向；并且，正是由于两者相互对应的双向度影响指向，又必然会引起两者的自返性影响指向。所以，不仅要关注掌握知识与发展智力两者一致性与不一致性的双向度影响指向，还要关注两者的自返性影响指向。另一个方面是，对应关系论，既然能够把握到掌握知识与发展智力两者具有一致性的双向度影响指向，也能够把握到两者具有不一致性的双向度影响指向，还能够把握到两者的自返性影响指向；那么，就能够支持师生双方建构出以掌握知识与发展智力两者的一致性与不一致性以及自返性影响指向的对应为基础的对等影响关系或四线定位关系。这种四线定位关系的基本内容是：关注理想性的上线，即掌握知识与发展智力两者在双向度影响指向的一致性前提下，走向对等的教学，以实现两者的互补性变化或发展；关注过渡性的自返线，即掌握知识与发展智力两者在双向度影响指向的不一致性前提下，返回到自身，以反思或调整掌握知识与发展智力的关系；关注现实性的中线，即掌握知识与发展智力两者在双向度影响指向的不一致性前提下，通过返回自身的过渡而走向关于掌握知识与发展智力的对话或讨论，以实现两者的生成性变化或发展；关注禁止性的底线，即掌握知识与发展智力两者在双向度影响指向的不一致性前提下，都不能破坏或割裂掌握知识与发展智力的对应的教学关系。我们认为，在掌握知识与发展智力关系的影响指向维度上，经由四线定位的教学，师生双方就可以构建出以掌握知识与发展智力两者的双向度影响指向与自返性影响指向的对应为基础的，涉及理想、自返、现实与戒律的对等教学关系；由此，也可以规避由现行简单关系论关于掌握知识与发展智力两者只有一致性的双向度影响指向所必然导致的不对等教学关系。

第三，从掌握知识与发展智力关系的影响结果看，对应关系论，能够对实际的教学活动产生如下两方面的积极影响。一方面是，对应关系论，能够把握到掌握知识与发展智力两者具有一致性的双方影响结果，也能够把握到两者具有不一致性的双方影响结果，还能够把握到两者的自返性影响结果；因此，不仅能够支持掌握知识与发展智力两者的一致性影响结果，而且能够支持两者的不一致性影响结果，还能够支持两者的自返性影响结果。鉴于现行简单关系论的遮蔽或偏差，我们愿意特别强调如下两点。第一点是，关注掌握知识与发展智力两者具有不一致性的影响结果。这里的关键是要走出人们熟悉的现行简单关系论的偏蔽，那就是认为掌握知识与发展智力两者只有一致性的双方影响结果的观点——那当然是简单抽象思维泛化的后果。在对应思维看来，掌握知识与发展智力两者的双方影响结果，必然是具有一致性与不一致性的双方影响结果；所以，不仅要关注两者具有一致性的双方影响结果，还要关注两者具有不一致性的双方影响结果。第二点是，关注掌握知识与发展智力两者的自返性影响结果。这里的关键也是要走出人们熟悉的现行简单关系论的偏蔽，那就是认为掌握知识与发展智力两者只有一致性的双方影响结果的观点——那当然是简单抽象思维泛化的后果。在对应思维看来，掌握知识与发展智力两者的双方影响结果，必然是具有一致性与不一致性的双方影响结果；并且，正是由于两者相互对应的双方影响结果，又必然会引起双方的自返性影响结果。所以，不仅要关注掌握知识与发展智力两者一致性与不一致性的双方影响结果，还要关注两者的自返性影响结果。另一个方面是，对应关系论，既然能够把握到掌握知识与发展智力两者具有一致性的双方影响结果，也能够把握到两者具有不一致性的双方影响结果，还能够把握到两者的自返性影响结果；那么，就能够支持师生双方建构出以掌握知识与发展智力两者的一致性与不一致性以及自返性影响结果的对应为基础的对等影响关系或四线定位关系。这种四线定位关系的基本内容是：关注理想性的上线，即掌握知识与发展智力两者在双方影响结果的一致性前提下，走向对等的教学，以实现两者的互补性变化或发展；关注过渡性的自返线，即掌握知识与发展智力两者在双方影响结果的不一致性前提下，返回到自身，以反思或调整掌握知识与发展智力的关系；关注现实性的中线，即掌握知识与发展智力两者在双方影响结果的不一致性前提下，通过返回自身的过渡而走向关于掌握知识与发展智力的对话或讨论，以实现两者的生成性变化或发展；关注禁止性的底线，即掌握知识与发展智力两者在双方影响结果的不一致性前提下，都不能破坏或割裂掌握知识与发展智力的对应的教学关系。我们认为，在掌握知识与发展智力关系的影响结果维度上，经由四线定位的教学，师生双方就可以构建出以掌握知识与发展智力两者的双方影响结果与自返性影响结果的对应为基础的涉及理想、自返、现实与戒律的对等教学关系；由此，也可以规避由现行简单关系论关于掌握知识与发展智力两者只有一致性的双方影响结果所必然导致的不对等教学关系。

五、本节小结

综上所述，我们对现行掌握知识与发展智力的简单关系论改造，涉及三层基本内容。一是，首先，由现行简单关系论所包含的主观思维路线，转换到事实思维路线；然后，在事实思维路线基础上，将现行简单关系论所包含的主观泛化的思维路线，改造为主观与客观的对应思维路线。二是，在对应思维路线上，将现行简单关系论所包含的认识两者关系的“两者的一致性影响”的思维切入点，改造为“两者的一致性与不一致性以及自返性的对应影响”的思维切入点。三是，在“两者的一致性与不一致性以及自返性的对应影响”视野中，分别对掌握知识与发展智力关系的属性、影响指向与影响结果这些基本教学关系，做出了对应的考察。最后，我们分别考察了对应关系论，在掌握知识与发展智力关系的属性、影响指向与影响结果这些基本维度上，对实际的教学活动所产生的积极影响；以推动人们从现行的简单关系论，转换到对应关系论或四线定位的关系论。

为了更简明地把握两种关系论的不同，我们不妨将其中所包含的不同思维路线，做出如下比较。

现行掌握知识与发展智力的简单关系论的单线定位路线——在教学活动中，掌握知识与发展智力的关系，就是两者具有一致性的影响关系——这里需要特别注意，简单关系论，仅仅是关于掌握知识与发展智力的一致性影响的单一思维路线的反映。

掌握知识与发展智力的对应关系论的四线定位路线——在教学活动中，掌握知识与发展智力的关系，就是两者具有一致性与不一致性以及自返性的对应影响关系；它包含两者对应影响的理想的上线、过渡的自返线、现实的中线以及戒律的底线——这里需要特别注意，对应关系论，是关于掌握知识与发展智力的对应影响的理想、自返、现实与戒律的四条思维路线的反映。

六、本节提示

在本节最后，需要做两点提示。一是，由“两者的一致性影响”到“两者的一致性与不一致性以及自返性的对应影响”的过渡环节，就是由对教学活动中掌握知识与发展智力关系的静态的主观抽象思维，转向对教学活动中掌握知识与发展智力关系的动态的客观与主观的对应思维。二是，由“两者的一致性影响”，到“两者的自返性影响”的过渡环节，就是在教学活动中所必然产生的“两者的不一致性影响”。不了解掌握知识与发展智力两者在教学活动中所产生的不一致性影响这一动态过程，就很难把握两者自返性影响的客观生成。

附言：

1. 在静态的主观思维中，掌握知识与发展智力两者的一致性关系；在动态的教学活动中，其实，都是两者的一致性与不一致性以及自返性关系。

2. 对掌握知识与发展智力的一致性与不一致性以及自返性关系的认识，都应该是具体的边界认识，而不能是抽象的泛化认识。

3. 仅仅把握到掌握知识与发展智力两者一致性关系的现行教学理论，必然是主观性泛化的简单教学论；此种教学论，必然会导致对教学活动客观事实的轻视甚至忽视。

4. 掌握知识与发展智力两者的不一致性所生成的张力，正是推动师生双方反思教学活动中的问题或不足的内在动力。

5. 仅仅明白掌握知识与发展智力两者的一致性而不能同时明白不一致性与自返性关系的学生，其实，也就是简单的学生。这种简单的学生，根本不可能产生反思或批判的学习品质。

6. 掌握知识与发展智力两者的一致性关系与不一致性关系以及自返性关系，共同构成关于掌握知识与发展智力的对应教学的内在机理或机制。

第八章

对现行掌握知识与提高思想关系论的遮蔽性分析与对应改造

第一节　对现行掌握知识与提高思想关系论的遮蔽性分析

切问：

1. 现行教学理论认为，掌握知识与提高思想两者具有相互促进的关系；其理解两者关系的思维活动的切入点在哪里？我们如何才能探索到其思维活动的切入点？

2. 现行关于掌握知识与提高思想的关系论，从自己理解两者关系的切入点上，能够把握到两者关系哪些方面的内容呢？

3. 现行关于掌握知识与提高思想关系论的根据是什么？这种关系论，对实际的教学活动会产生哪些积极作用？

4. 现行关于掌握知识与提高思想的关系论，从自己理解两者关系的切入点上，在对两者关系有所把握的同时，却又遮蔽了哪些内容呢？

5. 在思维运行中，现行关于掌握知识与提高思想的关系论，存在遮蔽的根源在哪里？

6. 现行关于掌握知识与提高思想的关系论，对实际的教学活动会产生怎样的消极作用？

一、现行掌握知识与提高思想关系论的内容、属性及其思维活动的切入点

（一）现行掌握知识与提高思想关系论的内容

关于掌握知识与提高思想的关系，现行教学理论有一个基本判断，那就是"掌握知识与提高思想二者是相互依存，相互作用的"①。从这种理解中，我们

① 王道俊，郭文安．教育学［M］．北京：人民教育出版社，2009：205.

很容易看到，现行教学理论，将掌握知识与提高思想的关系，理解为如引文中所表达的“相互依存”“相互作用”的关系。什么是相互依存？就是指掌握知识与提高思想两者，是相互对应的存在；离开其中的一方，另一方也就无法存在。什么是相互作用？就是指掌握知识与提高思想两者之间，是双向度的积极影响关系：一方面是，掌握知识能够积极影响到思想的提高；另一方面是，思想的提高能够积极影响到知识的掌握。直白地说，在现行教学理论的视野中，掌握知识与提高思想的关系，也就是双方的一致性关系——这就是现行掌握知识与提高思想关系论的基本内容。

（二）现行掌握知识与提高思想关系论的属性

现行掌握知识与提高思想的关系论，具有怎样的属性呢？

按照现行教学论的理解，掌握知识与提高思想的关系，也就是双方的一致性关系。实际教学活动中的双方关系，果真是这样的吗？掌握知识与提高思想之间，难道只有一致性关系，而没有不一致性关系吗？像“学术不端”与“考试作弊”一样的师生，不是也掌握了知识吗？难道他们也提高了思想吗？为什么掌握知识与提高思想之间，会产生不一致性关系呢？如果掌握知识与提高思想之间，确实存在不一致性关系；那么，掌握知识与提高思想双方，难道不会因此而产生返回自身的自返性关系吗？从上面的引文中，我们不难发现，现行教学论，根本无视掌握知识与提高思想关系中的这些具有内在对应性关系的问题；而仅仅从自己的主观愿望或主观价值出发，一厢情愿地将两者之间的关系抽象规定为一致性关系——由此，我们就可以有根据地说，现行掌握知识与提高思想关系论的属性，就是片面性或简单性。正因为如此，我们也将现行掌握知识与提高思想的关系论以术语表达为简单关系论。

（三）现行简单关系论的思维活动的切入点

现行简单关系论，既然认为掌握知识与提高思想之间具有相互促进的关系；那么，我们就可以据此逆向推论出现行简单关系论的思维活动的起点或切入点，那就是“掌握知识与提高思想之间的一致性影响”。正向地表达，现行简单关系论，从双方的一致性影响，切到对掌握知识与提高思想关系的理解；由此，才认为两者之间具有相互促进的关系。

二、现行简单关系论的所见、根据及其积极功能

（一）现行简单关系论的所见

现行简单关系论，从双方的一致性影响，切到对掌握知识与提高思想关系

的理解，能够把握到双方哪些方面的内容呢？一是，从掌握知识与提高思想关系的属性看，现行简单关系论，能够把握到两者的共同性或同一性关系。套用上面引用的那本教育学教材的说法，也就是“引导学生通过掌握知识来提高思想是现代教学的重要任务和发展方向”；同时，“如果我们能够在教学中不断提高学生的思想，端正他们的学习态度，树立远大的理想和抱负，把个人的学习与民族的昌盛、人类的幸福联系起来，那么就能给学生的学习以正确的方向和不竭的动力，推动他们主动地进行学习，尽个人最大的努力来增长自己的知识、智慧和才干”。① 二是，从掌握知识与提高思想关系的影响指向看，现行简单关系论，能够把握到两者之间一致性的双向度影响指向。按照现行教学论的理解，那也就是掌握知识对提高思想的积极作用；同时，也是提高思想对掌握知识的积极作用。三是，从掌握知识与提高思想关系的影响结果看，现行简单关系论，能够把握到两者一致性的影响结果。按照现行教学论的理解，那也就是掌握知识促进了思想的提高；同时，思想的提高也促进了知识的掌握。总之，现行简单关系论，从双方的一致性影响，切到对掌握知识与提高思想关系的理解，能够把握到的基本内容，也就是：具有同一性地掌握知识与提高思想两者的相互影响关系。

（二）现行简单关系论的根据

现行简单关系论，从双方的一致性影响，切到对掌握知识与提高思想关系的理解，所把握到的基本内容，是有根据的吗？一是，从掌握知识与提高思想关系的属性看，现行简单关系论，能够把握到两者的共同性或同一性关系。从教学活动的事实看，经过师生双方对知识中所渗透的严谨、仔细、艰辛等精神价值的用心体验或感悟，确实能够带来与此对应的思想品德的发展；同时，经过体验或感悟而提高了的思想品德，确实也能够进一步推动知识的掌握。就此而言，现行简单关系论所把握到的掌握知识与提高思想的同一性关系，就是有根据的。二是，从掌握知识与提高思想关系的影响指向看，现行简单关系论，能够把握到两者之间一致性的双向度影响指向。这里的根据是：在实际的教学活动中，因为掌握知识与提高思想两者之间确实存在共同性或同一性关系，所以，这两者之间就必然会产生以一致性为基础的双向度影响指向。三是，从掌握知识与提高思想关系的影响结果看，现行简单关系论，能够把握到两者一致性的影响结果。这里的根据是：在实际的教学活动中，因为掌握知识与提高思想两者之间必然会产生以一致性为基础的双向度影响指向，所以，掌握知识与

① 王道俊，郭文安．教育学［M］．北京：人民教育出版社，2009：204-205.

提高思想两者就必然会产生一致性的影响结果。总之，现行简单关系论，从双方的一致性影响，切到对掌握知识与提高思想关系的理解，所把握到的基本内容，从教学活动中掌握知识与提高思想两者之间一致性影响关系的事实来看，是有根据的，因而也就是合理的。

（三）现行简单关系论的积极功能

现行简单关系论，从双方的一致性影响，切到对掌握知识与提高思想关系的理解，所把握到的基本内容，对于实际的教学需要，都具有积极的功能或价值。一是，从掌握知识与提高思想关系的属性看，现行简单关系论，能够把握到两者的共同性或同一性关系；这能够支持教师明确两者的一致性关系并以此为基础开展自己的教学活动，也能够支持学生明确两者的一致性关系并以此为基础开展自己的学习活动。二是，从掌握知识与提高思想关系的影响指向看，现行简单关系论，能够把握到两者之间一致性的双向度影响指向；这能够支持掌握知识对提高思想的一致性影响指向，也能够支持提高思想对掌握知识的一致性的影响指向。三是，从掌握知识与提高思想关系的影响结果看，现行简单关系论，能够把握到两者一致性的影响结果；这能够支持掌握知识对提高思想的一致性影响结果，也能够支持提高思想对掌握知识的一致性的影响结果。总之，现行简单关系论，从双方的一致性影响，切到对掌握知识与提高思想关系的理解，所把握到的基本内容，从教学活动中掌握知识与提高思想两者之间一致性影响关系的实际需要来看，都具有积极的价值或作用。

三、现行简单关系论的偏蔽、根源及其消极功能

（一）现行简单关系论的偏蔽

现行简单关系论，从双方的一致性影响，切到对掌握知识与提高思想关系的理解，在有所见或有所把握的同时，却又遗漏或遮蔽了哪些内容呢？一是，从掌握知识与提高思想关系的属性看，现行简单关系论，在把握到两者的共同性或同一性的同时，却遮蔽了两者的特殊性或差异性；进一步，还遮蔽了两者由同一性与差异性所必然产生的回返自身的属性即自返性。二是，从掌握知识与提高思想关系的影响指向看，现行简单关系论，在把握到两者之间一致性的双向度影响指向的同时，却遮蔽了两者之间不一致性的双向度影响指向；进一步，还遮蔽了两者由双向度影响指向所必然产生的自返性影响指向。三是，从掌握知识与提高思想关系的影响结果看，现行简单关系论，在把握到两者一致性的影响结果的同时，却遮蔽了两者不一致的影响结果；进一步，还遮蔽了两

者由于相互影响所必然产生的自返性影响结果。总之，现行简单关系论，从双方的一致性影响，切到对掌握知识与提高思想关系的理解，在把握到具有一致性地掌握知识与提高思想的相互影响关系的同时，却遮蔽了具有不一致性地掌握知识与提高思想的相互影响关系；进一步，还遮蔽了掌握知识与提高思想两者都具有的自返性的影响关系。

（二）现行简单关系论偏蔽的根源

从思维运作看，现行简单关系论，之所以存在上述偏蔽，就是因为其主观抽象思维的泛化。一是，从掌握知识与提高思想关系的属性看，掌握知识与提高思想，分别属于教学活动的不同教学维度。因此，两者之间的关系，首先就是具有区分性的差异性关系；然后，才是具有关联性的一致性关系。如果没有两者的区分性关系，那么，当然地，也就不可能有两者的关联性关系。同时，正是由于区分性与关联性的对应关系；所以，又必然产生了两者的自返性关系。这清楚地表明，在实际的教学活动中，就属性而言，掌握知识与提高思想两者，都同时会具有一致性与不一致性以及自返性。然而，现行简单关系论，却在其主观思维中，片面地抽取出两者的一致性，并以偏概全地泛指两者在教学活动中的对应属性；由此，便遮蔽了两者的不一致性，还遮蔽了两者的自返性。二是，从掌握知识与提高思想关系的影响指向看，既然两者都分别具有一致性与不一致性以及自返性；那么，两者就必然会具有包含一致性与不一致性的双向度影响指向以及自返性影响指向。然而，现行简单关系论，却在其主观思维中，片面地抽取出两者具有一致性的双向度影响指向，并以偏概全地泛指两者在教学活动中所产生的对应影响指向；由此，便遮蔽了两者具有不一致性的双向度影响指向，还遮蔽了两者的自返性影响指向。三是，从掌握知识与提高思想关系的影响结果看，既然两者都分别具有包含一致性与不一致性的双向度影响指向以及自返性影响指向；那么，两者就必然会具有包含一致性与不一致性的双方影响结果以及自返性的影响结果。然而，现行简单关系论，却在其主观思维中，片面地抽取出两者具有一致性的双方影响结果，并以偏概全地泛指两者在教学活动中所产生的对应影响结果；由此，便遮蔽了两者具有不一致性的双方影响结果，还遮蔽了两者自返性的影响结果。

（三）现行简单关系论的消极功能

现行简单关系论，从双方的一致性影响，切到对掌握知识与提高思想关系的理解，在有所把握的同时，却又存在偏蔽。这些认识或思维中的偏蔽，对实际的教学活动，会产生哪些消极影响呢？

一是，从掌握知识与提高思想关系的属性看，现行简单关系论，在把握到两者的共同性或同一性的同时，却遮蔽了两者的特殊性或差异性；进一步，还遮蔽了两者由同一性与差异性所必然产生的回返自身的属性即自返性。由此，便直接导致了两个方面的不足性。从教师方面看，教师仅仅把握到掌握知识与提高思想的同一性关系，便必然会产生对两者一致性关系的片面关注而难以产生对两者对应性关系的对应关注；从学生方面看，学生仅仅把握到掌握知识与提高思想的同一性关系，也必然会产生对两者一致性关系的片面关注而难以产生对两者对应性关系的对应关注。

二是，从掌握知识与提高思想关系的影响指向看，现行简单关系论，在把握到两者之间一致性的双向度影响指向的同时，却遮蔽了两者之间不一致性的双向度影响指向；进一步，还遮蔽了两者由双向度影响指向所必然产生的自返性影响指向。由此，便直接导致了两个方面的不足性。从教师方面看，教师仅仅把握到掌握知识与提高思想两者具有一致性的双向度影响指向，便必然会产生对这种具有一致性的双向度影响指向的片面关注而难以产生对两者具有对应性的影响指向的对应关注；从学生方面看，学生仅仅把握到掌握知识与提高思想两者具有一致性的双向度影响指向，也必然会产生对这种具有一致性的双向度影响指向的片面关注而难以产生对两者具有对应性的影响指向的对应关注。

三是，从掌握知识与提高思想关系的影响结果看，现行简单关系论，在把握到两者一致性的影响结果的同时，却遮蔽了两者不一致的影响结果；进一步，还遮蔽了两者由于相互影响所必然产生的自返性影响结果。由此，便直接导致了两个方面的不足性。从教师方面看，教师仅仅把握到掌握知识与提高思想两者具有一致性的双方影响结果，便必然会产生对这种具有一致性的双方影响结果的片面关注而难以产生对双方具有对应性的影响结果的对应关注；从学生方面看，学生仅仅把握到掌握知识与提高思想两者具有一致性的双方影响结果，也必然会产生对这种具有一致性的双方影响结果的片面关注而难以产生对双方具有对应性的影响结果的对应关注。

总之，现行简单关系论，从双方的一致性影响，切到对掌握知识与提高思想关系的理解，从实际教学活动中掌握知识与提高思想两者之间的对应性影响关系的实际需要来看，确实存在严重的简单性偏差并因此受到合理地反思与改造。

四、本节小结

综上所述，我们看到，现行简单关系论，从双方的一致性影响，切到对掌握知识与提高思想关系的理解，虽然能够把握到具有同一性的两者的相互影响关系，也能够把握到这种相互影响关系的根据并对实际教学活动中两者的一致性影响关系产生积极的作用；但是，遮蔽了同时具有一致性与不一致以及自返性的两者的对应影响或对应教学。从思维运作看，现行简单关系论的偏蔽，是由其主观思维的抽象泛化所导致的。从实际看，这种抽象泛化的思维或认识，对同时具有一致性与不一致以及自返性地掌握知识与提高思想两者的对应影响或对应教学活动，存在多方面的消极作用。因此，现行简单关系论，就必然被合理地反思与改造。

五、本节提示

在本节最后，需要做两点提示。一是，探寻现行掌握知识与提高思想的简单关系论的思维活动切入点的根据，就是现行简单关系论的内容；或者说，我们是通过现行简单关系论的基本内容而探寻到其思维活动切入点的。二是，对现行掌握知识与提高思想的简单关系论的思维活动切入点的遮蔽性分析，不是我们简单的主观分析，而是根据现行简单关系论所包含的主观思维活动切入点的所见与所不见而展开的——要特别注意，现行简单关系论所包含的简单静态的主观思维，必然会遮蔽与其对应的动态的客观事实。

附言：

1. 对掌握知识与提高思想关系的把握，当然可以从两者的一致性影响关系开始；但是，关于两者关系的理论，不能仅仅停留在这里。

2. 现行关于掌握知识与提高思想的关系理论，仅仅把握到两者的一致性影响，而把握不到不一致性影响，也把握不到自返性影响——这决定了现行的简单关系论，就不可能具有对应性的理论品质。

3. 现行关于掌握知识与提高思想的关系理论，仅仅把握到两者的一致性影响，而把握不到不一致性影响，也把握不到自返性影响——这为实际教学活动中，教师对学生简单的知识灌输，提供了直接的认识上的支持。

4. 现行关于掌握知识与提高思想的关系理论，仅仅把握到两者的一致性影响，而把握不到不一致性影响，也把握不到自返性影响——这当然是典型的简单关系论；这种简单关系论，根本不可能揭示出掌握知识与提高思想的内在机理或内在机制。

5. 仅仅把握到掌握知识与提高思想之间的一致性关系的教师，就是典型的简单的教师；这种简单的教师，根本不可能具有反思的教学或教育品质。

6. 在实际教学活动中，掌握知识与提高思想，两者必然会具有一致性与不一致性以及自返性的对应关系——这直接决定了关于掌握知识与提高思想的教学，必然是一致性与不一致性以及自返性的对应教学。

第二节　对现行掌握知识与提高思想关系论的对应改造

切问：

1. 从动态的教学活动的事实看，现行关于掌握知识与提高思想的关系论所包含的“两者的一致性影响”，其实都是“两者的一致性与不一致性的对应性影响”吗？进一步，两者的这种对应性影响，又必然会引起两者的自返性影响吗？

2. 在教学活动中，掌握知识与提高思想两者的一致性与不一致性，都只能是在相互对应中才存在的属性吗——由此，就可以说，两者的一致性与不一致性是对应存在的吗？进一步，两者的这种对应性存在，又必然会产生两者的自返性存在吗？

3. 在教学活动中，掌握知识与提高思想两者的一致性与不一致性，必然会产生双向度的影响指向吗？由此，这种双向度的影响指向，又必然会产生两者自返性的影响指向吗？

4. 在教学活动中，掌握知识与提高思想两者的一致性与不一致性影响，必然会产生双方的影响结果吗？由此，这种双方的影响结果，又必然会产生双方自返性的影响结果吗？

5. 在教学活动中，掌握知识与提高思想两者的一致性与不一致性以及自返性，都不是抽象泛化的属性，而是具有边界对应关系的具体属性吗？我们需要从抽象泛化的思维，转换到具体的边界思维或对应思维吗？

6. 在教学活动中，掌握知识与提高思想两者，如果只有一致性的简单影响；那么，两者就只能产生简单的线性关系吗？而如果具有一致性与不一致性以及自返性的对应影响；那么，两者就会产生以这种对应影响为基础的对等关系吗？

一、对现行掌握知识与提高思想关系论所包含的泛化思维的对应改造

上一节我们谈到，现行掌握知识与提高思想的简单关系论，之所以存在偏蔽，是因为在其思维运作中存在抽象泛化的不足。因此，要改造现行的简单关系论，就必须改造其抽象泛化的主观思维。如何改造这种思维呢？这首先就需

要摆脱现行简单关系论所包含的简单主观思维，而转向对教学活动中掌握知识与提高思想关系的事实或过程的关注——即由主观思维，转向事实思维。然后，还需要走出教学研究者简单泛化的抽象思维，而转向对教学活动中掌握知识与提高思想关系的客观与主观对应的边界思维——即由简单的泛化思维，转向对应的边界思维。

二、对现行掌握知识与提高思想关系论所包含的思维切入点的对应改造

现行简单关系论，从双方的一致性影响，切到对掌握知识与提高思想关系的理解；这一切入点本身并不存在问题。现行简单关系论的问题在于：从双方的一致性影响，切到对掌握知识与提高思想关系的理解；然而并没有对两者动态影响的过程做出对应的考察，而是仅仅停留在两者的一致性影响这里，并将两者的动态关系简单地抽象为相互促进的关系。

在实际教学活动中，掌握知识与提高思想的动态影响的过程，又是怎样的呢？征之于实际，我们看到，在教学活动中，掌握知识与提高思想，因为是教学活动的两个不同维度；所以，两者绝不仅仅只有一致性影响关系，还必然会具有不一致性关系，如人们熟悉的“学术不端”或“考试作弊”一类的师生，就分明地体现了掌握知识与提高思想的不一致性。同时，正是由于掌握知识与提高思想的一致性与不一致性影响的对应关系，产生了两者各自回返自身的自返性。由此，我们可以清楚地看到，在实际的教学活动中，掌握知识与提高思想，两者既具有一致性，又具有不一致性，还具有自返性；而不是现行简单关系论所把握到的两者的一致性。由此，我们就将现行简单关系论所包含的“两者的一致性影响”的切入点，改造为“两者的一致性与不一致性以及自返性对应影响”的切入点。

三、对现行掌握知识与提高思想关系论所包含的具体内容的对应改造

掌握知识与提高思想的对应关系论，从两者的对应影响，切到对两者关系的理解，能够对现行的简单关系论，做出哪些方面的改造呢？下面，分而论之。

第一，从掌握知识与提高思想关系的属性看，对应关系论，既能把握到两者的一致性，又能把握到两者的不一致性，还能把握到两者的自返性；而不是现行简单关系论所把握到的两者的一致性。这里的道理是：在教学活动中，掌握知识与提高思想，既然是教学活动的不同维度；那么，首先就要把握两者的不一致性，然后，在这种不一致性基础上，才能够把握两者的一致性。同时，由于不一致性与一致性的对应影响；所以，两者必然产生了自返性。这清楚地

表明，在实际的教学活动中，掌握知识与提高思想，两者既有一致性，又有不一致性，还有自返性；而不可能是现行简单关系论所把握到的两者的一致性——这种片面的一致性，当然，只能是抽象泛化的形而上学的属性。

第二，从掌握知识与提高思想关系的影响指向看，对应关系论，既能把握到两者之间具有一致性的双向度影响指向，又能把握到两者之间具有不一致性的双向度影响指向，还能把握到两者双方的自返性影响指向；而不是现行简单关系论所把握到的两者之间只有一致性的双向度影响指向。这里的道理是：在教学活动中，掌握知识与提高思想，两者既有一致性，又有不一致性，还有自返性；所以，两者就必然会产生由对应影响所带来的具有一致性与不一致性的双向度影响指向与自返性影响指向。这清楚地表明，在教学活动中，掌握知识与提高思想，两者必然会具有一致性与不一致性的双向度的影响指向与自返性的影响指向；而不可能是现行简单关系论所把握到的两者之间具有一致性的双向度影响指向——这种具有简单性的影响指向，当然，也只能是抽象泛化的形而上学的影响指向。

第三，从掌握知识与提高思想关系的影响结果看，对应关系论，既能把握到两者具有一致性的双方影响结果，又能把握到两者具有不一致性的双方影响结果，还能把握到两者双方的自返性影响结果；而不是现行简单关系论所把握到的两者只有一致性的双方影响结果。这里的道理是：在教学活动中，掌握知识与提高思想，两者既有一致性影响指向，又有不一致性影响指向，还有自返性影响指向；所以，两者就必然会产生由对应影响指向所带来的具有一致性与不一致性的双方影响结果与自返性影响结果。这清楚地表明，在教学活动中，掌握知识与提高思想，两者必然会具有一致性与不一致性的双方影响结果与自返性的影响结果；而不可能是现行简单关系论所把握到的两者具有一致性的双方影响结果——这种具有简单性的影响结果，当然，也只能是抽象泛化的形而上学的影响结果。

四、掌握知识与提高思想对应关系论的积极功能

掌握知识与提高思想的对应关系论，从两者的对应影响，切到对两者关系的理解；能够对实际的教学活动，产生哪些方面的积极影响呢？下面，分而论之。

第一，从掌握知识与提高思想关系的属性看，对应关系论，能够对实际的教学活动产生如下两方面的积极影响。一方面是，对应关系论，能够把握到掌握知识与提高思想两者的一致性与不一致性以及自返性；这不仅能够支持师生

双方开展关于两者的一致性教学活动，而且能够支持师生双方通过反思去改变或调整两者的不一致性教学活动。鉴于现行简单关系论的遮蔽或偏差，我们愿意特别强调如下两点。第一点是，关注掌握知识与提高思想的不一致性。这里的关键是要走出人们熟悉的现行简单关系论的偏蔽，那就是认为掌握知识与提高思想两者只有一致性的观点——那当然是简单抽象思维泛化的后果。在对应思维看来，掌握知识与提高思想，两者必然会具有一致性与不一致性的对应关系；所以，不仅要关注两者关系的一致性，还要关注两者关系的不一致性。第二点是，关注掌握知识与提高思想两者的自返性。这里的关键也是要走出人们熟悉的现行简单关系论的偏蔽，那就是认为掌握知识与提高思想两者只有一致性的观点——那当然是简单抽象思维泛化的后果。在对应思维看来，掌握知识与提高思想，两者必然会具有一致性与不一致性的对应关系；并且，正是由于这种具有一致性与不一致性的对应关系，必然产生了双方的自返性关系。所以，不仅要关注两者的一致性与不一致性，还要关注两者的自返性。另一方面是，对应关系论，既然能够把握到掌握知识与提高思想两者具有一致性与不一致性以及自返性，就能够支持师生双方建构出以两者一致性与不一致性以及自返性的相互对应为前提的对等教学关系或四线定位关系。这种四线定位关系的基本内容是：关注理想性的上线，即师生双方在掌握知识与提高思想两者具有一致性的前提下，走向和谐的教学，以实现掌握知识与提高思想两者的互补性变化或发展；关注过渡性的自返线，即师生双方在掌握知识与提高思想两者具有不一致性的前提下，返回到教学活动自身，以调整掌握知识与提高思想的关系；关注现实性的中线，即师生双方在掌握知识与提高思想两者具有不一致性的前提下，通过过渡性的自返线而走向关于掌握知识与提高思想的对话或讨论，以实现掌握知识与提高思想的生成性变化或发展；关注禁止性的底线，即师生双方在掌握知识与提高思想两者具有不一致性的前提下，都不能破坏或割裂关于掌握知识与提高思想的对应教学关系。我们认为，在掌握知识与提高思想关系的属性维度上，经由四线定位的教学，师生双方就可以构建出以掌握知识与提高思想两者的一致性与不一致性以及自返性的对应为基础的，涉及理想、自返、现实与戒律的对等教学关系；由此，也可以规避由现行简单关系论关于掌握知识与提高思想两者只有一致性影响所必然导致的不对等教学关系。

第二，从掌握知识与提高思想关系的影响指向看，对应关系论，能够对实际的教学活动产生如下两方面的积极影响。一方面是，对应关系论，能够把握到掌握知识与提高思想两者具有一致性的双向度影响指向，也能够把握到两者具有不一致性的双向度影响指向，还能够把握到两者的自返性影响指向；因此，不仅能够支持掌握知识与提高思想两者的一致性影响，而且能够支持两者的不一致性影响，还能够支持两者的自返性影响。鉴于现行简单关系论的遮蔽或偏差，我们愿意特别强调如下两点。第一点是，关注掌握知识与提高思想两者具有不一致性影响指向。这里的关键是要走出人们熟悉的现行简单关系论的偏蔽，那就是认为掌握知识与提高思想两者只有一致性的双向度影响指向的观点——那当然是简单抽象思维泛化的后果。在对应思维看来，掌握知识与提高思想两者的双向度影响指向，必然是具有一致性与不一致性的双向度影响指向；所以，就不仅要关注两者具有一致性的双向度影响指向，而且还要关注两者具有不一致性的双向度影响指向。第二点是，关注掌握知识与提高思想两者的自返性影响指向。这里的关键也是要走出人们熟悉的现行简单关系论的偏蔽，那就是认为掌握知识与提高思想两者只有一致性的双向度影响指向的观点——那当然是简单抽象思维泛化的后果。在对应思维看来，掌握知识与提高思想两者的双向度影响指向，必然是具有一致性与不一致性的双向度影响指向；并且，正是由于两者相互对应的双向度影响指向，必然会引起两者的自返性影响指向。所以，不仅要关注掌握知识与提高思想两者一致性与不一致性的双向度影响指向，还要关注两者的自返性影响指向。另一个方面是，对应关系论，既然能够把握到掌握知识与提高思想两者具有一致性的双向度影响指向，也能够把握到两者具有不一致性的双向度影响指向，还能够把握到两者的自返性影响指向；就能够支持师生双方建构出以掌握知识与提高思想两者的一致性与不一致性以及自返性影响指向的对应为基础的对等影响关系或四线定位关系。这种四线定位关系的基本内容是：关注理想性的上线，即掌握知识与提高思想两者在双向度影响指向的一致性前提下，走向对等的教学，以实现两者的互补性变化或发展；关注过渡性的自返线，即掌握知识与提高思想两者在双向度影响指向的不一致性前提下，返回到自身，以反思或调整掌握知识与提高思想的关系；关注现实性的中线，即掌握知识与提高思想两者在双向度影响指向的不一致性前提下，通过返回自身的过渡而走向关于掌握知识与提高思想的对话或讨论，以实现两者的生成性变化或发展；关注禁止性的底线，即掌握知识与提高思想两者在双向度影响指向的不一致性前提下，都不能破坏或割裂掌握知识与提高思想的对应的教学关系。我们认为，在掌握知识与提高思想关系的影响指向维度上，经由四线定位的教学，师生双方就可以构建出以掌握知识与提高思想两者的双向度影响指向与自返性影响指向的对应为基础的涉及理想、自返、现实与戒律的对等教学关系；由此，也可以规避由现行简单关系论关于掌握知识与提高思想两者只有一致性的双向度影响指向所必然导致的不对等教学关系。

第三，从掌握知识与提高思想关系的影响结果看，对应关系论，能够对实际的教学活动产生如下两方面的积极影响。一方面是，对应关系论，能够把握到掌握知识与提高思想两者具有一致性的双方影响结果，也能够把握到两者具有不一致性的双方影响结果，还能够把握到两者的自返性影响结果；因此，不仅能够支持掌握知识与提高思想两者的一致性影响结果，而且能够支持两者的不一致性影响结果，还能够支持两者的自返性影响结果。鉴于现行简单关系论的遮蔽或偏差，我们愿意特别强调如下两点。第一点是，关注掌握知识与提高思想两者具有不一致性影响结果。这里的关键是要走出人们熟悉的现行简单关系论的偏蔽，那就是认为掌握知识与提高思想两者只有一致性的双方影响结果的观点——那当然是简单抽象思维泛化的后果。在对应思维看来，掌握知识与提高思想两者的双方影响结果，必然是具有一致性与不一致性的双方影响结果；所以，不仅要关注两者具有一致性的双方影响结果，还要关注两者具有不一致性的双方影响结果。第二点是，关注掌握知识与提高思想两者的自返性影响结果。这里的关键也是要走出人们熟悉的现行简单关系论的偏蔽，那就是认为掌握知识与提高思想两者只有一致性的双方影响结果的观点——那当然是简单抽象思维泛化的后果。在对应思维看来，掌握知识与提高思想两者的双方影响结果，必然是具有一致性与不一致性的双方影响结果；并且，正是由于两者相互对应的双方影响结果，必然会引起两者的自返性影响结果。所以，不仅要关注掌握知识与提高思想两者一致性与不一致性的双方影响结果，还要关注两者的自返性影响结果。另一个方面是，对应关系论，既然能够把握到掌握知识与提高思想两者具有一致性的双方影响结果，也能够把握到两者具有不一致性的双方影响结果，还能够把握到两者的自返性影响结果；那么，就能够支持师生双方建构出以掌握知识与提高思想两者的一致性与不一致性以及自返性影响结果的对应为基础的对等影响关系或四线定位关系。这种四线定位关系的基本内容是：关注理想性的上线，即掌握知识与提高思想两者在双方影响结果的一致性前提下，走向对等的教学，以实现两者的互补性变化或发展；关注过渡性的自返线，即掌握知识与提高思想两者在双方影响结果的不一致性前提下，返回到自身，以反思或调整掌握知识与提高思想的关系；关注现实性的中线，即掌握知识与提高思想两者在双方影响结果的不一致性前提下，通过返回自身的过渡而走向关于掌握知识与提高思想的对话或讨论，以实现两者的生成性变化或发展；关注禁止性的底线，即掌握知识与提高思想两者在双方影响结果的不一致性前提下，都不能破坏或割裂掌握知识与提高思想的对应的教学关系。我们认为，在掌握知识与提高思想关系的影响结果维度上，经由四线定位的教学，师生双方就可以构建出以掌握知识与提高思想两者的双方影响结果与自返性影响结果的对应为基础的涉及理想、自返、现实与戒律的对等教学关系；由此，也可以规避由现行简单关系论关于掌握知识与提高思想两者只有一致性的双方影响结果所必然导致的不对等教学关系。

五、本节小结

综上所述，我们对现行掌握知识与提高思想的简单关系论的改造，涉及三层基本内容。一是，首先，由现行简单关系论所包含的主观思维路线，转换到事实思维路线；然后，在事实思维路线基础上，将现行简单关系论所包含的主观泛化的思维路线，改造为主观与客观的对应思维路线。二是，在对应思维路线上，将现行简单关系论所包含的认识两者关系的“两者的一致性影响”的思维切入点，改造为“两者的一致性与不一致性以及自返性的对应影响”的思维切入点。三是，在“两者的一致性与不一致性以及自返性的对应影响”视野中，分别对掌握知识与提高思想关系的属性、影响指向与影响结果这些基本教学关系，做出了对应的考察。最后，我们分别考察了对应关系论，在掌握知识与提高思想关系的属性、影响指向与影响结果这些基本维度上，对实际的教学活动所产生的积极影响；以推动人们从现行的简单关系论，转换到对应关系论或四线定位的关系论。

为了更简明地把握两种关系论的不同，我们不妨将其中所包含的不同思维路线，做出如下比较。

现行掌握知识与提高思想的简单关系论的单线定位路线——在教学活动中，掌握知识与提高思想的关系，就是两者具有一致性的影响关系——这里需要特别注意，简单关系论，仅仅是关于掌握知识与提高思想的一致性影响的单一思维路线的反映。

掌握知识与提高思想的对应关系论的四线定位路线——在教学活动中，掌握知识与提高思想的关系，就是两者具有一致性与不一致性以及自返性的对应影响关系；它包含两者对应影响的理想的上线、过渡的自返线、现实的中线以及戒律的底线——这里需要特别注意，对应关系论，是关于掌握知识与提高思想的对应影响的理想、自返、现实与戒律的四条思维路线的反映。

六、本节提示

在本节最后，需要做两点提示。一是，由“两者的一致性影响”到“两者的一致性与不一致性以及自返性的对应影响”的过渡环节，就是由对教学活动中掌握知识与提高思想关系的静态的主观抽象思维，转向对教学活动中掌握知识与提高思想关系的动态的客观与主观的对应思维。二是，由“两者的一致性影响”，到“两者的自返性影响”的过渡环节，就是在教学活动中所必然产生的“两者的不一致性影响”。不了解掌握知识与提高思想两者在教学活动中所产生的不一致性影响这一动态过程，就很难把握两者自返性影响的客观生成。

附言：

1. 在静态的主观思维中，掌握知识与提高思想两者的一致性关系；在动态的教学活动中，其实，都是两者的一致性与不一致性以及自返性关系。

2. 对掌握知识与提高思想的一致性与不一致性以及自返性关系的认识，都应该是具体的边界认识，而不能是抽象的泛化认识。

3. 仅仅把握到掌握知识与提高思想两者一致性关系的现行教学理论，必然是主观性泛化的简单教学论；此种教学论，必然会导致对教学活动客观事实的轻视甚至忽视。

4. 掌握知识与提高思想两者的不一致性所生成的张力，正是推动师生双方反思教学活动中的问题或不足的内在动力。

5. 仅仅明白掌握知识与提高思想两者的一致性而不能同时明白不一致性与自返性关系的学生，其实，也就是简单的学生。这种简单的学生，根本不可能产生对应学习的品质。

6. 掌握知识与提高思想两者的一致性关系与不一致性关系以及自返性关系，共同构成关于掌握知识与提高思想的对应教学的内在机理或机制。

第九章

对现行智力活动与非智力活动关系论的遮蔽性分析与对应改造

第一节 对现行智力活动与非智力活动关系论的遮蔽性分析

切问：

1. 现行教学理论认为，智力活动与非智力活动两者具有相互促进的关系；其理解两者关系的思维活动的切入点在哪里？我们如何才能探索到其思维活动的切入点？

2. 现行关于智力活动与非智力活动的关系论，从自己理解两者关系的切入点上，能够把握到两者关系哪些方面的内容呢？

3. 现行关于智力活动与非智力活动关系论的根据是什么？这种关系论，对实际的教学活动会产生哪些积极作用？

4. 现行关于智力活动与非智力活动的关系论，从自己理解两者关系的切入点上，在对两者关系有所把握的同时，却又遮蔽了哪些内容呢？

5. 在思维运行中，现行关于智力活动与非智力活动的关系论，存在遮蔽的根源在哪里？

6. 现行关于智力活动与非智力活动的关系论，对实际的教学活动会产生怎样的消极作用？

一、现行智力活动与非智力活动关系论的内容、属性及其思维活动的切入点

（一）现行智力活动与非智力活动关系论的内容

关于智力活动与非智力活动的关系，现行教学理论有一个基本判断，那就

是“在教学过程中，学生的智力活动与非智力活动同在，各有特点与功能，二者相互依存，相互作用，只有正确发挥其整体功能才能提高学生的学习效能和教学质量”①。从这种理解中，我们很容易看到，现行教学理论，将智力活动与非智力活动的关系，理解为如引文中所表达的“相互依存”“相互作用”的关系。什么是相互依存？那也就是指智力活动与非智力活动两者，是相互对应的存在；离开其中的一方，另一方也就无法存在。什么是相互作用？那也就是指智力活动与非智力活动两者之间，是双向度的积极影响关系：一方面是，智力活动能够积极影响到非智力活动；另一方面是，非智力活动能够积极影响到智力活动。直白地说，在现行教学理论的视野中，智力活动与非智力活动的关系，也就是双方的一致性关系——这就是现行智力活动与非智力活动关系论的基本内容。

（二）现行智力活动与非智力活动关系论的属性

现行智力活动与非智力活动的关系论，具有怎样的属性呢？

按照现行教学论的理解，智力活动与非智力活动的关系，也就是双方的一致性关系。实际教学活动中的双方关系，果真是这样的吗？智力活动与非智力活动之间，难道只有一致性关系，而没有不一致性关系吗？常言道，知难而进，或者，知难而退。其中的“知”，不就是智力活动吗？而“进”或“退”，不就是非智力活动吗？由“知难”而引起的“进”与“退”，不就是智力活动与非智力活动的不一致性吗？为什么智力活动与非智力活动之间，会产生不一致性关系呢？如果智力活动与非智力活动之间，确实存在不一致性关系；那么，智力活动与非智力活动双方，难道不会因此而产生返回自身的自返性关系吗？从上面的引文中，我们不难发现，现行教学论，根本无视智力活动与非智力活动关系中的这些具有内在对应性关系的问题；仅仅从自己的主观愿望或主观价值出发，一厢情愿地将两者之间的关系抽象规定为一致性关系——由此，我们就可以有根据地说，现行智力活动与非智力活动关系论的属性，就是片面性或简单性。正因为如此，所以，我们也将现行智力活动与非智力活动的关系论以术语表达为简单关系论。

（三）现行简单关系论的思维活动的切入点

现行简单关系论，既然认为智力活动与非智力活动具有相互促进的关系；那么，我们就可以据此逆向推论出现行简单关系论的思维活动的起点或切入点，

---

① 王道俊，郭文安．教育学［M］．北京：人民教育出版社，2009：206.

那就是“智力活动与非智力活动之间的一致性影响”。正向地表达，现行简单关系论，从双方的一致性影响，切到对智力活动与非智力活动关系的理解；由此，才认为两者之间具有相互促进的关系。

二、现行简单关系论的所见、根据及其积极功能

（一）现行简单关系论的所见

现行简单关系论，从双方的一致性影响，切到对智力活动与非智力活动关系的理解，能够把握到双方哪些方面的内容呢？一是，从智力活动与非智力活动关系的属性看，现行简单关系论，能够把握到两者的共同性或同一性关系。套用上面引用的那本教育学教材的说法，也就是：教学中学生的智力活动“是进行学习、认识世界的工具、手段”；同时，学生的非智力活动“是进行学习、研究与实践的动力”。① 二是，从智力活动与非智力活动关系的影响指向看，现行简单关系论，能够把握到两者之间一致性的双向度影响指向。按照现行教学论的理解，那也就是智力活动对非智力活动的作用；同时，也是非智力活动对智力活动的作用。三是，从智力活动与非智力活动关系的影响结果看，现行简单关系论，能够把握到两者一致性的影响结果。按照现行教学论的理解，那也就是智力活动有利于非智力活动；同时，非智力活动也有利于智力活动。总之，现行简单关系论，从双方的一致性影响，切到对智力活动与非智力活动关系的理解，能够把握到的基本内容，也就是：具有同一性的智力活动与非智力活动两者的相互影响关系。

（二）现行简单关系论的根据

现行简单关系论，从双方的一致性影响，切到对智力活动与非智力活动关系的理解，所把握到的基本内容，是有根据的吗？一是，从智力活动与非智力活动关系的属性看，现行简单关系论，能够把握到两者的共同性或同一性关系。从教学活动的事实看，学生的智力活动，如感觉、记忆、思维等方面的活动，确实有利于学生的好奇心、探索欲、情感等非智力活动；同时，学生的非智力活动，如好奇心、探索欲、情感等方面的活动，也确实有利于学生的感觉、记忆、思维等智力活动。就此而言，现行简单关系论所把握到的智力活动与非智力活动的同一性关系，就是有根据的。二是，从智力活动与非智力活动关系的影响指向看，现行简单关系论，能够把握到两者之间一致性的双向度影响指向。

① 王道俊，郭文安．教育学［M］．北京：人民教育出版社，2009：206.

这里的根据是：在实际的教学活动中，因为智力活动与非智力活动两者之间确实存在共同性或同一性关系；所以，这两者之间就必然会产生以一致性为基础的双向度影响指向。三是，从智力活动与非智力活动关系的影响结果看，现行简单关系论，能够把握到两者一致性的影响结果。这里的根据是：因为在实际的教学活动中，智力活动与非智力活动两者之间必然会产生以一致性为基础的双向度影响指向；所以，智力活动与非智力活动两者就必然会产生一致性的影响结果。总之，现行简单关系论，从双方的一致性影响，切到对智力活动与非智力活动关系的理解，所把握到的基本内容，从教学活动中智力活动与非智力活动两者之间一致性影响关系的事实来看，是有根据的，因而也就是合理的。

（三）现行简单关系论的积极功能

现行简单关系论，从双方的一致性影响，切到对智力活动与非智力活动关系的理解，所把握到的基本内容，对于实际的教学需要，都具有积极的功能或价值。一是，从智力活动与非智力活动关系的属性看，现行简单关系论，能够把握到两者的共同性或同一性关系；这能够支持教师明确两者的一致性关系并以此为基础开展自己的教学活动，也能够支持学生明确两者的一致性关系并以此为基础开展自己的学习活动。二是，从智力活动与非智力活动关系的影响指向看，现行简单关系论，能够把握到两者之间一致性的双向度影响指向；这能够支持智力活动对非智力活动的一致性影响指向，也能够支持非智力活动对智力活动的一致性影响指向。三是，从智力活动与非智力活动关系的影响结果看，现行简单关系论，能够把握到两者一致性的影响结果；这能够支持智力活动对非智力活动的一致性影响结果，也能够支持非智力活动对智力活动的一致性影响结果。总之，现行简单关系论，从双方的一致性影响，切到对智力活动与非智力活动关系的理解，所把握到的基本内容，从教学活动中智力活动与非智力活动两者之间一致性影响关系的实际需要来看，都具有积极的价值或作用。

三、现行简单关系论的偏蔽、根源及其消极功能

（一）现行简单关系论的偏蔽

现行简单关系论，从双方的一致性影响，切到对智力活动与非智力活动关系的理解，在有所见或有所把握的同时；却又遗漏或遮蔽了哪些内容呢？一是，从智力活动与非智力活动关系的属性看，现行简单关系论，在把握到两者的共同性或同一性的同时，却遮蔽了两者的特殊性或差异性；进一步，还遮蔽了两者由同一性与差异性所必然产生的回返自身的属性即自返性。二是，从智力活

动与非智力活动关系的影响指向看，现行简单关系论，在把握到两者之间一致性的双向度影响指向的同时，却遮蔽了两者之间不一致性的双向度影响指向；进一步，还遮蔽了两者由双向度影响指向所必然产生的自返性影响指向。三是，从智力活动与非智力活动关系的影响结果看，现行简单关系论，在把握到两者一致性的影响结果的同时，却遮蔽了两者不一致的影响结果；进一步，还遮蔽了两者由于相互影响所必然产生的自返性影响结果。总之，现行简单关系论，从双方的一致性影响，切到对智力活动与非智力活动关系的理解，在把握到具有一致性的智力活动与非智力活动的相互影响关系的同时，却遮蔽了具有不一致性的智力活动与非智力活动的相互影响关系；进一步，还遮蔽了智力活动与非智力活动两者都具有的自返性的影响关系。

（二）现行简单关系论偏蔽的根源

从思维运作看，现行简单关系论，之所以存在上述偏蔽，就是因为其主观抽象思维的泛化。一是，从智力活动与非智力活动关系的属性看，智力活动与非智力活动，分别属于教学活动的不同教学维度。因此，两者之间的关系，首先就是具有区分性的差异性关系；然后，才是具有关联性的一致性关系。如果没有两者的区分性关系，那么，当然地，也就不可能有两者的关联性关系。同时，也正是由于区分性与关联性的对应关系；所以，必然产生了两者的自返性关系。这清楚地表明，在实际的教学活动中，就属性而言，智力活动与非智力活动两者，都同时会具有一致性与不一致性以及自返性。然而，现行简单关系论，却在其主观思维中，片面地抽取出两者的一致性，并以偏概全地泛指两者在教学活动中的对应属性；由此，便遮蔽了两者的不一致性，还遮蔽了两者的自返性。二是，从智力活动与非智力活动关系的影响指向看，既然两者都分别具有一致性与不一致性以及自返性；那么，两者就必然会具有包含一致性与不一致性的双向度影响指向以及自返性影响指向。然而，现行简单关系论，却在其主观思维中，片面地抽取出两者具有一致性的双向度影响指向，并以偏概全地泛指两者在教学活动中所产生的对应影响指向；由此，便遮蔽了两者具有不一致性的双向度影响指向，还遮蔽了两者的自返性影响指向。三是，从智力活动与非智力活动关系的影响结果看，既然两者都分别具有包含一致性与不一致性的双向度影响指向以及自返性影响指向；那么，两者就必然会具有包含一致性与不一致性的双方影响结果以及自返性的影响结果。然而，现行简单关系论，却在其主观思维中，片面地抽取出两者具有一致性的双方影响结果，并以偏概全地泛指两者在教学活动中所产生的对应影响结果；由此，便遮蔽了两者具有不一致性的双方影响结果，还遮蔽了两者自返性的影响结果。

（三）现行简单关系论的消极功能

现行简单关系论，从双方的一致性影响，切到对智力活动与非智力活动关系的理解，在有所把握的同时；却又存在偏蔽。这些认识或思维中的偏蔽，对实际的教学活动，会产生哪些消极影响呢？

一是，从智力活动与非智力活动关系的属性看，现行简单关系论，在把握到两者的共同性或同一性的同时，却遮蔽了两者的特殊性或差异性；进一步，还遮蔽了两者由同一性与差异性所必然产生的回返自身的属性即自返性。由此，便直接导致了两个方面的不足性。从教师方面看，教师仅仅把握到智力活动与非智力活动的同一性关系，便必然会产生对两者一致性关系的片面关注而难以产生对两者对应性关系的对应关注；从学生方面看，学生仅仅把握到智力活动与非智力活动的同一性关系，也必然会产生对两者一致性关系的片面关注而难以产生对两者对应性关系的对应关注。

二是，从智力活动与非智力活动关系的影响指向看，现行简单关系论，在把握到两者之间一致性的双向度影响指向的同时，却遮蔽了两者之间不一致性的双向度影响指向；进一步，还遮蔽了两者由双向度影响指向所必然产生的自返性影响指向。由此，便直接导致了两个方面的不足性。从教师方面看，教师仅仅把握到智力活动与非智力活动两者具有一致性的双向度影响指向，便必然会产生对这种具有一致性的双向度影响指向的片面关注而难以产生对两者具有对应性的影响指向的对应关注；从学生方面看，学生仅仅把握到智力活动与非智力活动两者具有一致性的双向度影响指向，也必然会产生对这种具有一致性的双向度影响指向的片面关注而难以产生对两者具有对应性的影响指向的对应关注。

三是，从智力活动与非智力活动关系的影响结果看，现行简单关系论，在把握到两者一致性的影响结果的同时，却遮蔽了两者不一致的影响结果；进一步，还遮蔽了两者由于相互影响所必然产生的自返性影响结果。由此，便直接导致了两个方面的不足性。从教师方面看，教师仅仅把握到智力活动与非智力活动两者具有一致性的双方影响结果，便必然会产生对这种具有一致性的双方影响结果的片面关注而难以产生对双方具有对应性的影响结果的对应关注；从学生方面看，学生仅仅把握到智力活动与非智力活动两者具有一致性的双方影响结果，也必然会产生对这种具有一致性的双方影响结果的片面关注而难以产生对双方具有对应性的影响结果的对应关注。

总之，现行简单关系论，从双方的一致性影响，切到对智力活动与非智力活动关系的理解，从实际教学活动中智力活动与非智力活动两者之间的对应性影响关系的实际需要来看，确实存在严重的简单性偏差并因此受到合理地反思与改造。

四、本节小结

综上所述，我们看到，现行简单关系论，从双方的一致性影响，切到对智力活动与非智力活动关系的理解，虽然能够把握到具有同一性的两者的相互影响关系，也能够把握到这种相互影响关系的根据并对实际教学活动中两者的一致性影响关系产生积极的作用；但是，却遮蔽了同时具有一致性与不一致以及自返性的两者的对应影响或对应教学。从思维运作看，现行简单关系论的偏蔽，是其主观思维的抽象泛化所导致的。从实际看，这种抽象泛化的思维或认识，对同时具有一致性与不一致以及自返性的智力活动与非智力活动两者的对应影响或对应教学活动，存在多方面的消极作用。因此，现行简单关系论，就必然被合理地反思与改造。

五、本节提示

在本节最后，需要做两点提示。一是，探寻现行智力活动与非智力活动的简单关系论的思维活动切入点的根据，就是现行简单关系论的内容；或者说，我们是通过现行简单关系论的基本内容而探寻到其思维活动切入点的。二是，对现行智力活动与非智力活动的简单关系论的思维活动切入点的遮蔽性分析，不是我们简单的主观分析，而是根据现行简单关系论所包含的主观思维活动切入点的所见与所不见而展开的——要特别注意，现行简单关系论所包含的简单静态的主观思维，必然会遮蔽与其对应的动态的客观事实。

附言：

1. 对智力活动与非智力活动关系的把握，当然可以从两者的一致性影响关系开始；但是，关于两者关系的理论，不能仅仅停留在这里。

2. 现行关于智力活动与非智力活动的关系理论，仅仅把握到两者的一致性影响，而把握不到不一致性影响，也把握不到自返性影响——这决定了现行的简单关系论，就不可能具有对应性的理论品质。

3. 现行关于智力活动与非智力活动的关系理论，仅仅把握到两者的一致性影响，而把握不到不一致性影响，也把握不到自返性影响——这为实际教学活动中，教师对学生机械的知识教授，提供了直接的认识上的支持。

4. 现行关于智力活动与非智力活动的关系理论，仅仅把握到两者的一致性影响，而把握不到不一致性影响，也把握不到自返性影响——这当然是典型的简单关系论；这种简单关系论，根本不可能揭示出智力活动与非智力活动关系的内在机理或内在机制。

5. 仅仅把握到智力活动与非智力活动之间的一致性关系的教师，就是典型的简单的教师；这种简单的教师，根本不可能具有反思的教学或教育品质。

6. 在实际教学活动中，智力活动与非智力活动，两者必然会具有一致性与不一致性以及自返性的对应关系——这直接决定了关于智力活动与非智力活动的教学，必然是一致性与不一致性以及自返性的对应教学。

第二节　对现行智力活动与非智力活动关系论的对应改造

切问：

1. 从动态的教学活动的事实看，现行关于智力活动与非智力活动的关系论所包含的“两者的一致性影响”，其实都是“两者的一致性与不一致性的对应性影响”吗？进一步，两者的这种对应性影响，又必然会引起两者的自返性影响吗？

2. 在教学活动中，智力活动与非智力活动两者的一致性与不一致性，都只能是在相互对应中才存在的属性吗——由此，就可以说，两者的一致性与不一致性是对应存在的吗？进一步，两者的这种对应性存在，又必然会产生两者的自返性存在吗？

3. 在教学活动中，智力活动与非智力活动两者的一致性与不一致性，必然会产生双向度的影响指向吗？由此，这种双向度的影响指向，又必然会产生两者自返性的影响指向吗？

4. 在教学活动中，智力活动与非智力活动两者的一致性与不一致性影响，必然会产生双方的影响结果吗？由此，这种双方的影响结果，又必然会产生双方自返性的影响结果吗？

5. 在教学活动中，智力活动与非智力活动两者的一致性与不一致性以及自返性，都不是抽象泛化的属性，而是具有边界对应关系的具体属性吗？我们需要从抽象泛化的思维，转换到具体的边界思维或对应思维吗？

6. 在教学活动中，智力活动与非智力活动两者，如果只有一致性的简单影响；那么，两者就只能产生简单的线性关系吗？而如果具有一致性与不一致性以及自返性的对应影响；那么，两者就会产生以这种对应影响为基础的对等关系吗？

一、对现行智力活动与非智力活动关系论所包含的泛化思维的对应改造

上一节我们谈到，现行智力活动与非智力活动的简单关系论，之所以存在偏蔽，是因为在其思维运作中存在抽象泛化的不足。因此，要改造现行的简单关系论，就必须改造其抽象泛化的主观思维。如何改造这种思维呢？这首先就需要摆脱现行简单关系论所包含的简单主观思维，而转向对教学活动中智力活动与非智力活动关系的事实或过程的关注——即由主观思维，转向事实思维。然后，还需要走出教学研究者简单泛化的抽象思维，而转向对教学活动中智力活动与非智力活动关系的客观与主观对应的边界思维——即由简单的泛化思维，转向对应的边界思维。

二、对现行智力活动与非智力活动关系论所包含的思维切入点的对应改造

现行简单关系论，从双方的一致性影响，切到对智力活动与非智力活动关系的理解；这一切入点本身并不存在问题。现行简单关系论的问题在于：从双方的一致性影响，切到对智力活动与非智力活动关系的理解；然而却并没有对两者动态影响的过程做出对应的考察，而是仅仅停留在两者的一致性影响这里，并将两者的动态关系简单地抽象为相互作用的关系。

在实际教学活动中，智力活动与非智力活动的动态影响的过程，又是怎样的呢？征之于实际，我们看到，因为在教学活动中，智力活动与非智力活动，是教学活动的两个不同维度；所以，两者绝不仅仅只有一致性影响关系，而且还必然会具有不一致性关系，如常言道，知难而进，或者，知难而退。其中由“知难”而引起的“进”与“退”，不就分明体现了智力活动与非智力活动的不一致性吗？同时，正是由于智力活动与非智力活动的一致性与不一致性影响的对应关系，产生了两者各自回返自身的自返性。由此，我们可以清楚地看到，在实际的教学活动中，智力活动与非智力活动，两者既具有一致性，又具有不一致性，还具有自返性；而不是现行简单关系论所把握到的两者的一致性。由此，我们就将现行简单关系论所包含的“两者的一致性影响”的切入点，改造为“两者的一致性与不一致性以及自返性对应影响”的切入点。

三、对现行智力活动与非智力活动关系论所包含的具体内容的对应改造

智力活动与非智力活动的对应关系论，从两者的对应影响，切到对两者关系的理解；能够对现行的简单关系论，做出哪些方面的改造呢？下面，分而论之。

第一，从智力活动与非智力活动关系的属性看，对应关系论，既能把握到两者的一致性，又能把握到两者的不一致性，还能把握到两者的自返性；而不是现行简单关系论所把握到的两者的一致性。这里的道理是：在教学活动中，智力活动与非智力活动，既然是教学活动的不同维度；那么，首先就要把握两者的不一致性。然后，在这种不一致性基础上，才能够把握两者的一致性。同时，由于不一致性与一致性的对应影响，所以，两者就必然产生自返性。这清楚地表明，在实际的教学活动中，智力活动与非智力活动，两者既有一致性，又有不一致性，还有自返性；而不可能是现行简单关系论所把握到的两者的一致性——这种片面的一致性，当然，只能是抽象泛化的形而上学的属性。

第二，从智力活动与非智力活动关系的影响指向看，对应关系论，既能把握到两者之间具有一致性的双向度影响指向，又能把握到两者之间具有不一致性的双向度影响指向，还能把握到两者双方的自返性影响指向；而不是现行简单关系论所把握到的两者之间只有一致性的双向度影响指向。这里的道理是：在教学活动中，智力活动与非智力活动，两者既有一致性，又有不一致性，还有自返性；所以，两者就必然会产生由对应影响所带来的具有一致性与不一致性的双向度影响指向与自返性影响指向。这清楚地表明，在教学活动中，智力活动与非智力活动，两者必然会具有一致性与不一致性的双向度的影响指向与自返性的影响指向；而不可能是现行简单关系论所把握到的两者之间具有一致性的双向度影响指向——这种具有简单性的影响指向，当然，也只能是抽象泛化的形而上学的影响指向。

第三，从智力活动与非智力活动关系的影响结果看，对应关系论，既能把握到两者具有一致性的双方影响结果，又能把握到两者具有不一致性的双方影响结果，还能把握到两者双方的自返性影响结果；而不是现行简单关系论所把握到的两者只有一致性的双方影响结果。这里的道理是：在教学活动中，智力活动与非智力活动，两者既有一致性影响指向，又有不一致性影响指向，还有自返性影响指向；所以，两者就必然会产生由对应影响指向所带来的具有一致性与不一致性的双方影响结果与自返性影响结果。这清楚地表明，在教学活动中，智力活动与非智力活动，两者必然会具有一致性与不一致性的双方影响结果与自返性的影响结果；而不可能是现行简单关系论所把握到的两者具有一致

性的双方影响结果——这种具有简单性的影响结果，当然，也只能是抽象泛化的形而上学的影响结果。

四、智力活动与非智力活动对应关系论的积极功能

智力活动与非智力活动的对应关系论，从两者的对应影响，切到对两者关系的理解；能够对实际的教学活动，产生哪些方面的积极影响呢？下面，分而论之。

第一，从智力活动与非智力活动关系的属性看，对应关系论，能够对实际的教学活动产生如下两方面的积极影响。一方面是，对应关系论，能够把握到智力活动与非智力活动两者的一致性与不一致性以及自返性；这不仅能够支持师生双方开展关于两者的一致性教学活动，而且能够支持师生双方通过反思去改变或调整两者的不一致性教学活动。鉴于现行简单关系论的遮蔽或偏差，我们愿意特别强调如下两点。第一点是，关注智力活动与非智力活动的不一致性。这里的关键是要走出人们熟悉的现行简单关系论的偏蔽，那就是认为智力活动与非智力活动两者只有一致性的观点——那当然是简单抽象思维泛化的后果。在对应思维看来，智力活动与非智力活动，两者必然会具有一致性与不一致性的对应关系；所以，不仅要关注两者关系的一致性，还要关注两者关系的不一致性。第二点是，关注智力活动与非智力活动两者的自返性。这里的关键也是要走出人们熟悉的现行简单关系论的偏蔽，那就是认为智力活动与非智力活动两者只有一致性的观点——那当然是简单抽象思维泛化的后果。在对应思维看来，智力活动与非智力活动，两者必然会具有一致性与不一致性的对应关系；并且，正是这种具有一致性与不一致性的对应关系，又必然产生了双方的自返性关系。所以，不仅要关注两者的一致性与不一致性，还要关注两者的自返性。另一方面是，对应关系论，既然能够把握到智力活动与非智力活动两者具有一致性与不一致性以及自返性，就能够支持师生双方建构出以两者一致性与不一致性以及自返性的相互对应为前提的对等教学关系或四线定位关系。这种四线定位关系的基本内容是：关注理想性的上线，即师生双方在智力活动与非智力活动两者具有一致性的前提下，走向和谐的教学，以实现智力活动与非智力活动两者的互补性变化或发展；关注过渡性的自返线，即师生双方在智力活动与非智力活动两者具有不一致性的前提下，返回到教学活动自身，以调整智力活动与非智力活动的关系；关注现实性的中线，即师生双方在智力活动与非智力活动两者具有不一致性的前提下，通过过渡性的自返线而走向关于智力活动与非智力活动的对话或讨论，以实现智力活动与非智力活动的生成性变化或发展；关注禁止性的底线，即师生双方在智力活动与非智力活动两者具有不一致性的

前提下，都不能破坏或割裂关于智力活动与非智力活动的对应教学关系。我们认为，在智力活动与非智力活动关系的属性维度上，经由四线定位的教学，师生双方就可以构建出以智力活动与非智力活动两者的一致性与不一致性以及自返性的对应为基础的，涉及理想、自返、现实与戒律的对等教学关系；由此，也可以规避由现行简单关系论关于智力活动与非智力活动两者只有一致性影响所必然导致的不对等教学关系。

第二，从智力活动与非智力活动关系的影响指向看，对应关系论，能够对实际的教学活动产生如下两方面的积极影响。一方面是，对应关系论，能够把握到智力活动与非智力活动两者具有一致性的双向度影响指向，也能够把握到两者具有不一致性的双向度影响指向，还能够把握到两者的自返性影响指向；因此，不仅能够支持智力活动与非智力活动两者的一致性影响，而且能够支持两者的不一致性影响，还能够支持两者的自返性影响。鉴于现行简单关系论的遮蔽或偏差，我们愿意特别强调如下两点。第一点是，关注智力活动与非智力活动两者具有不一致性影响指向。这里的关键是要走出人们熟悉的现行简单关系论的偏蔽，那就是认为智力活动与非智力活动两者只有一致性的双向度影响指向的观点——那当然是简单抽象思维泛化的后果。在对应思维看来，智力活动与非智力活动两者的双向度影响指向，必然是具有一致性与不一致性的双向度影响指向；所以，不仅要关注两者具有一致性的双向度影响指向，还要关注两者具有不一致性的双向度影响指向。第二点是，关注智力活动与非智力活动两者的自返性影响指向。这里的关键也是要走出人们熟悉的现行简单关系论的偏蔽，那就是认为智力活动与非智力活动两者只有一致性的双向度影响指向的观点——那当然是简单抽象思维泛化的后果。在对应思维看来，智力活动与非智力活动两者的双向度影响指向，必然是具有一致性与不一致性的双向度影响指向；并且，正是由于两者相互对应的双向度影响指向，必然会引起两者的自返性影响指向。所以，不仅要关注智力活动与非智力活动两者一致性与不一致性的双向度影响指向，还要关注两者的自返性影响指向。另一个方面是，对应关系论，既然能够把握到智力活动与非智力活动两者具有一致性的双向度影响指向，也能够把握到两者具有不一致性的双向度影响指向，还能够把握到两者的自返性影响指向；那么，就能够支持师生双方建构出以智力活动与非智力活动两者的一致性与不一致性以及自返性影响指向的对应为基础的对等影响关系或四线定位关系。这种四线定位关系的基本内容是：关注理想性的上线，即智力活动与非智力活动两者在双向度影响指向的一致性前提下，走向对等的教学，以实现两者的互补性变化或发展；关注过渡性的自返线，即智力活动与非智力活动两者在双向度影响指向的不一致性前提下，返回到自身，以反思或调整智力活动与非智力活动的关系；关注现实性的中线，即智力活动与非智力活动两者在双向度影响指向的不一致性前提下，通过返回自身的过渡而走向关于智力活动与非智力活动的对话或讨论，以实现两者的生成性变化或发展；关注禁止性的底线，即智力活动与非智力活动两者在双向度影响指向的不一致性前提下，都不能破坏或割裂智力活动与非智力活动的对应的教学关系。我们认为，在智力活动与非智力活动关系的影响指向维度上，经由四线定位的教学，师生双方就可以构建出以智力活动与非智力活动两者的双向度影响指向与自返性影响指向的对应为基础的涉及理想、自返、现实与戒律的对等教学关系；由此，也可以规避由现行简单关系论关于智力活动与非智力活动两者只有一致性的双向度影响指向所必然导致的不对等教学关系。

第三，从智力活动与非智力活动关系的影响结果看，对应关系论，能够对实际的教学活动产生如下两方面的积极影响。一方面是，对应关系论，能够把握到智力活动与非智力活动两者具有一致性的双方影响结果，也能够把握到两者具有不一致性的双方影响结果，还能够把握到两者的自返性影响结果；因此，不仅能够支持智力活动与非智力活动两者的一致性影响结果，而且能够支持两者的不一致性影响结果，还能够支持两者的自返性影响结果。鉴于现行简单关系论的遮蔽或偏差，我们愿意特别强调如下两点。第一点是，关注智力活动与非智力活动两者具有不一致性影响结果。这里的关键是要走出人们熟悉的现行简单关系论的偏蔽，那就是认为智力活动与非智力活动两者只有一致性的双方影响结果的观点——那当然是简单抽象思维泛化的后果。在对应思维看来，智力活动与非智力活动两者的双方影响结果，必然是具有一致性与不一致性的双方影响结果；所以，不仅要关注两者具有一致性的双方影响结果，还要关注两者具有不一致性的双方影响结果。第二点是，关注智力活动与非智力活动两者的自返性影响结果。这里的关键也是要走出人们熟悉的现行简单关系论的偏蔽，那就是认为智力活动与非智力活动两者只有一致性的双方影响结果的观点——那当然是简单抽象思维泛化的后果。在对应思维看来，智力活动与非智力活动两者的双方影响结果，必然是具有一致性与不一致性的双方影响结果；并且，正是由于两者相互对应的双方影响结果，必然会引起两者的自返性影响结果。所以，不仅要关注智力活动与非智力活动两者一致性与不一致性的双方影响结果，还要关注两者的自返性影响结果。另一个方面是，对应关系论，既然能够把握到智力活动与非智力活动两者具有一致性的双方影响结果，也能够把握到两者具有不一致性的双方影响结果，还能够把握到两者的自返性影响结果；那么，就能够支持师生双方建构出以智力活动与非智力活动两者的一致性与不一致性以及自返性影响结果的对应为基础的对等影响关系或四线定位关系。这种四线定位关系的基本内容是：关注理想性的上线，即智力活动与非智力活动两者在双方影响结果的一致性前提下，走向对等的教学，以实现两者的互补性变化或发展；关注过渡性的自返线，即智力活动与非智力活动两者在双方影响结果的不一致性前提下，返回到自身，以反思或调整智力活动与非智力活动的关系；关注现实性的中线，即智力活动与非智力活动两者在双方影响结果的不一致性前提下，通过返回自身的过渡而走向关于智力活动与非智力活动的对话或讨论，以实现两者的生成性变化或发展；关注禁止性的底线，即智力活动与非智力活动两者在双方影响结果的不一致性前提下，都不能破坏或割裂智力活动与非智力活动的对应的教学关系。我们认为，在智力活动与非智力活动关系的影响结果维度上，经由四线定位的教学，师生双方就可以构建出以智力活动与非智力活动两者的双方影响结果与自返性影响结果的对应为基础的，涉及理想、自返、现实与戒律的对等教学关系；由此，也可以规避由现行简单关系论关于智力活动与非智力活动两者只有一致性的双方影响结果所必然导致的不对等教学关系。

五、本节小结

综上所述，我们对现行智力活动与非智力活动的简单关系论的改造，涉及三层基本内容。一是，首先，由现行简单关系论所包含的主观思维路线，转换到事实思维路线；然后，在事实思维路线基础上，将现行简单关系论所包含的主观泛化的思维路线，改造为主观与客观的对应思维路线。二是，在对应思维路线上，将现行简单关系论所包含的认识两者关系的“两者的一致性影响”的思维切入点，改造为“两者的一致性与不一致性以及自返性的对应影响”的思维切入点。三是，在“两者的一致性与不一致性以及自返性的对应影响”视野中，分别对智力活动与非智力活动关系的属性、影响指向与影响结果这些基本教学关系，做出了对应的考察。最后，我们分别考察了对应关系论，在智力活动与非智力活动关系的属性、影响指向与影响结果这些基本维度上，对实际的教学活动所产生的积极影响；以推动人们从现行的简单关系论，转换到对应关系论或四线定位的关系论。

为了更简明地把握两种关系论的不同，我们不妨将其中所包含的不同思维路线，做出如下比较。

现行智力活动与非智力活动的简单关系论的单线定位路线——在教学活动

中，智力活动与非智力活动的关系，就是两者具有一致性的影响关系——这里需要特别注意，简单关系论，仅仅是关于智力活动与非智力活动的一致性影响的单一思维路线的反映。

智力活动与非智力活动的对应关系论的四线定位路线——在教学活动中，智力活动与非智力活动的关系，就是两者具有一致性与不一致性以及自返性的对应影响关系；它包含两者对应影响的理想的上线、过渡的自返线、现实的中线以及戒律的底线——这里需要特别注意，对应关系论，是关于智力活动与非智力活动的对应影响的理想、自返、现实与戒律的四条思维路线的反映。

六、本节提示

在本节最后，需要做两点提示。一是，由“两者的一致性影响”到“两者的一致性与不一致性以及自返性的对应影响”的过渡环节，就是由对教学活动中智力活动与非智力活动关系的静态的主观抽象思维，转向对教学活动中智力活动与非智力活动关系的动态的客观与主观的对应思维。二是，由“两者的一致性影响”到“两者的自返性影响”的过渡环节，就是在教学活动中所必然产生的“两者的不一致性影响”。不了解智力活动与非智力活动两者在教学活动中所产生的不一致性影响这一动态过程，就很难把握两者自返性影响的客观生成。

附言：

1. 在静态的主观思维中，智力活动与非智力活动两者的一致性关系；在动态的教学活动中，其实，都是两者的一致性与不一致性以及自返性关系。

2. 对智力活动与非智力活动的一致性与不一致性以及自返性关系的认识，都应该是具体的边界认识，而不能是抽象的泛化认识。

3. 仅仅把握到智力活动与非智力活动两者一致性关系的现行教学理论，必然是主观性泛化的简单教学论；此种教学论，必然会导致对教学活动客观事实的轻视甚至忽视。

4. 智力活动与非智力活动两者的不一致性所生成的张力，正是推动师生双方反思教学活动中的问题或不足的内在动力。

5. 仅仅明白智力活动与非智力活动两者的一致性而不能同时明白不一致性与自返性关系的学生，其实，也就是简单的学生。这种简单的学生，根本不可能产生对应学习的品质。

6. 智力活动与非智力活动两者的一致性与不一致性以及自返性关系，共同构成关于智力活动与非智力活动的对应教学的内在机理或机制。

第十章

对现行教师主导与学生主动性关系论的遮蔽性分析与对应改造

第一节　对现行教师主导与学生主动性关系论的遮蔽性分析

切问：

1. 现行教学理论认为，教师主导与学生主动性的关系是主要矛盾与次要矛盾的关系；其理解两者关系的思维活动的切入点在哪里？我们如何才能探索到其思维活动的切入点？

2. 现行关于教师主导与学生主动性的关系论，从自己理解两者关系的切入点上，能够把握到两者关系哪些方面的内容呢？

3. 现行关于教师主导与学生主动性关系论的根据是什么？这种关系论，对实际的教学活动会产生哪些积极作用？

4. 现行关于教师主导与学生主动性的关系论，从自己理解两者关系的切入点上，在对两者关系有所把握的同时，却又遮蔽了哪些内容呢？

5. 在思维运行中，现行关于教师主导与学生主动性的关系论，存在遮蔽的根源在哪里？

6. 现行关于教师主导与学生主动性的关系论，对实际的教学活动会产生怎样的消极作用？

一、现行教师主导与学生主动性关系论的内容、属性及其思维活动的切入点

（一）现行教师主导与学生主动性关系论的内容

关于教师主导与学生主动性的关系，现行教学理论有一个基本判断，那就

是“在教学过程中，教师的教一般是矛盾的主要方面”①。从这种理解中，我们很容易看到，现行教学理论，将教师的教，规定为矛盾的主要方面——这当然也就意味着，学生的学，则是矛盾的次要方面。由此，我们就可以看到，按照现行教学理论的理解，教师主导与学生主动性的关系，也就是主要矛盾与次要矛盾的关系。简单地说，在现行教学理论的视野中，教师主导与学生主动性的关系，也就是主要与次要矛盾的关系——这就是现行教师主导与学生主动性关系论的基本内容。

（二）现行教师主导与学生主动性关系论的属性

现行教师主导与学生主动性的关系论，具有怎样的属性呢？

按照现行教学论的理解，教师主导与学生主动性的关系，也就是主要与次要矛盾的关系。实际教学活动中的双方关系，果真是这样的吗？在教学活动的备课或上课环节，教师的作用，可以表现为矛盾的主要方面，或者说，可以起到主导作用；与此对应地，学生的主动性，可以表现为矛盾的次要方面。但是，在教学活动的课外作业或课外活动环节，教师的作用，难道还能够表现为矛盾的主要方面吗？在此环节上，教师的作用，难道不是矛盾的次要方面吗？与此对应地，学生的主动性，难道还能够表现为矛盾的次要方面吗？在此环节上，学生的主动性，难道不是矛盾的主要方面吗？在具体的教学活动中，如果师生双方的关系确实处于主要与次要矛盾的动态变化之中；那么，师生双方就必然会产生返回自身以便调整自己与对方关系的自返性吗——这难道不是意味着师生双方变化的主要与次要矛盾的关系必然会带来师生双方的自返性关系吗？从上面的引文中，我们不难发现，现行教学论，根本无视实际教学活动中的这些具有内在对应性关系的问题，仅仅从自己的主观愿望或主观价值出发，一厢情愿地将两者之间的关系抽象规定为主要与次要矛盾的关系——由此，我们就可以有根据地说，现行教师主导与学生主动性关系论的属性，就是片面性或简单性。正因为如此，所以，我们也将现行教师主导与学生主动性的关系论以术语表达为简单关系论。

（三）现行简单关系论的思维活动的切入点

现行简单关系论，既然认为教师主导与学生主动性的关系是主要与次要矛盾的关系；那么，我们就可以据此逆向推论出现行简单关系论的思维活动的起点或切入点，那就是“对教师主要性与学生次要性的简单比较”，简言之，也就是“对师生双方主要性与次要性的简单比较”。正向地表达，现行简单关系论，

① 王道俊，郭文安．教育学［M］．北京：人民教育出版社，2009：207.

从师生双方的简单比较，切到对教师主导与学生主动性关系的理解；由此，才认为双方关系是主要与次要矛盾的关系。

二、现行简单关系论的所见、根据及其积极功能

（一）现行简单关系论的所见

现行简单关系论，从对师生双方的简单比较，切到对双方关系的理解或定位，能够定位出双方关系哪些方面的内容呢？一是，从双方关系属性看，现行简单关系论，能够定位出教师一方的主要性与学生一方的次要性。关于教师一方的主要性，那就是表现在上面引文中的“教师的教一般是矛盾的主要方面”；关于学生一方的次要性，则可以由教师的主要性而做出逻辑的推论。二是，从双方关系的影响指向看，现行简单关系论，能够定位出具有主要性的教师一方，对具有次要性的学生一方的影响指向。套用现行教学理论的表达，那也就是，教师对学生的“主导”或“引导”。三是，从双方关系的影响结果看，现行简单关系论，能够定位出具有主要性的教师一方，对具有次要性的学生一方的影响结果。套用现行教学理论的表达，那也就是，在教师的主导或引导下学生获得了发展。总之，现行简单关系论，从对师生双方的简单比较，切到对双方关系的理解或定位，能够定位出的基本内容，也就是：具有主要性的教师，对具有次要性的学生的影响或改造。

（二）现行简单关系论的根据

现行简单关系论，从对师生双方的简单比较，切到对双方关系的理解，所把握到的基本内容，是有根据的吗？一是，从双方关系的属性看，现行简单关系论，能够把握到教师一方的主要性与学生一方的次要性。从教学活动的事实看，正如现行教学理论所说的：“教师是教育者，他受社会的委托，代表社会的利益，执行社会对教学的要求；他受过专门训练，精通所教的专业知识，了解学生的身心发展，懂得如何组织和进行教学。”① 所以，现行简单关系论所把握到的教师的主要性与学生的次要性，就是有根据的。二是，从双方关系的影响指向看，现行简单关系论，能够把握到具有主要性的教师一方，对具有次要性的学生一方的影响指向。很明显地，这里的根据就是：因为教师一方具有主要性而学生一方则具有次要性。三是，从双方关系的影响结果看，现行简单关系论，能够把握到具有主要性的教师一方，对具有次要性的学生一方的影响结果。

---

① 王道俊，郭文安．教育学［M］．北京：人民教育出版社，2009：207.

同样很明显地，这里的根据就是：因为具有主要性的教师一方，对具有次要性的学生一方具有影响指向。总之，现行简单关系论，从对师生双方的简单比较，切到对双方关系的理解，所把握到的基本内容，从教学活动中教师一方对学生一方的影响或改造来看，都是有根据的，因而也就是合理的。

（三）现行简单关系论的积极功能

现行简单关系论，从对师生双方的简单比较，切到对双方关系的理解，所把握到的基本内容，对于实际的教学活动，都具有积极的功能或价值。一是，从双方关系的属性看，现行简单关系论，能够把握到教师一方的主要性与学生一方的次要性；这能够支持教师明确双方的属性并开展自己的教学活动，也能够支持学生明确双方的属性并开展自己的学习活动。二是，从双方关系的影响指向看，现行简单关系论，能够把握到具有主要性的教师一方对具有次要性的学生一方的影响指向；这能够支持教师对学生的影响指向，也能够支持学生接受教师的影响指向。三是，从双方关系的影响结果看，现行简单关系论，能够把握到具有主要性的教师一方对具有次要性的学生一方的影响结果；这能够支持教师去影响或改造学生，也能够支持学生接受教师的影响或改造。总之，现行简单关系论，从对师生双方的简单比较，切到对双方关系的理解，所把握到的基本内容，从教学活动中教师对学生的影响或改造来看，都具有积极的价值或作用。

三、现行简单关系论的偏蔽、根源及其消极功能

（一）现行简单关系论的偏蔽

现行简单关系论，从对师生双方的简单比较，切到对双方关系的理解，在有所见或有所把握的同时，却又遗漏或遮蔽了哪些内容呢？一是，从双方关系的属性看，现行简单关系论，在把握到教师一方的主要性与学生一方的次要性的同时，却遮蔽了教师一方的次要性与学生一方的主要性；进一步，还遮蔽了师生双方由主要性与次要性所必然产生的回返自身的属性即自返性。二是，从双方关系的影响指向看，现行简单关系论，在把握到具有主要性的教师一方对具有次要性的学生一方的影响指向的同时，却遮蔽了具有主要性的学生一方对具有次要性的教师一方的影响指向；进一步，还遮蔽了师生双方由双向度影响指向所必然产生的自返性影响指向。三是，从双方关系的影响结果看，现行简单关系论，在把握到具有主要性的教师一方对具有次要性的学生一方的影响结果的同时，却遮蔽了具有主要性的学生一方对具有次要性的教师一方的影响结果；进一步，还遮蔽了师生双方由于相互影响所必然产生的自返性影响结果。

总之，现行简单关系论，从对师生双方的简单比较，切到对双方关系的理解，在把握到具有主要性的教师对具有次要性的学生的影响或改造的同时，却遮蔽了具有主要性的学生对具有次要性的教师的影响或改造；进一步，还遮蔽了师生双方具有自返性的影响或改造。

（二）现行简单关系论偏蔽的根源

从思维运作看，现行简单关系论，所以存在上述偏蔽，就是因为其主观抽象思维的泛化。一是，从双方关系的属性看，教师与学生双方，在实际的教学活动中，都处于主要矛盾与次要矛盾的对应转换过程之中，像前面我们提到的，在备课或上课环节，教师处于矛盾的主要方面而学生处于次要方面；在课外作用或课外活动环节，教师则处于矛盾的次要方面而学生则处于主要方面。同时，正是因为师生双方都处于主要矛盾与次要矛盾的对应转换过程之中，所以必然产生了师生双方回返自身的自返性关系。这清楚地表明，在实际的教学活动中，师生双方，都会同时具有主要性与次要性以及自返性。然而，现行简单关系论，在其主观思维中，片面地抽取出教师的主要性与学生的次要性，并以偏概全地泛指师生双方在教学活动中生成的对应属性；由此，便遮蔽了教师的次要性与学生的主要性，还遮蔽了师生双方的自返性。二是，从双方关系的影响指向看，既然师生双方分别具有主要性与次要性以及自返性；那么，师生双方就必然会具有由主要性指向次要性的双向度影响指向以及自返性影响指向。然而，现行简单关系论，却在其主观思维中，片面地抽取出具有主要性的教师对具有次要性的学生的影响指向，并以偏概全地泛指师生双方在教学活动中所生成的对应影响指向；由此，便遮蔽了具有主要性的学生对具有次要性的教师的影响指向，还遮蔽了师生双方的自返性影响指向。三是，从双方关系的影响结果看，既然师生双方分别具有主要性与次要性以及自返性，既然师生双方也具有由主要性指向次要性的双向度影响指向以及自返性影响指向；那么，师生双方就必然会具有由主要性指向次要性的双方影响结果以及自返性影响结果。然而，现行简单关系论，在其主观思维中，片面地抽取出具有主要性的教师对具有次要性的学生的影响结果，并以偏概全地泛指师生双方在教学活动中所生成的对应影响结果；由此，便遮蔽了具有主要性的学生对具有次要性的教师的影响结果，还遮蔽了师生双方的自返性影响结果。

（三）现行简单关系论的消极功能

现行简单关系论，从对师生双方的简单比较，切到对双方关系的理解，在有所把握的同时，却又存在偏蔽。这些认识或思维中的偏蔽，对实际的教学活动，会产生哪些消极影响呢？

一是，从双方关系的属性看，现行简单关系论，在把握到教师一方的主要性与学生一方的次要性的同时，却遮蔽了教师一方的次要性与学生一方的主要性；进一步，还遮蔽了师生双方由主要性与次要性所必然产生的回返自身的属性即自返性。由此，便直接导致了两个方面的不足性。从教师方面看，教师仅仅把握到自己的主要性与学生的次要性，便必然会产生对双方关系的片面关注而难以产生对双方关系的对应关注；从学生方面看，学生仅仅把握到自己的次要性与教师的主要性，也必然会产生对双方关系的片面关注而难以产生对双方关系的对应关注。

二是，从双方关系的影响指向看，现行简单关系论，在把握到具有主要性的教师一方对具有次要性的学生一方的影响指向的同时，却遮蔽了具有主要性的学生一方对具有次要性的教师一方的影响指向；进一步，还遮蔽了师生双方由双向度影响指向所必然产生的自返性影响指向。由此，便直接导致了两个方面的不足性。从教师方面看，教师仅仅把握到自己对学生的影响指向，便必然会产生对这种单一影响指向的片面关注而难以产生对师生双方双向度影响指向与自返性影响指向的对应关注；从学生方面看，学生仅仅把握到教师对自己的影响指向，也必然会产生对这种单一影响指向的片面接受而难以产生对师生双方双向度影响指向与自返性影响指向的对应关注。

三是，从双方关系的影响结果看，现行简单关系论，在把握到具有主要性的教师一方对具有次要性的学生一方的影响结果的同时，却遮蔽了具有主要性的学生一方对具有次要性的教师一方的影响结果；进一步，还遮蔽了师生双方由于相互影响所必然产生的自返性影响结果。由此，便直接导致了两个方面的不足性。从教师方面看，教师仅仅把握到自己对学生的影响结果，便必然会产生对这种单一影响结果的片面关注而难以产生对师生双方影响结果与自返性影响结果的对应关注；从学生方面看，学生仅仅把握到教师对自己的影响结果，也必然会产生对这种单一影响结果的片面关注而难以产生对师生双方影响结果与自返性影响结果的对应关注。

总之，现行简单关系论，从对师生双方的简单比较，切到对双方关系的理解，从实际教学活动中师生双方的对应影响或对应教学来看，确实存在严重的简单性偏差并因此受到合理地反思与改造。

四、本节小结

综上所述，我们看到，现行简单关系论，从对师生双方的简单比较，切到对双方关系的理解，虽然能够把握到具有主要性的教师一方对具有次要性的学生一方的影响，也能够把握到这种简单影响的根据并对实际的简单教学活动产生积极的作用；但是，遮蔽了同时具有主要性与次要性以及自返性的师生双方的对应影响或对应教学。从思维运作看，现行简单关系论的偏蔽，是由其主观思维的抽象泛化所导致的。从实际看，这种抽象泛化的思维或认识，对师生双方以主要性与次要性以及自返性的对应影响为基础的对应教学活动存在多方面的消极作用。因此，现行简单关系论，就必然被合理地反思与改造。

五、本节提示

在本节最后，需要做两点提示。一是，探寻现行关于教师主导与学生主动性关系论的思维活动切入点的根据，就是现行简单关系论的内容；或者说，我们是通过现行简单关系论的基本内容而探寻到其思维活动切入点的。二是，对现行关于教师主导与学生主动性关系论的思维活动切入点的遮蔽性分析，不是我们简单的主观分析，而是根据现行简单关系论所包含的主观思维活动切入点的所见与所不见而展开的——要特别注意，现行简单关系论所包含的简单静态的主观思维，必然会遮蔽与其对应的动态的客观事实。

附言：

1. 对师生关系或教学关系的把握，当然可以从对双方的比较开始；但是，这种比较，不能是简单片面的比较。

2. 现行教学关系论，仅仅能够把握到教学的主次关系——这种简单关系论，必然会衍生出对学生学习的轻视甚至忽视。

3. 现行教学关系论，仅仅能够把握到教学的主次关系，却把握不到对应关系——此种关系论，很容易陷入等级性的或不对等的教学关系。

4. 现行教学关系论，仅仅能够把握到教学的主次关系，却把握不到自返性关系——这种简单关系论，根本不可能具有反思的理论品质。

5. 仅仅把握到教学主次关系的教师，就是典型的简单的教师；这种简单的教师，根本不可能具有反思的教学或教育品质。

6. 在实际的教学活动中，师生双方或教学双方，必然会具有主要性与次要性以及自返性的对应性——这直接决定了师生双方的教学，必然是关于双方的主要性与次要性以及自返性的对应教学。

第二节 对现行教师主导与学生主动性关系论的对应改造

切问：

1. 从动态的教学活动的事实看，现行教师主导与学生主动性关系论所包含的“对师生双方主要性与次要性的简单比较”，其实都是“对师生双方主要性与次要性的对应性比较”吗？进一步，师生双方主要性与次要性的对应性比较，又必然会引起师生双方的自返性比较吗？

2. 在教学活动中，师生双方的主要性与次要性，都只能是在相互对应中才存在的属性吗——由此，就可以说，师生双方的主要性与次要性是对应存在的吗？进一步，师生双方的主要性与次要性的对应存在，又必然会产生师生双方的自返性吗？

3. 教师对于学生的影响指向，必然会引起学生反向的回应吗？而学生的反向回应，又必然会引起教师反向的回应吗？由此，师生双方双向度的影响指向，又必然会引起双方的自返性影响指向吗？

4. 教师对于学生的影响，必然会产生对于学生的影响结果吗？这种影响结果，又必然会对教师产生影响结果吗？由此，师生双方相互影响的结果，又必然会引起双方的自返性影响结果吗？

5. 在实际的教学活动中，师生双方的主要性与次要性以及自返性，都不是抽象泛化的属性，而是具有边界对应关系的具体属性吗？我们需要从抽象泛化的思维，转换到具体的边界思维或对应思维吗？

6. 在教学活动中，如果只有师生双方的主次关系；那么，师生双方就只能产生等级性的或不对等的教学关系吗？而如果师生双方都具有主要性与次要性以及自返性的对应关系；那么，师生双方就会产生以这种对应影响为基础的对等关系吗？

一、对现行教师主导与学生主动性关系论所包含的泛化思维的对应改造

上一节我们谈到，现行关于教师主导与学生主动性的简单关系论，之所以存在偏蔽，是因为在其思维运作中存在抽象泛化的不足。因此，要改造现行简单关系论，就必须改造其抽象泛化的主观思维。如何改造这种思维呢？这首先就需要摆脱现行简单关系论所包含的简单主观思维，而转向对教学活动中师生

关系或教学关系的事实或过程的关注——即由主观思维，转向事实思维。然后，还需要走出教学研究者简单泛化的抽象思维，而转向对教学活动中师生关系或教学关系的客观与主观对应的边界思维——即由简单的泛化思维，转向对应的边界思维。

二、对现行教师主导与学生主动性关系论所包含的思维切入点的对应改造

现行简单关系论，从对师生双方主要性与次要性的简单比较，切到对师生关系的理解；这一切入点本身并不存在问题。现行简单关系论的问题在于：从对师生双方关系的简单比较开始，切到对双方关系的理解；然而并没有对双方关系的动态转换过程做出对应的考察，而是仅仅停留在对双方关系的静态比较这里，并将双方活动的动态关系简单地抽象为主要与次要的关系。

实际教学活动中师生双方或教学双方的动态影响过程，又是怎样的呢？征之于实际，我们看到，在教学活动的某些环节，如，教师的讲授或做示范的环节；教师的作用，当然可以说是主要的，而学生的作用，则是次要的。在教学活动另外的某些环节，如学生的练习或操作的环节；学生的作用，当然就可以说是主要的，而教师的作用，则是次要的。同时，正是因为师生双方的主要性与次要性的这种不同转换，必然带来了师生双方返回自身的自返性。由此，我们可以清楚地看到，师生双方或教学双方的主要性与次要性以及自返性，都只能是在相互对应的动态教学过程中才能成为具体的属性；而现行简单关系论所把握到的教师的主要性与学生的次要性，则不过是静态抽象思维的片面而僵化的属性。由此，我们就将现行简单关系论所包含的“对师生双方主要性与次要性的简单比较”的切入点，改造为“对师生双方主要性与次要性以及自返性的对应比较”的切入点；简言之，也就是将现行简单关系论所包含的“对师生双方简单比较”的切入点，改造为“对师生双方对应比较”的切入点。

三、对现行简单关系论所包含的具体内容的对应改造

师生双方或教学双方的对应关系论，从师生双方的对应比较，切到对双方关系的理解；能够对现行的简单关系论，做出哪些方面的改造呢？下面，分而论之。

第一，从双方关系的属性看，对应关系论，既能把握到师生双方的主要性，又能把握到师生双方的次要性，还能把握到师生双方的自返性；而不是现行简单关系论所把握到的教师一方的主要性与学生一方的次要性。这里的道理是：正像我们在上面分析的那样，在教学活动的不同环节或不同情境中，师生双方

的主要性与次要性以及自返性，都只能是在相互对应的转换中才能相互彰显的属性；而不可能是现行简单关系论所把握到的片面而僵化的教师一方的主要性与学生一方的次要性——这种片面的属性，当然，只能是抽象泛化的形而上学的属性。

第二，从双方关系的影响指向看，对应关系论，既能把握到教师对学生的影响指向，又能把握到学生对教师的影响指向，还能把握到师生双方的自返性影响指向；而不是现行简单关系论所把握到的教师对学生单向度的影响指向。这里的道理是：在教学活动中，教师对学生的影响指向，必然会引起学生反向的回应；而这种反向回应，又必然会引起教师的回应。由此，双方之间双向度的影响指向，又必然会产生双方自返性的影响指向。这清楚地表明，师生双方的影响指向，必然是双向度的影响指向与自返性的影响指向；而不可能是现行简单关系论所把握到的教师对学生单向度的影响指向——这种单向度的影响指向，当然，也只能是抽象泛化的形而上学的影响指向。

第三，从双方关系的影响结果看，对应关系论，既能把握到教师对学生的影响结果，又能把握到学生对教师的影响结果，还能把握到师生双方的自返性影响结果；而不是现行简单关系论所把握到的教师对学生单方面的影响结果。这里的道理是：在教学活动中，教师对学生的影响，必然会产生对学生的影响结果；而这种结果，又必然会产生对教师的影响结果。由此，师生双方的影响结果，又必然会产生双方的自返性影响结果。这清楚地表明，师生双方的影响结果，必然是双方的影响结果与自返性的影响结果；而不可能是现行简单关系论所把握到的教师对学生单方面的影响结果——这种单方面的影响结果，当然，也只能是抽象泛化的形而上学的影响结果。

四、师生双方对应关系论的积极功能

师生双方的对应关系论，从师生双方的对应比较，切到对双方关系的理解，能够对实际的教学活动，产生哪些方面的积极影响呢？下面，分而论之。

第一，从双方关系的属性看，对应关系论，能够对实际的教学活动产生如下三方面的积极影响。一方面是，对应关系论，能够把握到教师一方的主要性与次要性以及自返性；因此，不仅能够支持教师发挥自己的主要性，而且能够支持教师在反思自己的基础上保持自己的次要性，以便保障学生发挥自己的主要性。另一方面是，对应关系论，能够把握到学生一方的主要性与次要性以及自返性；因此，不仅能够支持学生发挥自己的主要性，而且还能够支持学生在反思自己的基础上保持自己的次要性，以便保障教师发挥自己的主要性。最后一个方面是，对应关系论，既然能够把握到师生双方的主要性与次要性以及自返性；那么，就能够支持师生双方建构出以双方主要性与次要性以及自返性的对应为基础的对等教学关系。鉴于现行简单关系论的遮蔽或偏差，我们愿意特别强调如下三点。第一点是，关注教师的次要性与学生的主要性。这里的关键是要走出人们熟悉的现行简单关系论的偏蔽，那就是认为教师一方与学生一方的关系就是主要性与次要性关系的观点——那当然是简单抽象思维泛化的后果。在对应思维看来，师生双方，都分别具有自己的主要性与次要性；所以，就不仅要关注教师一方的主要性与学生一方的次要性，而且还要关注教师一方的次要性与学生一方的主要性。第二点是，关注师生双方的自返性。这里的关键也是要走出人们熟悉的现行简单关系论的偏蔽，那就是认为教师一方与学生一方的关系就是主要性与次要性关系的观点——那当然是简单抽象思维泛化的后果。在对应思维看来，师生双方，不仅都分别具有自己的主要性与次要性；而且，正是由于双方主要性与次要性的对应转换，必然产生了双方的自返性。所以，不仅要关注师生双方的主要性与次要性，还要关注师生双方的自返性。第三点是，关注师生双方在关系属性维度上对等定位的教学关系即四线定位的教学关系。这种四线定位关系的基本内容是：关注理想性的上线，即在师生双方主要性与次要性的一致性前提下，走向对等的教学，以实现双方的互补性变化或发展；关注过渡性的自返线，即在师生双方主要性与次要性的不一致性前提下，返回到自身，以反思或调整自己与对方的关系；关注现实性的中线，即在师生双方主要性与次要性的不一致性前提下，通过返回自身的过渡而走向对话与讨论，以实现双方的生成性变化或发展；关注禁止性的底线，即在师生双方主要性与次要性的不一致性前提下，都不能破坏或割裂对应的教学关系，以保障双方对话或讨论的顺利进行。我们认为，在双方关系的属性维度上，经由四线定位的教学，师生双方就可以构建出以师生双方主要性与次要性以及自返性的对应为基础的，涉及理想、自返、现实与戒律的对等教学关系；由此，也可以规避由现行简单关系论的教师主要性与学生次要性所必然导致的不对等教学关系。

第二，从双方关系的影响指向看，对应关系论，能够对实际的教学活动产生如下三方面的积极影响。一方面是，对应关系论，能够把握到教师对学生的影响指向，也能够把握到学生对教师的影响指向，还能够把握到教师的自返性影响指向；因此，不仅能够支持教师对学生的影响，而且能够支持学生对教师的影响，而且还能够支持教师的自返性影响。另一方面是，对应关系论，能够把握到学生对教师的影响指向，也能够把握到教师对学生的影响指向，还能够把握到学生的自返性影响指向；因此，不仅能够支持学生对教师的影响，而且能够支持教师对学生的影响，而且还能够支持学生的自返性影响。最后一个方面是，对应关系论，既能把握到教师对学生的影响指向，又能把握到学生对教师的影响指向，还能把握到师生双方的自返性影响指向；因此，能够支持师生双方建构出以双方的双向度影响指向与自返性影响指向的对应为基础的对等影响关系。鉴于现行简单关系论的遮蔽或偏差，我们愿意特别强调如下三点。第一点是，关注学生对教师的影响指向。这里的关键是要走出人们熟悉的现行简单关系论的偏蔽，那就是认为教学指向是教师对学生单向度影响的观点——那当然是简单抽象思维泛化的后果。在对应思维看来，教学指向，必然是师生双方对应的双向度的影响；所以，不仅要关注教师对学生的影响指向，还要关注学生对教师的影响指向。第二点是，关注师生双方的自返性影响指向。这里的关键也是要走出人们熟悉的现行简单关系论的偏蔽，那就是认为教学指向是教师对学生单向度影响的观点——那当然是简单抽象思维泛化的后果。在对应思维看来，教学指向，不仅是师生双方对应的双向度的影响；并且，正是由于双方对应的影响指向，必然会引起双方的自返性影响指向。所以，不仅要关注师生双方的对应影响指向，还要关注双方的自返性影响指向。第三点是，关注师生双方在影响指向维度上对等定位的教学关系即四线定位的教学关系。既然师生双方具有双向度的影响指向与自返性的影响指向；那么，师生双方就要关注在双向度影响指向与自返性影响指向一致性与不一致性前提下的四线定位关系。这种四线定位关系的基本内容是：关注理想性的上线，即师生双方在双向度影响指向的一致性前提下，走向对等的教学，以实现双方的互补性变化或发展；关注过渡性的自返线，即师生双方在双向度影响指向的不一致性前提下，返回到自身，以反思或调整自己与对方的关系；关注现实性的中线，即师生双在双向度影响指向的不一致性前提下，通过返回自身的过渡而走向对话或讨论，以实现双方的生成性变化或发展；关注禁止性的底线，即师生双方在双向度影响指向的不一致性前提下，都不能破坏或割裂对应的教学关系。我们认为，在师生双方的影响指向维度上，经由四线定位的教学，师生双方就可以构建出以师生双方的双向度影响指向与自返性影响指向的对应为基础的，涉及理想、自返、现实与戒律的对等教学关系；由此，也可以规避由现行简单关系论的单向度影响指向所必然导致的不对等教学关系。

第三，从双方关系的影响结果看，对应关系论，能够对实际的教学活动产生如下三方面的积极影响。一方面是，对应关系论，能够把握到教师对学生的影响结果，也能够把握到学生对教师的影响结果，还能够把握到教师的自返性影响结果；因此，不仅能够支持教师对学生的影响结果，而且能够支持学生对教师的影响结果，而且还能够支持教师的自返性影响结果。另一方面是，对应关系论，能够把握到学生对教师的影响结果，也能够把握到教师对学生的影响结果，还能够把握到学生的自返性影响结果；因此，不仅能够支持学生对教师的影响结果，而且能够支持教师对学生的影响结果，而且还能够支持学生的自返性影响结果。最后一个方面是，对应关系论，既能把握到教师对学生的影响结果，又能把握到学生对教师的影响结果，还能把握到师生双方的自返性影响结果；因此，能够支持师生双方建构出以双方影响结果与自返性影响结果的对应为基础的对等影响关系。鉴于现行简单关系论的遮蔽或偏差，我们愿意特别强调如下三点。第一点是，关注学生对教师的影响结果。这里的关键是要走出人们熟悉的现行简单关系论的偏蔽，那就是认为教学结果是教师对学生单方面影响结果的观点——那当然是简单抽象思维泛化的后果。在对应思维看来，教学结果，必然是师生双方对应的影响结果；所以，不仅要关注教师对学生的影响结果，还要关注学生对教师的影响结果。第二点是，关注师生双方的自返性影响结果。这里的关键也是要走出人们熟悉的现行简单关系论的偏蔽，那就是认为教学结果是教师对学生单方面影响结果的观点——那当然是简单抽象思维泛化的后果。在对应思维看来，教学结果，不仅是师生双方对应的影响结果；并且，正是由于双方对应的影响结果，必然会引起双方的自返性影响结果。所以，不仅要关注师生双方的对应影响结果，还要关注双方的自返性影响结果。第三点是，关注师生双方在影响结果维度上对等定位的教学关系即四线定位的教学关系。既然师生双方具有相互的影响结果与自返性的影响结果；那么，师生双方就要关注在双方影响结果与自返性影响结果一致性与不一致性前提下的四线定位关系。这种四线定位关系的基本内容是：关注理想性的上线，即师生双方在双方影响结果的一致性前提下，走向对等的教学，以实现双方的互补性变化或发展；关注过渡性的自返线，即师生双方在双方影响结果的不一致性前提下，返回到自身，以反思或调整自己与对方的关系；关注现实性的中线，即师生双在双方影响结果的不一致性前提下，通过返回自身的过渡而走向对话或讨论，以实现双方的生成性变化或发展；关注禁止性的底线，即师生双方在双方影响结果的不一致性前提下，都不能破坏或割裂对应的教学关系。我们认为，在师生双方的影响结果维度上，经由四线定位的教学，师生双方就可以构建出以师生双方的影响结果与自返性影响结果的对应为基础的，涉及理想、自返、现实与戒律的对等教学关系；由此，也可以规避由现行简单关系论的单方面影响结果所必然导致的不对等教学关系。

五、本节小结

综上所述，我们对现行教师主导与学生主动性的简单关系论的改造，涉及三层基本内容。一是，首先，由现行简单关系论所包含的主观思维路线，转换到事实思维路线；然后，在事实思维路线基础上，将现行简单关系论所包含的主观泛化的思维路线，改造为主观与客观的对应思维路线。二是，在对应思维路线上，将现行简单关系论所包含的认识双方关系的“对师生双方主要性与次要性的简单比较”的思维切入点，改造为“对师生双方主要性与次要性以及自返性的对应比较”的思维切入点。三是，在“对师生双方主要性与次要性以及自返性的对应比较”视野中，分别对师生双方关系的属性、影响指向与影响结果这些基本教学关系，做出了对应的考察。最后，我们分别考察了对应关系论，在双方关系的属性、影响指向与影响结果这些基本维度上，对实际的教学活动所产生的积极影响，以推动人们从现行的简单关系论，转换到对应关系论或四线定位的关系论。

为了更简明地把握两种关系论的不同，我们不妨将其中所包含的不同思维路线，做出如下比较。

现行师生双方简单关系论的单线定位路线——在教学活动中，师生双方的关系，就是具有主要性的教师对具有次要性的学生的影响或改造关系——这里需要特别注意，简单关系论，仅仅是对师生双方的主要性或次要性的单一思维路线的反映。

师生双方对应关系论的四线定位路线——在教学活动中，师生双方的关系，就是分别具有主要性与次要性以及自返性的师生双方的对应影响或改造关系；它包含双方对应影响的理想的上线、过渡的自返线、现实的中线以及戒律的底线——这里需要特别注意，对应关系论，是对师生双方对应影响的理想、自返、现实与戒律的四条思维路线的反映。

六、本节提示

在本节最后，需要做两点提示。一是，由“对师生双方主要性与次要性的简单比较”，到“对师生双方主要性与次要性以及自返性的对应比较”的过渡环节，就是由对教学活动中师生双方关系的静态的主观抽象思维，转向对教学活动中师生双方关系的动态的客观与主观的对应思维。二是，由“师生双方的主要性”到“师生双方的自返性”的过渡环节，就是在教学活动中“师生双方主要性与次要性的对应转换”。不了解主要性与次要性在教学活动中的对应转换这一过程，就很难把握师生双方的自返性的客观生成。

附言：

1. 在静态的抽象思维中，对教师主要性与学生次要性的简单比较；在动态的教学活动中，其实，都是关于师生双方主要性与次要性以及自返性的对应比较。

2. 对师生双方主要性与次要性以及自返性的认识，都应该是具体的边界认识，而不能是抽象泛化的认识。

3. 仅仅把握到教师主要性与学生次要性的现行教学理论，必然是具有等级性的简单教学论；此种教学论，必然导致对教师作用的拔高与对学生作用的贬低。

4. 在教学活动中，师生双方主要性与次要性的不断转换所生成的张力，正是推动师生双方进入自我反思的内在动力。

5. 仅仅明白自己的主要性而不能同时明白自己的次要性与自返性的人，其实，也就是简单的人——正像人们熟悉的那样，这种人常常具有傲慢的劣质。

6. 个人与他人的主要性与次要性以及自返性的对应转换，正是构成人生的辉煌或暗淡或平凡的丰富状态的关键；不能把握到这些关键的人，便很难启动人生状态的不同转换而只能在人生的孤单状态里纠缠。

第十一章

对现行教学阶段论的遮蔽性分析与对应改造

第一节　对现行教学阶段论的遮蔽性分析

切问：

1. 现行教学理论认为，教学阶段是在教师引导下，学生的预备、领会以及掌握教学内容的阶段——其思维活动的切入点在哪里？我们如何才能探索到其思维活动的切入点？

2. 现行教学阶段论，从自己理解教学活动的切入点上，能够把握到教学活动哪些方面的内容呢？

3. 现行教学阶段论的根据是什么？这种阶段论，对实际的教学活动会产生哪些积极作用？

4. 现行教学阶段论，从自己理解教学活动的切入点上，在对教学活动有所把握的同时，却又遮蔽了哪些内容呢？

5. 在思维运行中，现行教学阶段论，存在遮蔽的根源在哪里？

6. 现行教学阶段论，对实际的教学活动会产生怎样的消极作用？

一、现行教学阶段论的内容、属性及其思维活动的切入点

（一）现行教学阶段论的内容

现行教学理论，对教学阶段的理解，是在两种教学模式下进行的。关于两种教学模式，在一本国家级规划教材中写道："一种是以教师授受知识为特征的传授/接受教学；另一种是在教师引导下以学生主动探索知识为特征的问题/探究教学。"① 对于传授/接受教学模式中，学生掌握知识的基本阶段，该书具体

① 王道俊，郭文安．教育学［M］．北京：人民教育出版社，2009：183.

分析为：1. 引起求知欲；2. 感知教材；3. 理解教材；4. 巩固教材；5. 运用教材；6. 检查知识、技能和技巧。关于问题/探究教学模式中，学生获取知识的基本阶段，该书具体分析为：1. 明确问题；2. 深入探究；3. 做出结论。① 当然，关于这两种教学模式中，学生获取知识的基本阶段，可以进一步归纳为如下三个阶段：1. 在教师引导下，学生对教材或问题的预备或准备；2. 在教师引导下，学生对教材或问题的领会或探究；3. 在教师引导下，学生对教材或问题的掌握或解决。概括地看，也就是：在教师引导下，学生的预备、领会以及掌握教学内容的阶段——这也就是现行教学论，关于教学阶段的主要内容。

（二）现行教学阶段论的属性

现行教学阶段论，具有怎样的性质呢？

按照现行教学阶段论的理解，教学的基本阶段也就是在教师引导下，学生的预备、领会以及掌握教学内容的阶段。教学活动的实际，果真是这样的吗？从教学活动的教师方面看，所谓教师对学生的引导，是一种怎样的引导呢？难道是仅仅建立在主动性基础上的引导吗？教师难道不需要在学生面前保持被动性吗？或者说，教师难道不需要在被学生所规定的前提下才能够实现对学生的引导吗？教师的引导性与被引导性，难道不能推动教师进入自我反思或自我调整的自返性状态吗？从教学活动的学生方面看，所谓学生被教师所引导，又是一种怎样的被引导呢？难道是仅仅建立在被动性基础上的被引导吗？学生难道不需要在教师面前发挥主动性吗？或者说，学生难道不需要发挥主动性而仅仅需要保持被动性状态吗？同样地，学生的主动性与被动性，难道不能推动学生进入自我反思或自我调整的自返性状态吗？从教学活动的三个阶段看，三个阶段之间，难道只有一致性关系而没有不一致性关系吗？如果三阶段之间既有一致性关系，又有不一致性关系；那么，这种对应关系，难道就不能推动师生双方进入对每一教学阶段的反思或调整即自返性状态吗？然而，从上面的引文中，我们看到，现行教学阶段论，根本无视教学活动实际中这些具有内在对应性关系的问题，而仅仅将教学阶段简单地抽象为在教师引导下，学生预备、领会以及掌握教学内容的阶段。由此，我们可以有根据地说，现行教学阶段论的属性，就是片面的顺序性或抽象性即简单性。

（三）现行教学阶段论的思维活动的切入点

现行教学阶段论，既然将教学的基本阶段理解为在教师引导下，学生预备、

---

① 王道俊，郭文安．教育学［M］．北京：人民教育出版社，2009：183-195.

领会以及掌握教学内容的阶段；那么，我们就可以据此逆向推论出现行教学阶段论理解教学活动的思维活动的切入点，那就是教师、学生与教学内容三方的一致性影响。正向地表达，现行教学阶段论，正是从教师、学生与教学内容三方的一致性影响，切到对教学活动的理解；由此，才将教学的基本阶段理解为在教师引导下学生预备、领会以及掌握教学内容三个阶段。

二、现行教学阶段论的所见、根据及其积极功能

（一）现行教学阶段论的所见

现行教学阶段论，从教师、学生与教学内容三方的一致性影响，切到对教学活动的理解，能够把握到教学活动哪些方面的内容呢？一是，从教学活动的发生看，现行教学阶段论，能够把握到由教师指向学生的围绕教学内容的一般组织活动——这就是传授/接受教学模式中的“引起求知欲”阶段，也是问题/探究教学模式中的“明确问题”阶段。需要注意，在这里，所谓“引起求知欲”与“明确问题”，当然都是教师围绕教学内容去引导学生产生求知欲或明确问题——其中内含两层教学属性上内容，一层是师生属性上的教师主动性与学生被动性，二层是学生与教学内容属性上的学习主动性与教学内容的被动性。二是，从教学活动的运行看，现行教学阶段论，能够把握到由教师指向学生的围绕教学内容的一般教学活动——这就是传授/接受教学模式中的“感受教材”与“理解教材”阶段，也是问题/探究教学模式中的“深入探究”阶段。需要注意，在这里，所谓“感受教材”“理解教材”与“深入探究”，当然也都是教师围绕教学内容去引导学生而进行的教学活动的不同环节——其中内含两层教学关系上的内容，一层是师生关系上教师对学生的影响指向，二层是学生与教学内容关系上学生对教学内容的影响指向。三是，从教学活动的结果看，现行教学阶段论，能够把握到由教师指向学生的围绕教学内容的一般教学结果——这就是传授/接受教学模式中的“巩固教材”“运用教材”与“检查知识、技能和技巧”阶段，也是问题/探究教学模式中的“做出结论”阶段。需要注意，在这里，所谓“巩固教材”“运用教材”“检查知识、技能和技巧”与“做出结论”，当然也都是教师围绕教学内容去引导学生而完成的教学活动的不同环节——其中内含两层教学结果上的内容，一层是师生关系上教师对学生的影响结果，二层是学生与教学内容关系上学生对教学内容的影响结果。总之，现行教学阶段论，从教师、学生与教学内容三方的一致性影响，切到对教学活动的理解，能够把握到的内容，也就是：在师生关系上，具有主动性的教师对具有

被动性的学生的影响；在学生与教学内容关系上，具有主动性的学生对具有被动性的教学内容的影响。概而言之，也就是具有简单属性的师生对具有简单属性的教学内容的一致性的影响。

（二）现行教学阶段论的根据

现行教学阶段论，从教师、学生与教学内容三方的一致性影响，切到对教学活动的理解，所把握到的基本内容，是有根据的吗？一是，从教学活动的发生看，现行教学阶段论，能够把握到由教师指向学生的围绕教学内容的一般组织活动——其中包含具有简单属性的师生以及简单属性的教学内容。从教学活动的实际看，不管是在传授/接受教学模式中，还是在问题/探究教学模式中，教学活动都必须把师生双方组织到对教学内容的教学之中。在教学活动的这一阶段，如果不能引起学生的求知欲，或者不能明确要解决的问题，那么，教学活动就将很难展开。就此而论，现行教学阶段论所把握到的一般组织活动，就是有根据的。二是，从教学活动的运行看，现行教学阶段论，能够把握到由教师指向学生的围绕教学内容的一般教学活动——其中包含教师对学生的影响指向以及学生对教学内容的影响指向。从教学活动的实际看，不管是在传授/接受教学模式中，还是在问题/探究教学模式中，师生双方的教学活动，都必须围绕教学内容的教学而展开。在教学活动的这一阶段，如果偏离或脱离了具体的教学内容；那么，教学活动将会变得空泛或空疏。就此而论，现行教学阶段论所把握到的一般教学活动，就是有根据的。三是，从教学活动的结果看，现行教学阶段论，能够把握到由教师指向学生的围绕教学内容的一般教学结果——其中包含教师对学生的影响结果以及学生对教学内容的影响结果。从教学活动的实际看，不管是在传授/接受教学模式中，还是在问题/探究教学模式中，既然师生双方围绕教学内容开展了组织与教学活动；那么，师生双方当然就会获得基本的教学结果。就此而论，现行教学阶段论所把握到的一般教学结果，就是有根据的。总之，现行教学阶段论，从教师、学生与教学内容三方的一致性影响，切到对教学活动的理解，所把握到的基本内容，从教学活动中教师围绕教学内容而对学生的简单教学来看，都是有根据的，因而就是合理的。

（三）现行教学阶段论的积极功能

现行教学阶段论，从教师、学生与教学内容三方的一致性影响，切到对教学活动的理解，所把握到的基本内容，对于实际的教学活动，都具有积极的功能或价值。一是，从教学活动的发生看，现行教学阶段论，能够把握到由教师指向学生的围绕教学内容的一般组织活动——其中包含具有简单属性的师生以及简单属性的教学内容；这能够为开展由教师指向学生的教学活动提供认识上的准备。二是，从教学活动的运行看，现行教学阶段论，能够把握到由教师指向学生的围绕教学内容的一般教学活动——其中包含教师对学生的影响指向以及学生对教学内容的影响指向；这能够为开展由教师指向学生的教学活动提供操作上的支持。三是，从教学活动的结果看，现行教学阶段论，能够把握到由教师指向学生的围绕教学内容的一般教学结果——其中包含教师对学生的影响结果以及学生对教学内容的影响结果；这能够为由教师指向学生的教学活动提供价值上的支持。总之，现行教学阶段论，从教师、学生与教学内容三方的一致性影响，切到对教学活动的理解，所把握到的基本内容，从教师围绕教学内容而对学生的简单教学活动来看，都具有积极的作用或价值。

三、现行教学阶段论的偏蔽、根源及其消极功能

（一）现行教学阶段论的偏蔽

现行教学阶段论，从教师、学生与教学内容三方的一致性影响，切到对教学活动的理解，在有所见或有所把握的同时，却又遗漏或遮蔽了哪些内容呢？一是，从教学活动的发生看，现行教学阶段论，在把握到教师、学生与教学内容三方的简单性的同时，却遮蔽了三方的相互性；进一步，还遮蔽了三方由相互性所必然引起的自返性。分析地看，那也就是：在把握到教师主动性的同时却遮蔽了教师的被动性以及由主动性与被动性所必然引起的自返性，在把握到学生被动性的同时却遮蔽了学生的主动性以及由被动性与主动性所必然引起的自返性，在把握到教学内容的被动性的同时却遮蔽了教学内容的自在性以及由被动性与自在性所必然引起的自返性。二是，从教学活动的运行看，现行教学阶段论，在把握到教师、学生与教学内容三方的单向度影响指向的同时，却遮蔽了三方双向度的影响指向；进一步，还遮蔽了三方由双向度影响指向所必然引起的自返性影响指向。分析地看，那也就是：在把握到由教师指向学生的影响向度的同时却遮蔽了由学生指向教师的影响向度，进一步，又遮蔽了师生双方由双向度影响所必然引起的自返性影响指向；在把握到由学生指向教学内容的影响向度的同时却遮蔽了由教学内容指向学生的影响向度，进一步，又遮蔽了双方由双向度影响所必然引起的自返性影响指向；在把握到由教师指向教学内容的影响向度的同时却遮蔽了由教学内容指向教师的影响向度，进一步，又遮蔽了双方由双向度影响所必然引起的自返性影响指向。三是，从教学活动的结果看，现行教学阶段论，在把握到教师、学生与教学内容三方之间的单方影

响结果的同时，却遮蔽了三方之间相互影响的结果；进一步，还遮蔽了三方由相互影响所必然引起的自返性影响结果。分析地看，那也就是：在把握到由教师指向学生的影响结果的同时却遮蔽了由学生指向教师的影响结果，进一步，又遮蔽了师生双方由相互影响所必然引起的自返性影响结果；在把握到由学生指向教学内容的影响结果的同时却遮蔽了由教学内容指向学生的影响结果，进一步，又遮蔽了双方由相互影响所必然引起的自返性影响结果；在把握到由教师指向教学内容的影响结果的同时却遮蔽了由教学内容指向教师的影响结果，进一步，又遮蔽了双方由相互影响所必然引起的自返性影响结果。

（二）现行教学阶段论的偏蔽的根源

从思维运作看，现行教学阶段论，之所以存在上述偏蔽，就是因为其主观抽象思维的泛化。一是，从教学活动的发生看，进入教学活动的教师、学生与教学内容三方，当一方以另一方为活动对象时，一方就会因为活动的回返性而必然成为另一方的活动对象；这种相互对象性的存在关系，必然决定了三方都分别具有相互对应的主动性与被动性以及自返性。然而，现行教学阶段论，在其主观思维中，片面地抽取出三方单一的属性，并以偏概全地泛指三方在教学活动中所产生的相互性以及自返性；由此，便遮蔽了三方的相互性，还遮蔽了三方的自返性。二是，从教学活动的运行看，进入教学活动的教师、学生与教学内容三方，既然都分别具有相互对应的主动性与被动性以及自返性；那么，三方就必然会存在双向度的影响指向与自返性影响指向。然而，现行教学阶段论，在其主观思维中，片面地抽取出单向度的影响指向，并以偏概全地泛指三方在教学活动中所产生双向度影响指向与自返性影响指向；由此，便遮蔽了三方之间的双向度影响指向，还遮蔽了三方各自的自返性影响指向。三是，从教学活动的结果看，进入教学活动的教师、学生与教学内容三方，既然都分别具有相互对应的主动性与被动性以及自返性，既然三方又都存在双向度的影响指向与自返性影响指向；那么，三方也就必然会产生相互性的影响结果与自返性的影响结果。然而，现行教学阶段论，在其主观思维中，片面地抽取出单方面的影响结果，并以偏概全地泛指三方在教学活动中所产生的相互性的影响结果与自返性的影响结果；由此，便遮蔽了三方相互性的影响结果，还遮蔽了三方各自的自返性影响结果。

（三）现行教学阶段论的消极功能

现行教学阶段论，从教师、学生与教学内容三方的一致性影响，切到对教学活动的理解，在有所把握的同时，却又存在偏蔽。这些认识或思维中的偏蔽，对实际的教学活动，会产生哪些消极影响呢？

一是，从教学活动的发生看，现行教学阶段论，在把握到教师、学生与教学内容三方的简单性的同时，却遮蔽了三方的相互性；进一步，还遮蔽了三方由相互性所必然引起的自返性。由此，便直接导致了两个方面的不足性。从教师方面看，教师仅仅把握到三方的简单性，便必然会产生对这种简单性的偏重而难以产生对三方之间的相互性以及各方自返性的对应关注；从学生方面看，学生仅仅把握到三方的简单性，也便必然会产生对这种简单性的偏重而难以产生对三方之间的相互性以及各方自返性的对应关注。

二是，从教学活动的运行看，现行教学阶段论，在把握到教师、学生与教学内容三方的单向度影响指向的同时，却遮蔽了三方双向度的影响指向；进一步，还遮蔽了三方由双向度影响指向所必然引起的自返性影响指向。由此，便直接导致了两个方面的不足性。从教师方面看，教师仅仅把握到三方之间的单向度影响指向，便必然会产生对这种单向度影响指向的偏重而难以产生对三方双向度影响指向以及各方的自返性影响指向的对应关注；从学生方面看，学生仅仅把握到三方之间的单向度影响指向，便必然会产生对这种单向度影响指向的偏重而难以产生对三方双向度影响指向以及各方的自返性影响指向的对应关注。

三是，从教学活动的结果看，现行教学阶段论，在把握到教师、学生与教学内容三方之间的单方面影响结果的同时，却遮蔽了三方之间的相互影响结果；进一步，还遮蔽了由相互影响所必然带来的三方各自的自返性影响结果。由此，便直接导致了两个方面的不足性。从教师方面看，教师仅仅把握到三方之间的单方面影响结果，便必然会产生对这种单方面影响结果的偏重而难以产生对三方相互影响结果以及各方的自返性影响结果的对应关注。从学生方面看，学生仅仅把握到三方之间的单方面影响结果，也便必然会产生对这种单方面影响结果的偏重而难以产生对三方的相互影响结果以及各方的自返性影响结果的对应关注。

总之，现行教学阶段论，从教师、学生与教学内容三方的一致性关系，切到对教学活动的理解，对进入教学活动的教师、学生与教学内容三方的对应关系或对应影响来看，确实存在严重的简单性偏差并因此受到合理的反思与改造。

四、本节小结

综上所述，我们看到，现行教学阶段论，从教师、学生与教学内容三方的一致性影响，切到对教学活动的理解，虽然能够把握到具有简单性的师生对具有简单性的教学内容的一致性影响，也能够把握这种影响的根据并对实际的由教师指向学生的简单教学活动产生积极的作用；但是，遮蔽了进入教学活动的教师、学生与教学内容三方的相互性以及自返性。从思维运作看，现行教学阶段论的偏蔽，是其主观思维的抽象泛化所导致的。从实际看，这种抽象泛化的思维或认识，对教师、学生与教学内容三方对应影响的教学活动存在多方面的消极作用。因此，现行简单的教学阶段论，就必然被合理地反思与改造。

五、本节提示

在本节最后，需要做两点提示。一是，探寻现行教学阶段论的思维活动切入点的根据，就是现行教学阶段论的内容；或者说，我们是通过现行教学阶段论的基本内容而探寻到其思维活动的切入点的。二是，对现行教学阶段论的思维活动切入点的遮蔽性分析，不是我们简单的主观分析，而是根据现行教学阶段论所包含的主观思维活动切入点的所见与所不见而展开的——要特别注意，现行教学阶段论所包含的简单静态的主观思维，必然会遮蔽与其对应的动态的客观事实。

附言：

1. 考察教学活动的阶段，当然可以从教师指向学生的影响开始；但是，关于教学阶段的理论，不能停留在这里。

2. 进入教学活动的教师、学生与教学内容三方的制约性与自返性，都只能是在对应中才能相互彰显的属性。

3. 仅仅把握到教师、学生与教学内容单一属性的现行教学阶段论，必然是抽象泛化的简单阶段论。此种阶段论，必然会流入三方之间肤浅而空洞的线性关系。

4. 正是教师、学生与教学内容三方的相互关系以及各方的自返性关系的相互激荡，才能够激发出对应教学活动的内在力量。

5. 仅仅知道教师、学生与教学内容三方线性关系的人，其实，也就是简单的人。

6. 在实际的教学活动中，教师、学生与教学内容三方都会具有相互性以及自返性；而仅仅把握到三方简单性的现行教学阶段论，注定只能成为形而上学的偏论。

第二节 对现行教学阶段论的对应改造

切问：

1. 从动态的教学活动的事实看，现行教学阶段论所包含的教师、学生与教学内容三方的一致性影响，其实都是三方一致性与不一致性的对应性影响吗？进一步，三方的这种对应性影响，又必然会引起三方的自返性影响吗？

2. 在教学活动中，教师、学生与教学内容三方的一致性与不一致性，都只能是在相互对应中才存在的属性吗——由此，就可以说，三方的一致性与不一致性是对应存在的吗？进一步，三方的这种对应性存在，又必然会产生三方的自返性存在吗？

3. 在教学活动中，教师、学生与教学内容三方的一致性与不一致性，必然会产生三方的双向度影响指向吗？由此，这种双向度的影响指向，又必然会产生三方自返性的影响指向吗？

4. 在教学活动中，教师、学生与教学内容三方的一致性与不一致性影响，必然会产生三方的影响结果吗？由此，这种三方的影响结果，又必然会产生三方自返性的影响结果吗？

5. 在教学活动中，教师、学生与教学内容三方的一致性与不一致性以及自返性，都不是抽象泛化的属性，而是具有边界对应关系的具体属性吗？我们需要从抽象泛化的思维，转换到具体的边界思维或对应思维吗？

6. 在教学活动中，教师、学生与教学内容三方，如果只有一致性的简单影响；那么，三方就只能产生简单的线性关系吗？而如果具有一致性与不一致性以及自返性的对应影响；那么，三方就会产生以这种对应影响为基础的对等关系吗？

一、对现行教学阶段论所包含的泛化思维的对应改造

上一节我们谈到，现行教学阶段论，之所以存在偏蔽，是因为在其思维运作中存在抽象泛化的不足。因此，要改造现行的教学阶段论，就必须改造其抽象泛化的主观思维。如何改造这种思维呢？这首先就需要摆脱现行教学阶段论所包含的简单主观思维，而转向对教学活动中教师、学生与教学内容关系的事实或过程的关注——由主观思维，转向事实思维。然后，还需要走出教学研究

者简单泛化的抽象思维，而转向对教学活动中教师、学生与教学内容关系的客观与主观对应的边界思维——由简单的泛化思维，转向对应的边界思维。

二、对现行教学阶段论所包含的思维切入点的对应改造

现行教学阶段论，从教师、学生与教学内容三方的一致性影响，切到对教学活动的理解；这一切入点本身并不存在问题。现行简单教学阶段论的问题在于：从三方的一致性影响，切到对教学活动的理解；然而并没有对三方动态影响的过程做出对应的考察，而是仅仅停留在三方的一致性影响这里，并将三方的动态关系简单地抽象为教学活动的发生、运行与结果三个阶段。

在实际教学活动中，教师、学生与教学内容三方影响的动态过程，又是怎样的呢？征之于实际，我们看到：第一，从师生双方的关系看，师生双方不仅具有一致性与不一致性的相互影响，还因为这种相互影响而必然产生双方的自返性影响；第二，从学生与教学内容的关系看，学生与教学内容双方不仅具有一致性与不一致性的相互影响，还因为这种相互影响而必然产生双方的自返性影响；第三，从教师与教学内容的关系看，教师与教学内容双方不仅具有一致性与不一致性的相互影响，还因为这种相互影响而必然产生双方的自返性影响。由此，我们可以清楚地看到，在实际的教学活动中，教师、学生与教学内容三方既具有一致性，又具有不一致性，还具有自返性；而不是现行简单教学阶段论所把握到的三方的一致性。由此，我们就将现行简单教学阶段论所包含的“教师、学生与教学内容三方的一致性影响”的切入点，改造为“教师、学生与教学内容三方的一致性与不一致性以及自返性对应影响”的切入点。

三、对现行教学阶段论所包含的具体内容的对应改造

对应教学阶段论，从教师、学生与教学内容三方的对应影响，切到对教学活动的理解；能够对现行的简单阶段论，做出哪些方面的改造呢？下面，分而论之。

第一，从教学活动的发生看，对应阶段论，既能把握到教师、学生与教学内容三方的一致性，又能把握到三方的不一致性，还能把握到三方的自返性；而不是现行简单阶段论所把握到的三方简单的一致性。这里的道理是：在教学活动的发生阶段，教师、学生与教学内容，三方各有自己存在的根据与作用；因此，三方不仅具有相互之间的一致性与不一致性影响，还具有由这种相互影响而产生的自返性影响。如从师生双方的关系看，在教学活动的发生阶段，教师可能顺利地引起学生的求知欲或顺利地阐明问题，也可能无法引起学生的求

知欲或无法顺利地阐明问题——而正是师生双方的这种一致性与不一致性关系，才能够推动师生双方产生反思或内省的自返性。这清楚地表明，在实际的教学活动中，教师、学生与教学内容三方既有一致性，又有不一致性，还有自返性；而不可能是现行简单阶段论所把握到的三方的一致性——这种片面的一致性，当然，只能是抽象泛化的形而上学的属性。

第二，从教学活动的运行看，对应阶段论，既能把握到教师、学生与教学内容三方之间具有一致性的双向度影响指向，又能把握到三方之间具有不一致性的双向度影响指向，还能把握到三方的自返性影响指向；而不是现行简单阶段论所把握到的三方之间只有一致性的单向度影响指向。这里的道理是：在教学活动的运行阶段，因为，教师、学生与教学内容三方不仅具有一致性与不一致性影响，而且还具有自返性影响；所以，三方就必然会产生一致性与不一致性的双向度影响指向，也必然会产生三方各自的自返性影响指向。如从学生与教学内容的关系看，在教学活动的运行阶段，学生可能以自己的直接经验顺利理解教材中的间接经验，也可能无法以自己的直接经验顺利理解教材中的间接经验——而正是学生与教学内容双方的这种以一致性与不一致性为基础的双向度影响指向，才能够推动学生产生反思或内省的自返性影响指向。这清楚地表明，在实际的教学活动中，教师、学生与教学内容三方既有一致性的双向度影响指向，又有不一致性的双向度影响指向，还有自返性的影响指向；而不可能是现行简单阶段论所把握到的三方单向度的一致性影响指向——这种片面的一致性影响指向，当然，只能是抽象泛化的形而上学的指向。

第三，从教学活动的结果看，对应阶段论，既能把握到教师、学生与教学内容三方具有一致性的影响结果，又能把握到三方具有不一致性的影响结果，还能把握到三方具有自返性的影响结果；而不是现行简单阶段论所把握到的三方只有一致性的影响结果。这里的道理是：在教学活动的结果阶段，既然教师、学生与教学内容三方不仅存在一致性与不一致性的双向度影响指向，还存在各自的自返性影响指向；那么，三方就不仅会产生具有一致性的影响结果与不一致性的影响结果，还必然会产生具有自返性的影响结果。如从学生与教学内容的影响看，在教学活动的结果阶段，学生可能以自己的正确的直接经验改造或修正了教材中的错误的间接经验，也可能依靠教材中的正确的间接经验改造或修正了自己的错误的直接经验——而正是学生与教学内容双方的这种以一致性与不一致性为基础的双方影响结果，才能够推动学生产生反思或内省的自返性影响结果。这清楚地表明，在实际的教学活动中，教师、学生与教学内容三方既有一致性的影响结果，又有不一致性的影响结果，还有自返性的影响结果；

而不可能是现行简单阶段论所把握到的三方单一的一致性影响结果——这种片面的一致性影响结果，当然，只能是抽象泛化的形而上学的结果。

四、对应教学阶段论的积极功能

对应教学阶段论，从教师、学生与教学内容三方的对应影响，切到对教学活动的理解；能够对实际的教学活动，产生哪些方面的积极影响呢？下面，分而论之。

第一，从教学活动的发生看，对应阶段论，能够对实际的教学活动产生如下两方面的积极影响。一方面是，对应阶段论，能够把握到教师、学生与教学内容三方的一致性与不一致性以及自返性；这不仅能够支持师生双方开展关于教学内容的一致性教学活动，而且能够支持师生双方通过反思去改变或调整关于教学内容的不一致性教学活动。鉴于现行简单阶段论的遮蔽或偏差，我们愿意特别强调如下两点。第一点是，关注教师、学生与教学内容三方的不一致性。这里的关键是要走出人们熟悉的现行简单阶段论的偏蔽，那就是认为教师、学生与教学内容三方只有一致性的观点——那当然是简单抽象思维泛化的后果。在对应思维看来，教师、学生与教学内容三方，必然会具有一致性与不一致性的对应关系；所以，不仅要关注三方关系的一致性，还要关注三方关系的不一致性。第二点是，关注教师、学生与教学内容三方的自返性。这里的关键也是要走出人们熟悉的现行简单阶段论的偏蔽，那就是认为教师、学生与教学内容三方只有一致性的观点——那当然是简单抽象思维泛化的后果。在对应思维看来，教师、学生与教学内容三方，必然会具有一致性与不一致性的对应关系；并且，正是这种具有一致性与不一致性的对应关系，又必然产生了三方的自返性关系。所以，不仅要关注三方的一致性与不一致性，还要关注三方的自返性。另一方面是，对应阶段论，既然能够把握到教师、学生与教学内容三方所具有的一致性与不一致性以及自返性，就能够支持师生双方建构出以三方一致性与不一致性以及自返性的相互对应为前提的对等教学关系或四线定位关系。这种四线定位关系的基本内容是：关注理想性的上线，即师生双方在教师、学生与教学内容具有一致性的前提下，走向和谐的教学，以实现三方的互补性变化或发展；关注过渡性的自返线，即师生双方在教师、学生与教学内容三方具有不一致性的前提下，返回到教学活动自身，以调整三方的关系；关注现实性的中线，即师生双方在教师、学生与教学内容三方具有不一致性的前提下，通过过渡性的自返线而走向关于三方关系的对话或讨论，以实现三方的生成性变化或发展；关注禁止性的底线，即师生双方在教师、学生与教学内容三方具有不一致性的前提下，都不能破坏或割裂关于三方的对应教学关系。我们认为，在教师、学生与教学内容三方的属性维度上，经由四线定位的教学，师生双方就可以构建出以三方的一致性与不一致性以及自返性的对应为基础的，涉及理想、自返、现实与戒律的对等教学关系；由此，也可以规避由现行简单阶段论关于三方只有一致性影响所必然导致的不对等教学关系。

第二，从教学活动的运行看，对应阶段论，能够对实际的教学活动产生如下两方面的积极影响。一方面是，对应阶段论，能够把握到教师、学生与教学内容三方具有一致性的双向度影响指向，也能够把握到三方具有不一致性的双向度影响指向，还能够把握到三方的自返性影响指向；因此，不仅能够支持三方的一致性影响，而且能够支持三方的不一致性影响，还能够支持三方的自返性影响。鉴于现行简单阶段论的遮蔽或偏差，我们愿意特别强调如下两点。第一点是，关注教师、学生与教学内容三方具有不一致性的影响指向。这里的关键是要走出人们熟悉的现行简单阶段论的偏蔽，那就是认为教师、学生与教学内容三方只有一致性的双向度影响指向的观点——那当然是简单抽象思维泛化的后果。在对应思维看来，教师、学生与教学内容三方的双向度影响指向，必然是具有一致性与不一致性的双向度影响指向；所以，不仅要关注三方具有一致性的双向度影响指向，还要关注三方具有不一致性的双向度影响指向。第二点是，关注教师、学生与教学内容三方的自返性影响指向。这里的关键也是要走出人们熟悉的现行简单阶段论的偏蔽，那就是认为教师、学生与教学内容三方只有一致性的单向度影响指向的观点——那当然是简单抽象思维泛化的后果。在对应思维看来，教师、学生与教学内容三方的双向度影响指向，必然是具有一致性与不一致性的双向度影响指向；并且，正是由于三方相互对应的双向度影响指向，又必然会引起三方的自返性影响指向。所以，不仅要关注教师、学生与教学内容三方一致性与不一致性的双向度影响指向，还要关注三方的自返性影响指向。另一方面是，对应阶段论，既然能够把握到教师、学生与教学内容三方具有一致性的双向度影响指向，也能够把握到三方具有不一致性的双向度影响指向，还能够把握到三方的自返性影响指向；那么，就能够支持师生双方建构出以三方的一致性与不一致性以及自返性影响指向的对应为基础的对等影响关系或四线定位关系。这种四线定位关系的基本内容是：关注理想性的上线，即师生双方在教师、学生与教学内容三方双向度影响指向的一致性前提下，走向对等的教学，以实现三方的互补性变化或发展；关注过渡性的自返线，即师生双方在教师、学生与教学内容三方双向度影响指向的不一致性前提下，返回到自身，以反思或调整三方的关系；关注现实性的中线，即师生双方在教师、学生与教学内容三方双向度影响指向的不一致性前提下，通过返回自身的过渡而走向关于三方关系的对话或讨论，以实现三方的生成性变化或发展；关注禁止性的底线，即师生双方在教师、学生与教学内容三方双向度影响指向的不一致性前提下，都不能破坏或割裂三方的对应教学关系。我们认为，在教师、学生与教学内容三方的影响指向维度上，经由四线定位的教学，师生双方就可以构建出以三方的双向度影响指向与自返性影响指向的对应为基础的，涉及理想、自返、现实与戒律的对等教学关系；由此，也可以规避由现行简单阶段论关于三方只有一致性的单向度影响指向所必然导致的不对等教学关系。

第三，从教学活动的结果看，对应阶段论，能够对实际的教学活动产生如下两方面的积极影响。一方面是，对应阶段论，能够把握到教师、学生与教学内容三方具有一致性的影响结果，也能够把握到三方具有不一致性的影响结果，还能够把握到三方的自返性影响结果；因此，不仅能够支持三方的一致性影响结果，而且能够支持三方的不一致性影响结果，还能够支持三方的自返性影响结果。鉴于现行简单阶段论的遮蔽或偏差，我们愿意特别强调如下两点。第一点是，关注教师、学生与教学内容三方具有不一致性影响结果。这里的关键是要走出人们熟悉的现行简单阶段论的偏蔽，那就是认为教师、学生与教学内容三方只有一致性的单方影响结果的观点——那当然是简单抽象思维泛化的后果。在对应思维看来，教师、学生与教学内容三方的影响结果，必然是具有一致性与不一致性的对应影响结果；所以，不仅要关注三方具有一致性的影响结果，还要关注三方具有不一致性的影响结果。第二点是，关注教师、学生与教学内容三方的自返性影响结果。这里的关键也是要走出人们熟悉的现行简单阶段论的偏蔽，那就是认为教师、学生与教学内容三方只有一致性的单方影响结果的观点——那当然是简单抽象思维泛化的后果。在对应思维看来，教师、学生与教学内容三方的影响结果，必然是具有一致性与不一致性的对应影响结果；并且，正是由于三方相互对应的影响结果，必然会引起三方的自返性影响结果。所以，不仅要关注教师、学生与教学内容三方一致性与不一致性的对应影响结果，还要关注三方的自返性影响结果。另一方面是，对应阶段论，既然能够把握到教师、学生与教学内容三方具有一致性的影响结果，也能够把握到三方具有不一致性的影响结果，还能够把握到三方的自返性影响结果；那么，就能够支持师生双方建构出以三方的一致性与不一致性以及自返性影响结果的对应为基础的对等影响关系或四线定位关系。这种四线定位关系的基本内容是：关注理想性的上线，即师生双方在教师、学生与教学内容三方影响结果的一致性前提下，走向对等的教学，以实现三方的互补性变化或发展；关注过渡性的自返线，即师生双方在教师、学生与教学内容三方影响结果的不一致性前提下，返回到自身，以反思或调整三方的关系；关注现实性的中线，即师生双方在教师、学生与教学内容三方影响结果的不一致性前提下，通过返回自身的过渡而走向关于三方关系的对话或讨论，以实现三方的生成性变化或发展；关注禁止性的底线，即师生双方在教师、学生与教学内容三方影响结果的不一致性前提下，都不能破坏或割裂三方的对应教学关系。我们认为，在教师、学生与教学内容三方的影响结果维度上，经由四线定位的教学，师生双方就可以构建出以三方的影响结果与自返性影响结果的对应为基础的，涉及理想、自返、现实与戒律的对等教学关系；由此，也可以规避由现行简单阶段论关于三方只有一致性的单方影响结果所必然导致的不对等教学关系。

五、本节小结

综上所述，我们对现行简单教学阶段论的改造，涉及三层基本内容。一是，首先，由现行简单阶段论所包含的主观思维路线，转换到事实思维路线；然后，在事实思维路线基础上，将现行简单阶段论所包含的主观泛化的思维路线，改造为主观与客观的对应思维路线。二是，在对应思维路线上，将现行简单阶段论所包含的认识教学活动的“教师、学生与教学内容三方的一致性影响”的思维切入点，改造为“教师、学生与教学内容三方的一致性与不一致性以及自返性的对应影响”的思维切入点。三是，在“教师、学生与教学内容三方的一致性与不一致性以及自返性的对应影响”视野中，分别对教师、学生与教学内容三方的属性、影响指向与影响结果这些基本教学关系，做出了对应的考察。最后，我们分别考察了对应阶段论，在教师、学生与教学内容三方的属性、影响指向与影响结果这些基本维度上，对实际的教学活动所产生的积极影响；以推动人们从现行的简单阶段论，转换到对应阶段论或四线定位的阶段论。

为了更简明地把握两种阶段论的不同，我们不妨将其中所包含的不同思维路线，做出如下比较。

现行简单教学阶段论的单线定位路线——在教学活动的发生、运行与结果阶段，教师、学生与教学内容三方只有一致性的简单影响关系——这里需要特别注意，简单阶段论，仅仅是关于教师、学生与教学内容三方一致性影响的单一思维路线的反映。

对应教学阶段论的四线定位路线——在教学活动的发生、运行与结果阶段，教师、学生与教学内容三方具有一致性与不一致性以及自返性的对应影响关系；它包含三方对应影响的理想的上线、过渡的自返线、现实的中线以及戒律的底线——这里需要特别注意，对应阶段论，是关于教师、学生与教学内容三方对应影响的理想、自返、现实与戒律的四条思维路线的反映。

六、本节提示

在本节最后，需要做两点提示。一是，由“教师、学生与教学内容三方的一致性影响”，到“三方的一致性与不一致性以及自返性的对应影响”的过渡环节，就是由对教学活动中三方关系的静态的主观抽象思维，转向对教学活动中三方关系的动态的客观与主观的对应思维。二是，由“教师、学生与教学内容三方的一致性影响”，到“三方的自返性影响”的过渡环节，就是在教学活动中所必然产生的“三方的不一致性影响”。不了解教师、学生与教学内容三方在教学活动中所产生的不一致性影响这一动态过程，就很难把握三方自返性影响的客观生成。

附言：

1. 在静态的主观思维中，教师、学生与教学内容三方的一致性关系；在动态的教学活动中，其实，都是三方的一致性与不一致性以及自返性关系。

2. 对教师、学生与教学内容三方的一致性与不一致性以及自返性关系的认识，都应该是具体的边界认识，而不能是抽象的泛化认识。

3. 仅仅把握到教师、学生与教学内容三方一致性关系的现行教学阶段论，必然是主观性泛化的简单阶段论；此种阶段论，必然会导致对教学活动客观事实的轻视甚至忽视。

4. 教师、学生与教学内容三方的不一致性所生成的张力，正是推动师生双方发现教学活动中的问题的内在动力。

5. 仅仅明白教师、学生与教学内容三方的一致性而不能同时明白不一致性与自返性关系的师生，其实，也就是简单的师生。这种简单的师生，根本不可能产生对应教学的品质。

6. 教师、学生与教学内容三方的一致性与不一致性以及自返性关系，共同构成关于教师、学生与教学内容三方的对应教学的内在机理或机制。

第十二章

对现行教学任务论的遮蔽性分析与对应改造

第一节　对现行教学任务论的遮蔽性分析

切问：

1. 现行教学任务论认为，教学任务就是以传承科学文化的基础知识与基本技能为基础，发展学生的能力并培养学生正确的思想、情感与价值观——其思维活动的切入点在哪里？我们如何才能探索到其思维活动的切入点？

2. 现行教学任务论，从自己理解教学活动的切入点上，能够把握到教学活动哪些方面的内容呢？

3. 现行教学任务论的根据是什么？这种任务论，对实际的教学活动会产生哪些积极作用？

4. 现行教学任务论，从自己理解教学活动的切入点上，在对教学活动有所把握的同时，却又遮蔽了哪些内容呢？

5. 在思维运行中，现行教学任务论，存在遮蔽的根源在哪里？

6. 现行教学任务论，对实际的教学活动会产生怎样的消极作用？

一、现行教学任务论的内容、属性及其思维活动的切入点

（一）现行教学任务论的内容

现行教学理论，对教学任务的理解，在《教育学》中做出了如下三方面的规定：第一，“掌握科学文化基础知识、基本技能和技巧”；第二，“发展体力、智力、能力和创造才能”；第三，“培养正确的思想、价值观、情感与态度”。① 分析地看，现行教学任务论，分别涉及教学活动的基础，教学活动与学生能力

① 王道俊，郭文安．教育学［M］. 北京：人民教育出版社，2009：162-165.

发展的关系以及教学活动与学生思想、情感与价值观的关系三个维度；概括地看，现行教学任务论，所把握到的教学任务，也就是：以传承科学文化的基础知识与基本技能为基础——以传承“双基”为基础去发展学生的能力并培养学生正确的思想、情感与价值观。这就是现行教学任务论的基本内容。

（二）现行教学任务论的属性

现行教学任务论，具有怎样的性质呢?

按照现行教学任务论的理解，教学的任务，就是以传承科学文化的基础知识与基本技能为基础，去发展学生的能力并培养学生正确的思想、情感与价值观。教学活动的实际，果真是这样的吗？就教学活动的基础看，关于科学文化的基础知识与基本技能的传授，难道能够离开师生双方在直接生活中所形成的基础知识与基本技能吗？间接经验中的“双基”与直接经验中的“双基”，难道只有一致性关系而没有不一致性关系吗？其中的不一致性关系，难道不能推动两种经验中的“双基”，都产生自返性关系吗？就教学活动与学生能力发展的关系看，传授科学文化的“双基”与学生的能力发展之间，难道只有一致性关系而没有不一致性关系吗？其中的不一致性关系，难道不能推动传授科学文化的“双基”与学生的能力发展这两个方面，都产生自返性关系吗？就教学活动与学生的思想、情感与价值观的关系看，传授科学文化的“双基”与学生的思想、情感与价值观之间，难道只有一致性关系而没有不一致性关系吗？其中的不一致性关系，难道不能推动传授科学文化的“双基”与学生的思想、情感与价值观这两个方面，都产生自返性关系吗？然而，从上面的引文中，我们看到，现行教学任务论，根本无视教学活动实际中这些具有内在对应性关系的问题，而仅仅将教学任务简单地抽象为以传授科学文化的“双基”为基础去发展学生的能力并培养他们的思想、情感与价值观。由此，我们可以有根据地说，现行教学任务论的属性，就是片面的一致性或抽象性即简单性。

（三）现行教学任务论的思维活动的切入点

现行教学任务论，既然将教学任务理解为以传授科学文化的“双基”为基础去发展学生的能力并培养他们的思想、情感与价值观；那么，我们就可以据此逆向推论出现行教学任务论理解教学活动的思维活动的切入点，那就是教学活动中具有一致性的“传授科学文化知识与技能”“发展学生的能力”与“培养学生正确的思想、情感与价值观”；简言之，也就是具有一致性的教学基础、能力发展与价值培养。正向地表达，现行教学任务论，从具有一致性的教学基础、能力发展与价值培养，切到对教学活动的理解；由此，才将教学任务理解为以传授科学文化的“双基”为基础去发展学生的能力并培养他们的思想、情感与价值观。

二、现行教学任务论的所见、根据及其积极功能

（一）现行教学任务论的所见

现行教学任务论，从教学活动中具有一致性的教学基础、能力发展与价值培养，切到对教学活动的理解，能够把握到教学活动哪些方面的内容呢？一是，从教学基础看，现行教学任务论，能够把握到教师所传授的科学文化的基础知识与基本技能与学生直接经验中的基础知识与基本技能两者的一致性影响。二是，从能力发展看，现行教学任务论，能够把握到教师所传授的科学文化的基础知识与基本技能与学生能力发展两者的一致性影响。三是，从价值培养看，现行教学任务论，能够把握到教师所传授的科学文化的基础知识与基本技能与学生价值追求两者的一致性影响。总之，现行教学任务论，从教学活动中具有一致性的教学基础、能力发展与价值培养，切到对教学活动的理解，能够把握到的内容，也就是，教师所传授的科学文化的基础知识与基本技能，对发展学生能力与培养学生价值观的一致性的作用。

（二）现行教学任务论的根据

现行教学任务论，从教学活动中具有一致性的教学基础、能力发展与价值培养，切到对教学活动的理解，所把握到的基本内容，是有根据的吗？一是，从教学基础看，现行教学任务论，能够把握到教师所传授的科学文化的基础知识与基本技能与学生直接经验中的基础知识与基本技能两者的一致性影响。不管是从教学还是从生活的实际看，教师所传授的科学文化基础知识与基本技能，因为都是人们关于生产或生活的共同性或一般性的知识与技能；所以，必然会具有与学生直接经验中的基础知识与基本技能的一致性影响关系。就此而论，现行教学任务论所把握到的这一基础，就是有根据的。二是，从能力发展看，现行教学任务论，能够把握到教师所传授的科学文化的基础知识与基本技能与学生能力发展两者的一致性影响。从教学的实际看，教师在传授科学文化知识与技能的过程中，如果能够参照学生直接经验中的知识与技能，展开对应教学；那么，必然会推动学生能力的发展。就此而论，现行教学任务论，所把握到的这种能力追求，也就是有根据的。三是，从价值培养看，现行教学任务论，能够把握到教师所传授的科学文化的基础知识与基本技能与学生价值追求两者的一致性影响。从教学的实际看，教师在传授科学文化知识与技能的过程中，如

果能够参照学生直接经验中的思想、情感或体验，展开对应教学；那么，也就必然会影响学生价值观的形成或发展。就此而论，现行教学任务论，所把握到的这种价值追求，也就是有根据的。总之，现行教学任务论，从教学活动中具有一致性的教学基础、能力发展与价值培养，切到对教学活动的理解，所把握到的基本内容，从教学的一致性基础与能力发展以及价值培养来看，都是有根据的；因而就是合理的。

（三）现行教学任务论的积极功能

现行教学任务论，从教学活动中具有一致性的教学基础、能力发展与价值培养，切到对教学活动的理解，所把握到的基本内容，对于实际的教学活动，都具有积极的功能或价值。一是，从教学基础看，现行教学任务论，能够把握到教师所传授的科学文化的基础知识与基本技能与学生直接经验中的基础知识与基本技能两者的一致性影响；这能够为师生双方开展具有一致性或和谐性的教学活动提供认识论上的支持。二是，从能力发展看，现行教学任务论，能够把握到教师所传授的科学文化的基础知识与基本技能与学生能力发展两者的一致性影响；这能够为教师在传授科学文化基础知识与基本技能的同时去发展学生的能力提供能力论上的支持。三是，从价值培养看，现行教学任务论，能够把握到教师所传授的科学文化的基础知识与基本技能与学生价值追求两者的一致性影响；这能够为教师在传授科学文化基础知识与基本技能的同时去培养学生的思想、情感或价值观提供价值论上的支持。总之，现行教学任务论，从教学活动中具有一致性的教学基础、能力发展与价值培养，切到对教学活动的理解，所把握到的基本内容，从教学的一致性基础与能力发展以及价值培养来看，都具有积极的作用或价值。

三、现行教学任务论的偏蔽、根源及其消极功能

（一）现行教学任务论的偏蔽

现行教学任务论，从教学活动中具有一致性的教学基础、能力发展与价值培养，切到对教学活动的理解，在有所见或有所把握的同时，却又遗漏或遮蔽了哪些内容呢？一是，从教学基础看，现行教学任务论，在把握到教师所传授的科学文化的基础知识与基本技能与学生直接经验中的基础知识与基本技能两者的一致性影响的同时，却遮蔽了两者的不一致性影响；进一步，还遮蔽了两者由一致性与不一致性所必然带来的各自的自返性影响。二是，从能力发展看，现行教学任务论，在把握到教师所传授的科学文化的基础知识与基本技能与学

生能力发展两者的一致性影响的同时，却遮蔽了两者的不一致性影响；进一步，还遮蔽了两者由一致性与不一致性所必然带来的各自的自返性影响。三是，从价值培养看，现行教学任务论，在把握到教师所传授的科学文化的基础知识与基本技能与学生价值培养两者的一致性影响的同时，却遮蔽了两者的不一致性影响；进一步，还遮蔽了两者由一致性与不一致性所必然带来的各自的自返性影响。总之，现行教学任务论，从教学活动中具有一致性的教学基础、能力发展与价值培养，切到对教学活动的理解，在把握到具有共同性的教学基础、能力发展与价值培养的同时，却遮蔽了具有不同性或差异性的教学基础、能力发展与价值培养；进一步，还遮蔽了由共同性与差异性所必然带来的自返性的教学基础、能力发展与价值培养。

（二）现行教学任务论的偏蔽的根源

从思维运作看，现行教学任务论，之所以存在上述偏蔽，就是因为其主观抽象思维的泛化。一是，从教学基础看，在实际的教学活动中，教材或文本中科学文化的“双基”与师生双方直接经验中的“双基”，因为是在不同情境中为解决不同问题而产生的；所以，两者就必然是有差别“双基”。或者说，这两种“双基”既有一致性影响，又有不一致性影响。同时，这两者都会由于一致性与不一致性的相互影响而必然产生自返性的影响。这清楚地表明，在实际的教学活动中，教材或文本中科学文化的“双基”与师生双方直接经验中的“双基”，既有一致性影响，又有不一致性影响，还有自返性影响。然而，现行教学任务论，在其主观思维中，片面地抽取出两者具有一致性的影响，并以偏概全地泛指两者在教学活动中所产生的对应性影响；由此，便遮蔽了具有不一致性的影响，还遮蔽了具有自返性的影响。二是，从能力发展看，在实际的教学活动中，教师所传授的科学文化的“双基”与学生的能力发展，因为分别属于不同的教学维度或教学侧面；所以，两者就必然会存在不同或差别。或者说，两者既有一致性影响，又有不一致性影响。同时，两者还会由于一致性与不一致性的相互影响而必然产生自返性的影响。这清楚地表明，在实际的教学活动中，教师所传授的科学文化的“双基”与学生的能力发展，两者既有一致性影响，又有不一致性影响，还有自返性影响。然而，现行教学任务论，在其主观思维中，片面地抽取出两者具有一致性的影响，并以偏概全地泛指两者在教学活动中所产生的对应性影响；由此，便遮蔽了具有不一致性的影响，还遮蔽了具有自返性的影响。三是，从价值培养看，在实际的教学活动中，教师所传授的科学文化的“双基”与学生的价值培养，也因为分别属于不同的教学维度或教学侧面；所以，两者就必然会存在不同或差别。或者说，两者既有一致性影响，又有不一致性影响。同时，两者也还会由于一致性与不一致性的相互影响而必然产生自返性的影响。这清楚地表明，在实际的教学活动中，教师所传授的科学文化的“双基”与学生的价值培养，两者既有一致性影响，又有不一致性影响，还有自返性影响。然而，现行教学任务论，在其主观思维中，片面地抽取出两者具有一致性的影响，并以偏概全地泛指两者在教学活动中所产生的对应性影响；由此，便遮蔽了具有不一致性的影响，还遮蔽了具有自返性的影响。

（三）现行教学任务论的消极功能

现行教学任务论，从教学活动中具有一致性的教学基础、能力发展与价值培养，切到对教学活动的理解，在有所把握的同时，却又存在偏蔽。这些认识或思维中的偏蔽，对实际的教学活动，会产生哪些消极影响呢?

一是，从教学基础看，现行教学任务论，在把握到教师所传授的科学文化的“双基”与学生直接经验中的“双基”两者的一致性影响的同时，却遮蔽了两者的不一致性影响；进一步，还遮蔽了两者由一致性与不一致性所必然带来的自返性影响。由此，便直接导致了两个方面的不足性。从教师方面看，教师仅仅把握到两者的一致性影响，便必然会产生对这种一致性影响的偏重而难以产生对不一致性以及自返性影响的对应关注；从学生方面看，学生仅仅把握到两者的一致性影响，也必然会产生对这种一致性影响的偏重而难以产生对不一致性以及自返性影响的对应关注。

二是，从能力发展看，现行教学任务论，在把握到教师所传授的科学文化的基础知识与基本技能与学生能力发展两者的一致性影响的同时，却遮蔽了两者的不一致性影响；进一步，还遮蔽了两者由一致性与不一致性所必然带来的各自的自返性影响。由此，便直接导致了两个方面的不足性。从教师方面看，教师仅仅把握到两者的一致性关系，便必然会产生对这种一致性关系的偏重而难以产生对不一致性以及自返性关系的对应关注；从学生方面看，学生仅仅把握到两者的一致性关系，也必然会产生对这种一致性关系的偏重而难以产生对不一致性以及自返性关系的对应关注。

三是，从价值培养看，现行教学任务论，在把握到教师所传授的科学文化的基础知识与基本技能与学生价值培养两者的一致性影响的同时，却遮蔽了两者的不一致性影响；进一步，还遮蔽了两者由一致性与不一致性所必然带来的各自的自返性影响。由此，便直接导致了两个方面的不足性。从教师方面看，教师仅仅把握到两者的一致性关系，便必然会产生对这种一致性关系的偏重而难以产生对不一致性以及自返性关系的对应关注；从学生方面看，学生仅仅把握到两者的一致性关系，也必然会产生对这种一致性关系的偏重而难以产生对不一致性以及自返性关系的对应关注。

总之，现行教学任务论，从教学活动中具有一致性的教学基础、能力发展与价值培养，切到对教学活动的理解，从教学基础、能力发展与价值培养所包含的具有内在对应性的关系来看，确实存在严重的简单性偏差并因此受到合理的反思与改造。

四、本节小结

综上所述，我们看到，现行教学任务论，从教学活动中具有一致性的教学基础、能力发展与价值培养，切到对教学活动的理解，虽然能够把握到具有一致性的教学基础、能力发展与价值培养，也能够把握到它们存在的根据并对实际的具有一致性的简单教学活动产生积极的作用；但是，遮蔽了具有不一致性的教学基础、能力发展与价值培养并因此而进一步遮蔽了具有自返性的教学基础、能力发展与价值培养。从思维运作看，现行教学任务论的偏蔽，是其主观思维的抽象泛化所导致的。从实际看，这种抽象泛化的思维或认识，对实际的对应教学活动存在多方面的消极作用。因此，现行简单的教学任务论，就必然被合理地反思与改造。

五、本节提示

在本节最后，需要做两点提示。一是，探寻现行教学任务论的思维活动切入点的根据，就是现行教学任务论的内容；或者说，我们是通过现行教学任务论的基本内容而探寻到其思维活动的切入点的。二是，对现行教学任务论的思维活动切入点的遮蔽性分析，不是我们简单的主观分析，而是根据现行教学任务论所包含的主观思维活动切入点的所见与所不见而展开的——要特别注意，现行教学任务论所包含的简单静态的主观思维，必然会遮蔽与其对应的动态的客观事实。

附言：

1. 考察教学的任务，当然可以从传授知识与发展能力的一致性关系开始，但是，不能仅仅停留在这里。

2. 不管是传授知识与发展能力两者的一致性、不一致性还是自返性，都只能是在对应中才能相互彰显的属性。

3. 仅仅把握到不同教学任务一致性的现行教学任务论，必然是抽象泛化的简单任务论；此种任务论，很难不流入泛泛而谈的空疏。

4. 正是不同教学任务的一致性与不一致性以及自返性的相互变换，才成就了教学活动的充盈与丰满。

5. 仅仅知道不同教学任务的一致性的人，其实，也就是简单的人。

6. 在实际的教学活动中，不同的教学任务必然会具有一致性与不一致性以及自返性的对应性；而仅仅把握到一致性的现行教学任务论，注定了只能成为形而上学的简单论。

第二节　对现行教学任务论的对应改造

切问：

1. 从动态的教学活动的事实看，现行教学任务论所包含的“具有一致性的教学基础、能力发展与价值培养”的切入点，其实都是“具有一致性与不一致性以及自返性的对应的教学基础、能力发展与价值培养”的切入点吗？

2. 在教学活动中，教学基础、能力发展与价值培养的一致性与不一致性以及自返性，都只能是相互对应的属性吗？

3. 在教学活动中，对教学基础的定位，就是对具有一致性与不一致性以及自返性的间接经验与直接经验的教学基础的对应定位吗？

4. 在教学活动中，对传授知识与发展能力关系的定位，就是对具有一致性与不一致性以及自返性的两者关系的对应定位吗？

5. 在教学活动中，对传授知识与培养价值关系的定位，就是对具有一致性与不一致性以及自返性的两者关系的对应定位吗？

6. 在教学活动中，教学基础、能力发展与价值培养的一致性与不一致性以及自返性，都不是抽象泛化的属性，而是具有边界对应关系的具体属性吗？我们需要从抽象泛化的思维，转换到具体的边界思维或对应思维吗？

7. 仅仅把握到不同教学任务的一致性的教学任务论，就只能成为简单空疏的任务论吗？既能把握到一致性与不一致性，又能把握到自返性的对应教学任务论，才可能建构出具有内在张力或生命力的教学任务论吗？

一、对现行教学任务论所包含的泛化思维的对应改造

上一节我们谈到，现行教学任务论，之所以存在偏蔽，是因为在其思维运作中存在抽象泛化的不足。因此，要改造现行教学任务论，就必须改造其抽象泛化的主观思维。如何改造这种思维呢？这首先就需要摆脱现行教学任务论所包含的简单主观思维，而转向对教学活动事实或过程的关注——由主观思维，转向事实思维。然后，还需要走出教学研究者简单泛化的抽象思维，而转向对教学活动的客观与主观对应的边界思维——由简单的泛化思维，转向对应的边界思维。

二、对现行教学任务论所包含的思维切入点的对应改造

现行教学任务论，从教学活动中具有一致性的教学基础、能力发展与价值培养，切到对教学活动的理解；这一切入点本身并不存在问题。现行教学任务论的问题在于：首先，从教学活动中具有一致性的教学基础、能力发展与价值培养这种主观愿望开始，切到对教学活动的理解；然后，却并没有对这一动态过程做出对应的考察，而是仅仅停留在具有一致性的主观愿望这里，并将教学任务抽象为以传授科学文化的“双基”为基础去发展学生的能力并培养学生正确的思想、情感与价值观。

教学活动的动态过程，又是怎样的呢？第一，从教学基础看，在实际的教学活动中，科学文化中的“双基”与师生直接经验中的“双基”，因为是不同时空或不同情境中的“双基”，所以，必然会具有一致性与不一致性影响；而由一致性与不一致性影响，两种“双基”又必然会产生自返性的影响（顺便一提，间接经验中的“双基”的自返性影响，当然是由师生双方来进行的）。第二，从能力发展看，在实际的教学活动中，教师对学生传授科学文化中的“双基”，既可能推动学生能力的发展（两者的一致性影响），也可能阻碍学生能力的发展（两者的不一致性影响）；而由于推动与阻碍的对应比较，又必然会产生两者的反思或反省（自返性影响）。第三，从价值培养看，在实际的教学活动中，教师对学生传授科学文化中的“双基”，既可能有利于学生的价值观（两者的一致性影响），也可能有害于学生的价值观（两者的不一致性影响）；而由于有利与有害的对应比较，又必然会产生两者的反思或反省（自返性影响）。总之，从教学活动的动态过程中，我们不难发现，现行教学任务论所包含的“具有一致性的教学基础、能力发展与价值培养”的切入点，其实都是“具有一致性与不一致性以及自返性的对应的教学基础、能力发展与价值培养”的切入点。由此，我

们就将现行教学任务论的“具有一致性的教学基础、能力发展与价值培养”的切入点，改造为“具有一致性与不一致性以及自返性的对应的教学基础、能力发展与价值培养”的切入点。

三、对现行教学任务论所包含的具体内容的对应改造

对应教学任务论，从教学活动中具有一致性与不一致性以及自返性的对应的教学基础、能力发展与价值培养，切到对教学活动的理解；能够对现行的简单教学任务论，做出哪些方面的改造呢？下面，分而论之。

第一，从教学基础看，对应教学任务论，既能把握到教学活动中两种“双基”（教师所传授的科学文化中的“双基”与师生双方直接经验中的“双基”）的一致性，又能把握到两种“双基”的不一致性，还能把握到两种“双基”的自返性；而不是现行教学任务论所把握到的两种“双基”的一致性。这里的道理是：在教学活动的实际过程中，因为两种“双基”是不同情境中的产物；所以，必然会存在一致性与不一致性。而由一致性与不一致性的对应比较，必然会产生自返性。这也就是说，在教学活动中，两种“双基”必然会具有一致性与不一致性以及自返性；而不可能是现行简单教学任务论所把握到的一致性——这种片面的一致性，当然，只能是抽象泛化的形而上学的属性。

第二，从能力发展看，对应教学任务论，既能把握到教学与学生能力发展两者的一致性，又能把握到两者的不一致性，还能把握到两者的自返性；而不是现行教学任务论所把握到的两者的一致性。这里的道理是：在教学活动的实际过程中，因为教学与学生能力发展分别属于不同的教学维度或侧面；所以，两者就必然会存在一致性与不一致性。而由一致性与不一致性的对应比较，两者也必然会产生自返性。这也就是说，在教学活动中，教学与学生能力发展两者必然会具有一致性与不一致性以及自返性；而不可能是现行简单教学任务论所把握到的一致性——这种片面的一致性，当然，只能是抽象泛化的形而上学的属性。

第三，从价值培养看，对应教学任务论，既能把握到教学与学生价值培养两者的一致性，又能把握到两者的不一致性，还能把握到两者的自返性；而不是现行教学任务论所把握到的两者的一致性。这里的道理是：在教学活动的实际过程中，因为教学与学生价值培养分别属于不同的教学维度或侧面；所以，两者就必然会存在一致性与不一致性。而由一致性与不一致性的对应比较，两者也必然会产生自返性。这也就是说，在教学活动中，教学与学生价值培养两者必然会具有一致性与不一致性以及自返性；而不可能是现行简单教学任务论

所把握到的一致性——这种片面的一致性，当然，只能是抽象泛化的形而上学的属性。

四、对应教学任务论的积极功能

对应教学任务论，从教学活动中具有一致性与不一致性以及自返性的对应的教学基础、能力发展与价值培养，切到对教学活动的理解；能够对实际的教学活动，产生哪些方面的积极影响呢？下面，分而论之。

第一，从教学基础看，对应教学任务论，能够对实际的教学活动产生如下两方面的积极影响。一方面是，对应教学任务论，能够把握到科学文化中的“双基”与师生直接经验中的“双基”的一致性与不一致性以及自返性；这不仅能够支持师生双方围绕科学文化中的“双基”开展和谐的教学活动，而且能够支持师生双方通过反思去改变或调整不和谐的教学活动。鉴于现行教学任务论的遮蔽或偏差，我们愿意特别强调如下两点。第一点是，关注两种“双基”的不一致性。这里的关键是要走出人们熟悉的现行教学任务论的偏蔽，那就是认为两种“双基”只有一致性的观点——那当然是简单抽象思维泛化的后果。在对应思维看来，两种“双基”必然具有一致性与不一致性的对应关系；所以，不仅要关注两种“双基”的一致性，还要关注两种“双基”的不一致性。第二点是，关注两种“双基”的自返性。这里的关键也是要走出人们熟悉的现行教学任务论的偏蔽，那就是认为两种“双基”只有一致性的观点——那当然是简单抽象思维泛化的后果。在对应思维看来，两种“双基”必然具有一致性与不一致性的对应关系；并且，正是这种具有一致性与不一致性的对应关系，才进一步产生了师生双方的自返性关系。所以，不仅要关注两种“双基”的一致性与不一致性，还要关注两种“双基”的自返性。另一方面是，既然教学活动中的两种“双基”具有一致性与不一致性以及自返性；那么，师生双方就要关注在一致性与不一致性以及自返性的相互对应前提下的四线定位关系。这种四线定位关系的基本内容是：关注理想性的上线，即师生双方在两种“双基”的一致性前提下，走向和谐的教学，以实现两种“双基”的互补性变化或发展；关注过渡性的自返线，即师生双方在两种“双基”的不一致性前提下，返回到自身，以调整自身与对方的关系；关注现实性的中线，即师生双方在两种“双基”的不一致性前提下，通过过渡性的自返线而走向对话或讨论，以实现两种“双基”的生成性变化或发展；关注禁止性的底线，即师生双方在两种“双基”的不一致性前提下，都不能破坏或割裂对应的教学关系。我们认为，在师生双方的教学基础维度上，经由四线定位的教学，就可以构建出师生双方以两种“双基”的一致性与不一致性以及自返性的对应为基础的，涉及理想、自返、现实与戒律的对等教学关系；由此，也可以规避现行教学任务论只有一致性关系的教学基础所必然导致的不对等教学关系。

第二，从能力发展看，对应教学任务论，能够对实际的教学活动产生如下两方面的积极影响。一方面是，对应教学任务论，能够把握到教学与学生能力发展的一致性与不一致性以及自返性；这不仅能够支持师生双方开展与学生能力发展相一致的教学，而且能够支持师生双方通过反思去改变或调整与学生能力发展不一致的教学。鉴于现行教学任务论的遮蔽或偏差，我们愿意特别强调如下两点。第一点是，关注教学与学生能力发展的不一致性。这里的关键是要走出人们熟悉的现行教学任务论的偏蔽，那就是认为教学与学生能力发展相一致的观点——那当然是简单抽象思维泛化的后果。在对应思维看来，教学与学生的能力发展两者必然具有一致性与不一致性的对应关系；所以，不仅要关注两者的一致性，还要关注两者的不一致性。第二点是，关注教学与学生能力发展两者的自返性。这里的关键也是要走出人们熟悉的现行教学任务论的偏蔽，那就是认为教学与学生能力发展相一致的观点——那当然是简单抽象思维泛化的后果。在对应思维看来，教学与学生的能力发展两者必然具有一致性与不一致性的对应关系；并且，正是这种具有一致性与不一致性的对应关系，才进一步产生了两者的自返性关系。所以，不仅要关注两者的一致性与不一致性，还要关注两者的自返性。另一方面是，既然教学与学生的能力发展两者具有一致性与不一致性以及自返性；那么，师生双方就要关注两者在一致性与不一致性以及自返性的相互对应前提下的四线定位关系。这种四线定位关系的基本内容是：关注理想性的上线，即在教学与学生能力发展两者的一致性前提下，走向和谐的教学，以实现两者的互补性变化或发展；关注过渡性的自返线，即在教学与学生能力发展两者的不一致性前提下，返回到自身，以调整自身与对方的关系；关注现实性的中线，即在教学与学生能力发展两者的不一致性前提下，通过过渡性的自返线而走向对话或讨论，以实现两者的生成性变化或发展；关注禁止性的底线，即在教学与学生能力发展两者的不一致性前提下，都不能破坏或割裂对应的教学关系。我们认为，在教学与学生的能力发展维度上，经由四线定位的教学，就可以构建出教学与学生能力发展两者以一致性与不一致性以及自返性的对应为基础的，涉及理想、自返、现实与戒律的对等教学关系；由此，也可以规避现行教学任务论关于教学与学生能力发展只有一致性关系所必然导致的不对等教学关系。

第三，从价值培养看，对应教学任务论，能够对实际的教学活动产生如下两方面的积极影响。一方面是，对应教学任务论，能够把握到教学与学生价值培养的一致性与不一致性以及自返性；这不仅能够支持师生双方开展与学生价值培养相一致的教学，而且能够支持师生双方通过反思去改变或调整与学生价值培养不一致的教学。鉴于现行教学任务论的遮蔽或偏差，我们愿意特别强调如下两点。第一点是，关注教学与学生价值培养的不一致性。这里的关键是要走出人们熟悉的现行教学任务论的偏蔽，那就是认为教学与学生价值培养相一致的观点——那当然是简单抽象思维泛化的后果。在对应思维看来，教学与学生的价值培养两者必然具有一致性与不一致性的对应关系；所以，不仅要关注两者的一致性，还要关注两者的不一致性。第二点是，关注教学与学生价值培养两者的自返性。这里的关键也是要走出人们熟悉的现行教学任务论的偏蔽，那就是认为教学与学生价值培养相一致的观点——那当然是简单抽象思维泛化的后果。在对应思维看来，教学与学生的价值培养两者必然具有一致性与不一致性的对应关系；并且，正是这种具有一致性与不一致性的对应关系，才进一步产生了两者的自返性关系。所以，不仅要关注两者的一致性与不一致性，还要关注两者的自返性。另一方面是，既然教学与学生的价值培养两者具有一致性与不一致性以及自返性；那么，师生双方就要关注两者在一致性与不一致性以及自返性的相互对应前提下的四线定位关系。这种四线定位关系的基本内容是：关注理想性的上线，即在教学与学生价值培养两者的一致性前提下，走向和谐的教学，以实现两者的互补性变化或发展；关注过渡性的自返线，即在教学与学生价值培养两者的不一致性前提下，返回到自身，以调整自身与对方的关系；关注现实性的中线，即在教学与学生价值培养两者的不一致性前提下，通过过渡性的自返线而走向对话或讨论，以实现两者的生成性变化或发展；关注禁止性的底线，即在教学与学生价值培养两者的不一致性前提下，都不能破坏或割裂对应的教学关系。我们认为，在教学与学生的价值培养维度上，经由四线定位的教学，就可以构建出教学与学生价值培养两者以一致性与不一致性以及自返性的对应为基础的，涉及理想、自返、现实与戒律的对等教学关系；由此，也可以规避现行教学任务论关于教学与学生价值培养只有一致性关系所必然导致的不对等教学关系。

五、本节小结

综上所述，我们对现行简单教学任务论的改造，涉及三层基本内容。一是，首先，由现行简单教学任务论所包含的主观思维路线，转换到事实思维路线；然后，在事实思维路线基础上，将现行简单教学任务论所包含的单一主观泛化的思维路线，改造为主观与客观的对应思维路线。二是，在对应思维路线上，将现行简单教学任务论所包含的认识教学活动的“具有一致性的教学基础、能力发展与价值培养”的思维切入点，改造为“具有一致性与不一致性以及自返性的对应的教学基础、能力发展与价值培养”的思维切入点。三是，在“具有一致性与不一致性以及自返性的对应的教学基础、能力发展与价值培养”视野中，分别对教学活动的教学基础、能力发展与价值培养这些基本维度，做出了对应的考察。最后，我们分别考察了对应教学任务论，在教学活动的教学基础、能力发展与价值培养这些基本维度上，对实际的教学活动所产生的积极影响；以推动人们从现行的简单教学任务论，转换到对应的教学任务论。

为了更简明地把握两种教学任务论的不同，我们不妨将其中所包含的不同思维路线，做出如下比较。

简单教学任务论的单线定位路线——教学的任务，就是教师在具有一致性的“双基”教学基础上去发展学生的能力并培养学生的价值——这里需要特别注意，简单教学任务论，仅仅是对教师单一主观性这一条思维路线的反应。

对应教学任务论的四线定位路线——教学的任务，就是师生双方在具有对应性的“双基”教学基础上去发展双方的能力并培养双方的价值；它包含双方一致性与不一致性以及自返性对应影响的理想的上线、过渡的自返线、现实的中线以及戒律的底线——这里需要特别注意，对应教学任务论，是对师生双方一致性与不一致性以及自返性对应影响的理想、自返、现实与戒律的四条思维路线的反应。

六、本节提示

在本节最后，需要做两点提示。一是，由“具有一致性的教学基础、能力发展与价值培养”这一思维活动切入点，到“具有一致性与不一致性以及自返性的对应的教学基础、能力发展与价值培养”思维活动切入点的过渡环节，就是由对教学过程的主观抽象思维，转向对教学过程的客观与主观的对应思维。二是，由“具有一致性的教学基础、能力发展与价值培养”，到“具有自返性的教学基础、能力发展与价值培养”的过渡环节，就是师生双方在教学活动中的主观愿望所必然引起的教学活动在客观上的不一致性；不理解这一环节，就很难完成由一致性到自返性的内在过渡。

附言：

1. 师生双方从一致性开始的教学活动，其实，都是一致性与不一致性以及自返性的对应教学活动。

2. 对师生双方在教学活动中的一致性与不一致性以及自返性的判断，都应该是对应的边界判断，而不能是抽象泛化的判断。

3. 现行教学任务论，仅仅把握到教学活动的一致性而没能把握到不一致性与自返性——其实质，就是典型的形而上学的片面论。

4. 不同教学任务的一致性与不一致性以及自返性所生成的张力，正是教学活动走向多样或丰富的动力。

5. 仅仅明白不同教学任务的一致性而不能同时明白不一致性与自返性的人，其实，也就是简单的人。

6. 关于师生在教学活动中只有一致性的现行教学任务论，正表现出人们在简单生活中的简单任务论；而关于师生双方在教学活动中具有一致性与不一致性以及自返性的对应教学任务论，则体现出人们在对应生活中的对应任务论。

第十三章

对现行教学意义论的遮蔽性分析与对应改造

第一节　对现行教学意义论的遮蔽性分析

切问：

1. 现行教学意义论认为，教学具有传承间接经验、促进学生发展与统领其他工作的意义——其思维活动的切入点在哪里？我们如何才能探索到其思维活动的切入点？

2. 现行教学意义论，从自己理解教学活动的切入点上，能够把握到教学活动哪些方面的内容呢？

3. 现行教学意义论的根据是什么？这种意义论，对实际的教学活动会产生哪些积极作用？

4. 现行教学意义论，从自己理解教学活动的切入点上，在对教学活动有所把握的同时，却又遮蔽了哪些内容呢？

5. 在思维运行中，现行教学意义论，存在遮蔽的根源在哪里？

6. 现行教学意义论，对实际的教学活动会产生怎样的消极作用？

一、现行教学意义论的内容、属性及其思维活动的切入点

（一）现行教学意义论的内容

现行教学理论，对教学意义的理解，在《教育学》中做出了如下三方面的表达：第一，“教学是传播系统知识、促进学生发展的最有效的形式”；第二，“教学是进行全面发展教育、实现培养目标的基本途径”；第三，“教学是学校教育的主要工作”。[①] 分析地看，现行教学意义论，包括三方面的指向性关系：一

① 王道俊，郭文安．教育学［M］．北京：人民教育出版社，2009：162-163.

是，教学指向间接经验的关系，也就是教学对间接经验的传承关系，即教学与间接经验的一致性关系；二是，教学指向学生的关系，也就是教学对学生发展的促进关系，即教学与学生发展的一致性关系；三是，教学指向学校其他工作的关系，也就是教学对其他工作的统领关系，即教学与其他工作的一致性关系。概括地看，现行教学意义论，所把握到的教学的意义，也就是：教学对间接经验、对学生发展、对学校工作的指向性意义，即教学具有传承间接经验、促进学生发展与统领其他工作的意义。这就是现行教学意义论的基本内容。

（二）现行教学意义论的属性

现行教学意义论，具有怎样的性质呢？

按照现行教学意义论的理解，教学的意义，就是对间接经验、对学生发展、对学校工作的指向性意义，即教学具有传承间接经验、促进学生发展与统领其他工作的意义。教学活动的实际，果真是这样的吗？就教学指向间接经验的关系看，教学对间接经验的传承，难道能够脱离师生双方的直接经验吗？教学所传承的间接经验与师生双方的直接经验两者，难道只有一致性影响而没有不一致性影响吗？两者一致性与不一致性的影响，难道不能带来两者的自返性影响吗？就教学指向学生发展的关系看，教学在推动学生发展的同时，难道不能推动教师的发展吗？师生双方的发展，难道只有一致性影响而没有不一致性影响吗？双方一致性与不一致性的影响，难道不能带来双方的自返性影响吗？就教学指向学校其他工作的关系看，教学对其他工作，难道真的是所谓主要对次要统领的地位关系吗？没有后勤保障或学校安保工作的协同，教学工作难道还能够顺利展开吗？教学工作对后勤保障或学校安保工作，难道只有一致性影响而没有不一致性影响吗？这些不同工作的一致性与不一致性影响，难道不能带来这些不同工作的自返性影响吗？然而，从上面的引文中，我们看到，现行教学意义论，根本无视教学活动实际中这些具有内在对应性关系的问题，而仅仅将教学的意义抽象为教学的简单指向性意义，也就是教学对间接经验、对促进学生发展、对其他工作的意义。由此，我们可以有根据地说，现行教学意义论的属性，就是简单的指向性意义——正因为如此，我们也将现行教学意义论以术语表达为简单教学意义论。

（三）现行教学意义论的思维活动的切入点

现行教学意义论，既然将教学意义理解为传承间接经验、促进学生发展与统领其他工作的意义；那么，我们就可以据此逆向推论出现行教学意义论理解教学活动的思维活动的切入点，那就是教学的指向性关系。正向地表达，现行教学意义论，从教学的指向性关系，切到对教学活动的理解；由此，才将教学意义理解为传承间接经验、促进学生发展与统领其他工作的意义。

二、现行教学意义论的所见、根据及其积极功能

（一）现行教学意义论的所见

现行教学意义论，从教学的指向性关系，切到对教学活动的理解，能够把握到教学活动哪些方面的内容呢？一是，从教学与间接经验的关系看，现行教学意义论，能够把握到教学对间接经验的传承作用，即教学与间接经验的一致性影响关系。二是，从教学与学生发展的关系看，现行教学意义论，能够把握到教学对学生发展的促进作用，即教学与学生发展的一致性影响关系。三是，从教学与其他工作的关系看，现行教学意义论，能够把握到教学对其他工作的统领作用，即教学与其他工作的一致性影响关系。总之，现行教学意义论，从教学的指向性关系，切到对教学活动的理解，能够把握到的内容，也就是，教学的单一指向性作用即教学对间接经验、对学生发展以及对其他工作的具有一致性的作用。

（二）现行教学意义论的根据

现行教学意义论，从教学的指向性关系，切到对教学活动的理解，所把握到的基本内容，是有根据的吗？一是，从教学与间接经验的关系看，现行教学意义论，能够把握到教学对间接经验的传承作用，即教学与间接经验的一致性影响关系。从教学活动的实际看，教学的基本功能，就是将人们在生产与生活中所积极的间接经验传递给下一代，这也就是教学对传承间接经验的意义。就此而论，现行教学意义论所把握到的这一内容，就是有根据的。二是，从教学与学生发展的关系看，现行教学意义论，能够把握到教学对学生发展的促进作用，即教学与学生发展的一致性影响关系。从教学活动的实际看，教学对间接经验的传承，是依靠学生的直接经验来进行的；而正是间接经验与直接经验双方的相互影响关系，才推动了间接经验与学生直接经验的变化或发展。就此而论，现行教学意义论所把握到的内容，也是有根据的。三是，从教学与其他工作的关系看，现行教学意义论，能够把握到教学对其他工作的统领作用，即教学与其他工作的一致性影响关系。从教学活动的实际看，不管是后勤保障工作，还是学校安保工作，都必须为教学工作而服务。这是由学校作为教育机构的属性所决定的。就此而论，现行教学意义论所把握到的这一内容，也是有根据的。总之，现行教学意义论，从教学的指向性关系，切到对教学活动的理解，所把

握到的基本内容，从传承间接经验、促进学生的发展与统领学校其他工作来看，都是有根据的；因而就是合理的。

（三）现行教学意义论的积极功能

现行教学意义论，从教学的指向性关系，切到对教学活动的理解，所把握到的基本内容，对于实际的教学活动，都具有积极的功能或价值。一是，从教学与间接经验的关系看，现行教学意义论，能够把握到教学对间接经验的传承作用，即教学与间接经验的一致性影响关系；这能够为师生双方开展传承性的教学活动提供关于教学与文化或间接经验的价值论上的支持。二是，从教学与学生发展的关系看，现行教学意义论，能够把握到教学对学生发展的促进作用，即教学与学生发展的一致性影响关系；这能够为师生双方在教学传承间接经验基础上去促进学生的发展提供关于教学与学生发展的价值论的支持。三是，从教学与其他工作的关系看，现行教学意义论，能够把握到教学对其他工作的统领作用，即教学与其他工作的一致性影响关系；这能够为学校以教学活动为中心而开展各种工作提供关于教学与其他工作的价值论的支持。总之，现行教学意义论，从教学的指向性关系，切到对教学活动的理解，所把握到的基本内容，对于教学所指向的传承间接经验、促进学生发展与统领学校其他工作这些方面而言，都具有积极的功能或价值。

三、现行教学意义论的偏蔽、根源及其消极功能

（一）现行教学意义论的偏蔽

现行教学意义论，从教学的指向性关系，切到对教学活动的理解，在有所见或有所把握的同时，却又遗漏或遮蔽了哪些内容呢？一是，从教学与间接经验的关系看，现行教学意义论，在把握到教学对间接经验的传承作用，即教学与间接经验两者的一致性影响的同时，却遮蔽了两者的不一致性影响；进一步，还遮蔽了两者由一致性与不一致性所必然带来的各自的自返性影响。二是，从教学与学生发展的关系看，现行教学意义论，在把握到教学对学生发展的促进作用，即教学与学生发展两者的一致性影响的同时，却遮蔽了两者的不一致性影响；进一步，还遮蔽了两者由一致性与不一致性所必然带来的各自的自返性影响。三是，从教学与其他工作的关系看，现行教学意义论，在把握到教学对其他工作的统领作用，即教学与其他工作两者的一致性影响的同时，却遮蔽了两者的不一致性影响；进一步，还遮蔽了两者由一致性与不一致性所必然带来的各自的自返性影响。总之，现行教学意义论，从教学的指向性关系，切到对

教学活动的理解，在把握到教学与间接经验、教学与学生发展以及教学与其他工作的一致性影响的同时，却遮蔽了不一致性影响；进一步，还遮蔽了教学与间接经验、学生发展以及其他工作各自的自返性影响。

（二）现行教学意义论的偏蔽的根源

从思维运作看，现行教学意义论，之所以存在上述偏蔽，就是因为其主观抽象思维的泛化。一是，从教学与间接经验的关系看，在实际的教学活动中，师生双方对间接经验的传承，只能依靠双方的直接经验；离开双方的直接经验，单一的间接经验就只能是不可理解的东西。同时，因为间接经验与直接经验，分别属于不同时空或不同情境中产生的经验；所以，两者之间就必然会既有一致性影响，又有不一致性影响。进一步，还必然会由于一致性与不一致性影响的相互影响，两者又必然会产生自返性影响。这清楚地表明，在实际的教学活动中，教学与间接经验，既有一致性影响，又有不一致性影响，还有自返性影响。然而，现行教学意义论，在其主观思维中，片面地抽取出两者的一致性影响，并以偏概全地泛指两者在教学活动中所产生的对应性影响；由此，便遮蔽了不一致性的影响，还遮蔽了自返性的影响。二是，从教学与学生发展的关系看，在实际的教学活动中，师生双方的教学活动与学生单方面的发展，因为分别属于不同的教学维度或教学侧面；所以，两者就必然会产生一致性影响，也必然会产生不一致性影响。同时，两者还会由于一致性与不一致性的相互影响而必然产生自返性的影响。这清楚地表明，在实际的教学活动中，教学与学生的发展，既有一致性影响，又有不一致性影响，还有自返性影响。然而，现行教学意义论，在其主观思维中，片面地抽取出两者一致性的影响，并以偏概全地泛指两者在教学活动中所产生的对应性影响；由此，便遮蔽了不一致性的影响，还遮蔽了自返性的影响。三是，从教学与其他工作的关系看，在实际的教学活动中，学校的教学工作与后勤保障以及安保工作等，因为分别属于学校整体工作的不同部分；所以，教学与其他工作，两者就必然会产生一致性影响，也必然会产生不一致性影响。同时，两者还会由于一致性与不一致性的相互影响而必然产生自返性的影响。这清楚地表明，在实际的教学活动中，教学与其他工作，既有一致性影响，又有不一致性影响，还有自返性影响。然而，现行教学意义论，在其主观思维中，片面地抽取出两者一致性的影响，并以偏概全地泛指两者在学校工作中所产生的对应性影响；由此，便遮蔽了不一致性的影响，还遮蔽了自返性的影响。

（三）现行教学意义论的消极功能

现行教学意义论，从教学的指向性关系，切到对教学活动的理解，在有所把握的同时，却又存在偏蔽。这些认识或思维中的偏蔽，对实际的教学活动，会产生哪些消极影响呢？

一是，从教学与间接经验的关系看，现行教学意义论，在把握到教学对间接经验的传承作用，即教学与间接经验两者的一致性影响的同时，却遮蔽了两者的不一致性影响；进一步，还遮蔽了两者由一致性与不一致性所必然带来的各自的自返性影响。由此，便直接导致了两个方面的不足性。从教师方面看，教师仅仅把握到两者的一致性影响，便必然会产生对这种一致性影响的偏重而难以产生对不一致性以及自返性影响的对应关注；从学生方面看，学生仅仅把握到两者的一致性影响，也必然会产生对这种一致性影响的偏重而难以产生对不一致性以及自返性影响的对应关注。

二是，从教学与学生发展的关系看，现行教学意义论，在把握到教学对学生发展的促进作用，即教学与学生发展两者的一致性影响的同时，却遮蔽了两者的不一致性影响；进一步，还遮蔽了两者由一致性与不一致性所必然带来的各自的自返性影响。由此，便直接导致了两个方面的不足性。从教师方面看，教师仅仅把握到两者的一致性关系，便必然会产生对这种一致性关系的偏重而难以产生对不一致性以及自返性关系的对应关注；从学生方面看，学生仅仅把握到两者的一致性关系，也必然会产生对这种一致性关系的偏重而难以产生对不一致性以及自返性关系的对应关注。

三是，从教学与其他工作的关系看，现行教学意义论，在把握到教学对其他工作的统领作用，即教学与其他工作两者的一致性影响的同时，却遮蔽了两者的不一致性影响；进一步，还遮蔽了两者由一致性与不一致性所必然带来的各自的自返性影响。由此，便直接导致了两个方面的不足性。从教学工作者方面看，教学工作者仅仅把握到两者的一致性关系，便必然会产生对这种一致性关系的偏重而难以产生对不一致性以及自返性关系的对应关注；从其他工作者方面看，其他工作者仅仅把握到两者的一致性关系，也必然会产生对这种一致性关系的偏重而难以产生对不一致性以及自返性关系的对应关注。

总之，现行教学意义论，从教学的指向性关系，切到对教学活动的理解，从教学与间接经验、学生发展以及学校其他工作所包含的具有内在对应性的关系来看，确实存在严重的简单性偏差并因此受到合理的反思与改造。

四、本节小结

综上所述，我们看到，现行教学意义论，从教学的指向性关系，切到对教学活动的理解，虽然能够把握到教学对传承间接经验、促进学生发展以及统领其他工作的意义，也能够把握到它们存在的根据并对实际的具有一致性的简单教学活动产生积极的作用；但是，遮蔽了具有不一致性的教学活动并因此进一步遮蔽了具有自返性的教学活动。从思维运作看，现行教学意义论的偏蔽，是其主观思维的抽象泛化所导致的。从实际看，这种抽象泛化的思维或认识，对实际的对应教学活动存在多方面的消极作用。因此，现行简单的教学意义论，就必然被合理地反思与改造。

五、本节提示

在本节最后，需要做两点提示。一是，探寻现行教学意义论的思维活动切入点的根据，就是现行教学意义论的内容；或者说，我们是通过现行教学意义论的基本内容而探寻到其思维活动的切入点的。二是，对现行教学意义论的思维活动切入点的遮蔽性分析，不是我们简单的主观分析，而是根据现行教学意义论所包含的主观思维活动切入点的所见与所不见而展开的——要特别注意，现行教学意义论所包含的简单静态的主观思维，必然会遮蔽与其对应的动态的客观事实。

附言：

1. 考察教学的意义，当然可以从教学与传承文化的一致性关系开始，但是，不能仅仅停留在这里。

2. 不管是教学与传承文化两者的一致性、不一致性还是自返性，都只能是在对应中才能相互彰显的属性。

3. 仅仅把握到教学的对象性意义的现行教学意义论，必然是抽象泛化的简单意义论；此种意义论，很难不流入外在的肤浅或空泛。

4. 教学不仅具有指向对象的意义，而且还具有指向自身的意义；并且这两种指向具有内在的对应性关系。

5. 仅仅知道教学的对象性意义而不知道自返性意义的人，其实，也就是简单的人。

6. 在实际的教学活动中，教学的对象，绝不是简单的对象，而是相互对应的对象——这决定了双方的一致性与不一致性以及自返性关系。

第二节 对现行教学意义论的对应改造

切问：

1. 从动态的教学活动的事实看，现行教学意义论所包含的“教学的指向性关系”的切入点，其实都是“教学的相互指向性与自返性关系”的切入点吗？

2. 在教学活动中，教学的相互指向性与自返性，都只能是相互对应的属性吗？

3. 在教学活动中，对教学与间接经验关系的定位，就是对两者一致性与不一致性以及自返性关系的对应定位吗？

4. 在教学活动中，对教学与学生发展关系的定位，就是对两者一致性与不一致性以及自返性关系的对应定位吗？

5. 在教学活动中，对教学与其他工作关系的定位，就是对两者一致性与不一致性以及自返性关系的对应定位吗？

6. 在教学活动中，教学的相互指向性与自返性，都不是抽象泛化的属性，而是具有边界对应关系的具体属性吗？我们需要从抽象泛化的思维，转换到具体的边界思维或对应思维吗？

7. 仅仅把握到教学的对象性意义的现行教学意义论，就只能成为外在的简单意义论吗？能够把握到教学的相互对象性意义与自返性意义的对应意义论，才可能建构出具有内在张力或生命力的教学意义论吗？

一、对现行教学意义论所包含的泛化思维的对应改造

上一节我们谈到，现行教学意义论，之所以存在偏蔽，是因为在其思维运作中存在抽象泛化的不足。因此，要改造现行教学意义论，就必须改造其抽象泛化的主观思维。如何改造这种思维呢？这首先就需要摆脱现行教学意义论所包含的简单主观思维，而转向对教学活动事实或过程的关注——由主观思维，转向事实思维。然后，还需要走出教学研究者简单泛化的抽象思维，而转向对教学活动的客观与主观对应的边界思维——由简单的泛化思维，转向对应的边界思维。

二、对现行教学意义论所包含的思维切入点的对应改造

现行教学意义论，从教学的指向性关系，切到对教学活动的理解；这一切入点本身并不存在问题。现行教学意义论的问题在于：从教学的指向性关系开始，切到对教学活动的理解；然而并没有对这一动态过程做出对应的考察，而是仅仅停留在具有一致性的教学的主观愿望这里，并将教学的意义抽象为传承间接经验、促进学生发展并统领其他任务。

从教学的指向性关系开始的教学活动的动态过程，又是怎样的呢？第一，从教学与间接经验的关系看，在实际的教学活动中，师生双方所要传授的间接经验，与师生双方的直接经验，因为是在不同情境中所产生的两种经验，所以，就必然会具有一致性与不一致性影响；而由一致性与不一致性影响，两种经验又必然会产生自返性的影响（顺便一提，间接经验的自返性影响，当然是由师生双方来进行的）。第二，从教学与学生发展的关系看，在实际的教学活动中，师生双方的教学活动与学生单方面的发展，因为属于不同的教学维度或教学侧面，所以，就必然会具有一致性与不一致性影响；而由一致性与不一致性影响，又必然会产生自返性的影响。第三，从教学与其他工作的关系看，在实际的教学活动中，教学与其他工作，因为属于整体学校教育工作的不同环节或方面，所以，就必然会具有一致性与不一致性影响；而由一致性与不一致性影响又必然会产生自返性的影响。总之，从教学活动的动态过程中，我们不难发现，现行教学意义论所包含的“教学的指向性关系”的切入点，其实都是“教学的相互指向性与自返性关系”的切入点。由此，我们就将现行教学意义论的“教学的指向性关系”的切入点，改造为“教学的相互指向性与自返性关系”的切入点。

三、对现行教学意义论所包含的具体内容的对应改造

对应教学意义论，从教学的相互指向性与自返性关系，切到对教学活动的理解；能够对现行的简单教学意义论，做出哪些方面的改造呢？下面，分而论之。

第一，从教学与间接经验的关系看，对应教学意义论，既能把握到教学与间接经验两者的一致性，又能把握到两者的不一致性，还能把握到两者的自返性；而不是现行教学意义论所把握到的两者的一致性。这里的道理是：在教学活动的实际过程中，因为师生双方所要传承的间接经验与师生双方的直接经验，是不同情境中的产物，所以，必然会存在一致性与不一致性；而由一致性与不

一致性的对应比较，就必然会产生自返性。这也就是说，教学与间接经验的关系，必然会具有一致性与不一致性以及自返性；而不可能是现行简单教学意义论所把握到的一致性——这种片面的一致性，当然，只能是抽象泛化的形而上学的属性。

第二，从教学与学生发展的关系看，对应教学意义论，既能把握到教学与学生发展两者的一致性，又能把握到两者的不一致性，还能把握到两者的自返性；而不是现行教学意义论所把握到的两者的一致性。这里的道理是：在教学活动的实际过程中，因为教学与学生发展分别属于不同的教学维度或侧面；所以，两者就必然会存在一致性与不一致性。而由一致性与不一致性的对应比较，两者也必然会产生自返性。这也就是说，教学与学生发展的关系，必然会具有一致性与不一致性以及自返性；而不可能是现行简单教学意义论所把握到的一致性——这种片面的一致性，当然，只能是抽象泛化的形而上学的属性。

第三，从教学与其他工作的关系看，对应教学意义论，既能把握到教学与其他工作两者的一致性，又能把握到两者的不一致性，还能把握到两者的自返性；而不是现行教学意义论所把握到的两者的一致性。这里的道理是：在教学活动的实际过程中，因为教学与其他工作，分别属于整体学校教育工作的不同环节或方面；所以，两者就必然会存在一致性与不一致性。而由一致性与不一致性的对应比较，两者也必然会产生自返性。这也就是说，教学与其他工作的关系，必然会具有一致性与不一致性以及自返性；而不可能是现行简单教学意义论所把握到的一致性——这种片面的一致性，当然，只能是抽象泛化的形而上学的属性。

四、对应教学意义论的积极功能

对应教学意义论，从教学的相互指向性与自返性关系，切到对教学活动的理解；能够对实际的教学活动，产生哪些方面的积极影响呢？下面，分而论之。

第一，从教学与间接经验的关系看，对应教学意义论，能够对实际的教学活动产生如下两方面的积极影响。一方面是，对应教学意义论，能够把握到教学与间接经验的一致性与不一致性以及自返性；这不仅能够支持师生双方围绕间接经验开展具有一致性的教学活动，而且能够支持师生双方通过反思去改变或调整具有不一致性的教学活动。鉴于现行教学意义论的遮蔽或偏差，我们愿意特别强调如下两点。第一点是，关注间接经验与师生双方直接经验的不一致性。这里的关键是要走出人们熟悉的现行教学意义论的偏蔽，那就是认为间接经验与师生双方直接经验只有一致性的观点——那当然是简单抽象思维泛化的后果。在对应思维看来，两种经验必然具有一致性与不一致性的对应关系；所以，不仅要关注两种经验的一致性，还要关注两种经验的不一致性。第二点是，关注两种经验的自返性。这里的关键也是要走出人们熟悉的现行教学意义论的偏蔽，那就是认为两种经验只有一致性的观点——那当然是简单抽象思维泛化的后果。在对应思维看来，两种经验必然具有一致性与不一致性的对应关系；并且，正是这种具有一致性与不一致性的对应关系，才进一步产生了两种经验的自返性关系。所以，不仅要关注两种经验的一致性与不一致性，还要关注两种经验的自返性。另一方面是，既然教学活动中的两种经验具有一致性与不一致性以及自返性；那么，师生双方就要关注在一致性与不一致性以及自返性的相互对应前提下的四线定位关系。这种四线定位关系的基本内容是：关注理想性的上线，即师生双方在两种经验的一致性前提下，走向和谐的教学，以实现两种经验的互补性变化或发展；关注过渡性的自返线，即师生双方在两种经验的不一致性前提下，返回到自身，以调整自身与对方的关系；关注现实性的中线，即师生双方在两种经验的不一致性前提下，经由过渡性的自返线而走向对话或讨论，以实现两种经验的生成性变化或发展；关注禁止性的底线，即师生双方在两种经验的不一致性前提下，都不能破坏或割裂对应的教学关系。我们认为，在教学与间接经验的关系维度上，经由四线定位的教学，就可以构建出师生双方以两种经验的一致性与不一致性以及自返性的对应为基础的涉及理想、自返、现实与戒律的对等教学关系；由此，也可以规避现行教学意义论关于教学与间接经验只有一致性关系的片面论所必然导致的不对等教学关系。

第二，从教学与学生发展的关系看，对应教学意义论，能够对实际的教学活动产生如下两方面的积极影响。一方面是，对应教学意义论，能够把握到教学与学生发展的一致性与不一致性以及自返性；这不仅能够支持师生双方开展与学生发展相一致的教学，而且能够支持师生双方通过反思去改变或调整与学生发展不一致的教学。鉴于现行教学意义论的遮蔽或偏差，我们愿意特别强调如下两点。第一点是，关注教学与学生发展的不一致性。这里的关键是要走出人们熟悉的现行教学意义论的偏蔽，那就是认为教学与学生发展相一致的观点——那当然是简单抽象思维泛化的后果。在对应思维看来，教学与学生发展两者必然具有一致性与不一致性的对应关系；所以，不仅要关注两者的一致性，还要关注两者的不一致性。第二点是，关注教学与学生发展两者的自返性。这里的关键也是要走出人们熟悉的现行教学意义论的偏蔽，那就是认为教学与学生发展相一致的观点——那当然是简单抽象思维泛化的后果。在对应思维看来，教学与学生发展两者必然具有一致性与不一致性的对应关系；并且，正是这种具有一致性与不一致性的对应关系，才进一步产生了两者的自返性关系。所以，就不仅要关注两者的一致性与不一致性，而且还要关注两者的自返性。另一方面是，既然教学与学生发展两者具有一致性与不一致性以及自返性；那么，师生双方就要关注两者在一致性与不一致性以及自返性的相互对应前提下的四线定位关系。这种四线定位关系的基本内容是：关注理想性的上线，即在教学与学生发展两者的一致性前提下，走向和谐的教学，以实现两者的互补性变化或发展；关注过渡性的自返线，即在教学与学生发展两者的不一致性前提下，返回到自身，以调整自身与对方的关系；关注现实性的中线，即在教学与学生发展两者的不一致性前提下，经由过渡性的自返线而走向对话或讨论，以实现两者的生成性变化或发展；关注禁止性的底线，即在教学与学生发展两者的不一致性前提下，都不能破坏或割裂对应的教学关系。我们认为，在教学与学生发展的关系维度上，经由四线定位的教学，就可以构建出教学与学生发展两者以一致性与不一致性以及自返性的对应为基础的，涉及理想、自返、现实与戒律的对等教学关系；由此，也可以规避现行教学意义论关于教学与学生发展只有一致性关系所必然导致的不对等教学关系。

第三，从教学与其他工作的关系看，对应教学意义论，能够对实际的教学活动产生如下两方面的积极影响。一方面是，对应教学意义论，能够把握到教学与其他工作的一致性与不一致性以及自返性；这不仅能够支持教学人员与非教学人员开展具有一致性的教育或教学工作，而且能够支持教学人员与非教学人员双方通过反思去改变或调整具有不一致性的教育或教学工作。鉴于现行教学意义论的遮蔽或偏差，我们愿意特别强调如下两点。第一点是，关注教学与其他工作的不一致性。这里的关键是要走出人们熟悉的现行教学意义论的偏蔽，那就是认为教学与其他工作相一致的观点——那当然是简单抽象思维泛化的后果。在对应思维看来，教学与其他工作两者必然具有一致性与不一致性的对应关系；所以，不仅要关注两者的一致性，还要关注两者的不一致性。第二点是，关注教学与其他工作两者的自返性。这里的关键也是要走出人们熟悉的现行教学意义论的偏蔽，那就是认为教学与其他工作相一致的观点——那当然是简单抽象思维泛化的后果。在对应思维看来，教学与其他工作两者必然具有一致性与不一致性的对应关系；并且，正是这种具有一致性与不一致性的对应关系，才进一步产生了两者的自返性关系。所以，不仅要关注两者的一致性与不一致性，还要关注两者的自返性。另一方面是，既然教学与其他工作两者具有一致性与不一致性以及自返性；那么，教学人员与非教学人员双方就要关注两者在一致性与不一致性以及自返性的相互对应前提下的四线定位关系。这种四线定位关系的基本内容是：关注理想性的上线，即在教学与其他工作两者的一致性前提下，走向和谐的教育或教学，以实现两者的互补性变化或发展；关注过渡性的自返线，即在教学与其他工作两者的不一致性前提下，返回到自身，以调整自身与对方的关系；关注现实性的中线，即在教学与其他工作两者的不一致性前提下，经由过渡性的自返线而走向对话或讨论，以实现两者的生成性变化或发展；关注禁止性的底线，即在教学与其他工作两者的不一致性前提下，都不能破坏或割裂对应的教育或教学关系。我们认为，在教学与其他工作的关系维度上，经由四线定位的教育或教学，就可以构建出教学人员与非教学人员两者以一致性与不一致性以及自返性的对应为基础的，涉及理想、自返、现实与戒律的对等教育或教学关系；由此，也可以规避现行教学意义论关于教学与其他工作只有一致性关系所必然导致的不对等的教育或教学关系。

五、本节小结

综上所述，我们对现行简单教学意义论的改造，涉及三层基本内容。一是，首先，由现行简单教学意义论所包含的主观思维路线，转换到事实思维路线；然后，在事实思维路线基础上，将现行简单教学意义论所包含的单一主观泛化的思维路线，改造为主观与客观的对应思维路线。二是，在对应思维路线上，将现行简单教学意义论所包含的认识教学活动的“教学的指向性关系”的思维切入点，改造为“教学的相互指向性与自返性关系”的思维切入点。三是，在“教学的相互指向性与自返性关系”视野中，分别对教学与间接经验的关系、教学与学生发展的关系以及教学与其他工作的关系，做出了对应的考察。最后，我们分别考察了对应教学意义论，在教学与间接经验的关系、教学与学生发展的关系以及教学与其他工作的关系这些基本维度上，对实际的教学活动所产生的积极影响，以推动人们从现行的简单教学意义论，转换到对应的教学意义论。

为了更简明地把握两种教学意义论的不同，我们不妨将其中所包含的不同思维路线，做出如下比较。

简单教学意义论的单线定位路线——教学的意义，就是教学对间接经验、教学对学生发展以及教学对其他工作的具有一致性的意义——这里需要特别注意，简单教学意义论，仅仅是对教师单一主观性这一条思维路线的反应。

对应教学意义论的四线定位路线——教学的意义，就是教学与间接经验、教学与学生发展以及教学与其他工作的具有一致性与不一致性以及自返性的意义；它包含教学人员与非教学人员一致性与不一致性以及自返性对应影响的理想的上线、过渡的自返线、现实的中线以及戒律的底线——这里需要特别注意，对应教学意义论，是对教学人员与非教学人员双方一致性与不一致性以及自返性对应影响的理想、自返、现实与戒律的四条思维路线的反应。

六、本节提示

在本节最后，需要做两点提示。一是，由“教学的指向性关系”这一思维活动切入点，到“教学的相互指向性与自返性关系”思维活动切入点的过渡环节，就是由对教学过程的主观抽象思维，转向对教学过程的客观与主观的对应思维。二是，由“教学的指向性关系”，到“教学的自返性关系”的过渡环节，就是师生双方在教学活动中的主观愿望所必然引起的教学活动在客观上的不一致性；不理解这一环节，就很难完成由指向性到自返性的内在过渡。

附言：

1. 从实际看，教学的指向性关系其实都是相互指向性关系与自返性关系。

2. 对教学的简单指向性与相互指向性以及自返性关系的认识，都应该是对应的边界认识，而不能是抽象泛化的认识。

3. 现行教学意义论，仅仅把握到教学的简单指向性意义而没能把握到相互指向性意义，也没能把握到自返性意义——其实质就是典型的形而上学的简单论。

4. 教学的简单指向性意义，表明了教学意义的贫瘠；而正是教学的相互指向性意义与自返性意义，从而构成教学意义的充实与富裕。

5. 仅仅明白教学的简单指向性意义而不能同时明白相互指向性意义与自返性意义的人，其实，也就是简单的人。

6. 关于教学只有简单指向性意义的现行教学意义论，正表现出人们在简单生活中的简单意义论；而关于教学具有相互指向性意义与自返性意义的对应教学意义论，则体现出人们在对应生活中的对应意义论。

第十四章

对现行教学原则论的遮蔽性分析与对应改造

第一节　对现行教学原则论的遮蔽性分析

切问：

1. 现行教学理论，将教学原则理解为有效教学的基本要求和原理；其思维活动的切入点在哪里？我们如何才能探索到其思维活动的切入点？

2. 现行教学原则论，从自己理解教学原则的切入点上，能够把握到教学原则哪些方面的内容呢？

3. 现行教学原则论的根据是什么？这种原则论，对实际的教学活动会产生哪些积极作用？

4. 现行教学原则论，从自己理解教学原则的切入点上，在对教学原则有所把握的同时，却又遮蔽了哪些内容呢？

5. 在思维运行中，现行教学原则论，存在遮蔽的根源在哪里？

6. 现行教学原则论，对实际的教学活动会产生怎样的消极作用？

一、现行教学原则论的内容、属性及其思维活动的切入点

（一）现行教学原则论的内容

要弄明白什么是教学原则，就先要弄明白什么是教学。关于教学，《教育学》中写道："教学乃是在教师引导下学生能动地学习知识以获得个性发展的活动。"① 关于教学原则，在这本教材中写道："教学原则是有效进行教学必须遵守的基本要求和原理。"② 从这两层理解中，我们不难发现，按照现行教学理论

---

① 王道俊，郭文安．教育学［M］．北京：人民教育出版社，2009：161.

② 王道俊，郭文安．教育学［M］．北京：人民教育出版社，2009：211.

的理解，教学原则，也就是教师有效引导学生的原则；换一种表达，也就是教师引导学生的理想性或价值性原则——这就是现行教学原则论的基本内容。

（二）现行教学原则论的属性

现行教学原则论，具有怎样的属性呢？

按照现行教学原则论的理解，教学原则，就是教师引导学生的理想性原则。教学活动的实际，果真是这样的吗？从教师方面看，当教师对学生进行理想性的教学活动时，难道不会受到学生客观性或现实性的制约吗？如果脱离学生的现实性活动；那么，教师的理想性活动，难道还能够具备有效教学的意义吗？当教师对学生的理想性教学活动受到学生现实性的制约时，教师难道不会产生反思或反省自己的自返性活动吗？从学生方面看，当教师对学生进行理想性的教学活动时，学生难道不会产生自己的理想性活动吗？学生的理想性活动，难道不会受到教师的客观性或现实性地制约吗？当学生的理想性活动受到教师现实性地制约时，学生难道不会产生反思或反省自己的自返性活动吗？从前面的引文中，我们不难发现，现行教学理论，却根本无视教学活动实际中这些具有内在对应性的问题；而仅仅从自己的主观愿望或主观价值出发，一厢情愿地将教学原则抽象为教师对学生的理想性原则——由此，我们就可以有根据地说，现行教学原则论的属性，就是片面性或简单性。现行教学原则论，因为具有内在的孤立性或简单性的属性；所以，我们也将现行教学原则论以术语表达为简单教学原则论或简单原则论。

（三）现行教学原则论的思维活动的切入点

现行教学原则论，既然将教学原则规定为教师对学生的理想性原则，那么，我们就可以据此逆向推论出现行教学原则论的思维活动的起点或切入点，那就是“教师对学生的理想性规定或定位”。正向地表达，现行教学原则论，从教师对学生的理想性规定，切到对教学原则的理解；由此，才将教学原则规定为教师对学生的理想性原则。

二、现行教学原则论的所见、根据及其积极功能

（一）现行教学原则论的所见

现行教学原则论，从教师对学生的理想性规定，切到对教学原则的理解，能够把握到教学原则哪些方面的内容呢？一是，从师生双方的活动属性看，现行教学原则论，能够把握到教师活动的理想性与学生活动的现实性。关于教师活动的理想性，那就是上面引文中所说的“有效进行教学”所包含的有效性；

关于学生活动的现实性，则是上面引文所谓教师“引导”学生所包含的学生“需要引导”——这也就是说，学生的活动具有现实的不足性。二是，从师生双方的活动指向看，现行教学原则论，能够把握到教师活动的理想性对学生活动的现实性的影响指向。套用上面引文中的话说，那就是教师对学生的“引导”。三是，从师生双方的活动结果看，现行教学原则论，能够把握到教师活动的理想性对学生活动现实性的影响结果。套用上面引文中的话说，那就是教师对学生进行了“有效”的引导。总之，现行教学原则论，从教师对学生的理想性规定，切到对教学原则的理解，能够把握到的基本内容，也就是：教师活动的理想性对于学生活动的现实性的有效影响或改造。

（二）现行教学原则论的根据

现行教学原则论，从教师对学生的理想性规定，切到对教学原则的理解，所把握到的基本内容，是有根据的吗？一是，从师生双方的活动属性看，因为教学活动具有指向未来的属性；所以，教师当然会具有对学生的理想性规定。而学生是正在成长的青少年学生，也当然会具有成长过程中的现实的不足性。就此而论，现行教学原则论所把握到的师生双方的活动属性，就是有根据的。二是，从师生双方的活动指向看，教师要对学生进行理想性的规定，就必然会将自身的活动指向学生，这也是有根据的。三是，从师生双方的活动结果看，既然教师对学生进行了理想性的规定，教师也就对学生进行了引导；那么，学生就必然会受到教师的影响而发生变化或发展，这也是有根据的。总之，现行教学原则论，从教师对学生的理想性规定，切到对教学原则的理解，所把握到的基本内容，从教师对于学生的教学来看，都是有根据的，因而也就是合理的。

（三）现行教学原则论的积极功能

现行教学原则论，从教师对学生的理想性规定，切到对教学原则的理解，所把握到的基本内容，对于实际的教学活动，都具有积极的功能或价值。一是，从师生双方的活动属性看，现行教学原则论，能够把握到教师活动的理想性与学生活动的现实性；这能够支持教师按照理想性规定去影响学生，也能够支持学生按照教师的理想性规定去接受教师的影响。二是，从师生双方的活动指向看，现行教学原则论，能够把握到教师对学生的引导；这能够支持教师对学生的理想性影响，也能够支持学生接受教师的这种影响。三是，从师生双方的活动结果看，现行教学原则论，能够把握到教师对学生理想性规定的影响结果；这能够支持教师对学生理想性规定的影响结果，也能够支持学生接受教师理想性规定的影响结果。总之，现行教学原则论，从教师对学生的理想性规定，切到对教学原则的理解，所把握到的基本内容，从教师对于学生的教学来看，都具有积极的价值或作用。

三、现行教学原则论的偏蔽、根源及其消极功能

（一）现行教学原则论的偏蔽

现行教学原则论，从教师对学生的理想性规定，切到对教学原则的理解，在有所见或有所把握的同时，却又遗漏或遮蔽了哪些内容呢？一是，从师生双方的活动属性看，现行教学原则论，在把握到教师活动的理想性与学生活动的现实性的同时，却遮蔽了教师活动的现实性与学生活动的理想性；进一步，还遮蔽了师生双方由理想性与现实性的不一致性所必然产生的自返性。二是，从师生双方的活动指向看，现行教学原则论，在把握到教师活动的理想性对学生活动的现实性的影响指向的同时，却遮蔽了学生活动的理想性对教师活动的现实性的影响指向；进一步，还遮蔽了师生双方由理想性与现实性的不一致性所必然产生的自返性影响指向。三是，从师生双方的活动结果看，现行教学原则论，在把握到教师活动的理想性对学生活动的现实性的影响结果的同时，却遮蔽了学生活动的理想性对教师活动的现实性的影响结果；进一步，还遮蔽了师生双方由理想性与现实性的不一致性所必然产生的自返性影响结果。总之，现行教学原则论，从教师对学生的理想性规定，切到对教学原则的理解，在把握到教师活动的理想性对学生活动现实性的影响的同时，却遮蔽了学生活动的理想性对教师活动现实性的影响；进一步，还遮蔽了师生双方由理想性与现实性的不一致性所产生的自返性影响。

（二）现行教学原则论的偏蔽的根源

从思维运作看，现行教学原则论，之所以存在上述偏蔽，是因为其主观抽象思维的泛化。一是，从师生双方的活动属性看，教师对学生的理想性规定，在实际的教学活动中，必然会引起学生包含理想性与现实性在内的反应并对教师产生理想性与现实性的规定；同时，师生双方由于理想性与现实性的不一致性又必然会产生自返性的规定。这清楚地表明，在实际的教学活动中，师生双方都会同时具有理想性与现实性以及自返性。然而，现行教学原则论，在其主观思维中，片面地抽取出教师活动的理想性与学生活动的现实性，并以偏概全地泛指师生双方在教学活动中所产生的对应属性；由此，便遮蔽了教师活动的现实性与学生活动的理想性，还遮蔽了师生双方的自返性。二是，从师生双方的活动指向看，教师对学生的理想性影响指向，在实际的教学活动中，都必然

会引起学生的反应并对教师产生回返性的指向；同时，师生双方由于理想性与现实性的不一致性又必然会产生自返性影响指向。这清楚地表明，在实际的教学活动中，师生双方的影响指向，必然是双向度的影响指向与自返性的影响指向。然而，现行教学原则论，在其主观思维中，片面地抽取出教师对学生的理想性影响指向，并以偏概全地泛指师生双方在教学活动中产生的对应影响指向；由此，便遮蔽了学生对教师的理想性与现实性影响指向，也遮蔽了师生双方的自返性影响指向。三是，从师生双方的活动结果看，教师对学生的理想性影响，在实际的教学活动中，都必然会对学生产生影响结果并对教师产生回返性的影响结果；同时，师生双方由理想性与现实性的不一致性又必然会产生自返性影响结果。这清楚地表明，在实际的教学活动中，师生双方的影响结果，都是双方理想性与现实性的相互影响结果以及自返性的影响结果。然而，现行教学原则论，在其主观思维中，片面地抽取出教师对学生的影响结果，并以偏概全地泛指师生双方在教学活动中所产生的对应影响结果；由此，便遮蔽了学生对教师的理想性与现实性影响结果，也遮蔽了师生双方的自返性影响结果。

（三）现行教学原则论的消极功能

现行教学原则论，从教师对学生的理想性规定，切到对教学原则的理解，在有所把握的同时，却又存在偏蔽。这些认识或思维中的偏蔽，对实际的教学活动，会产生哪些消极影响呢？

一是，从师生双方的活动属性看，现行教学原则论，在把握到教师活动的理想性与学生活动的现实性的同时，却遮蔽了教师活动的现实性与学生活动的理想性；进一步，还遮蔽了师生双方由理想性与现实性的不一致性所产生的自返性。由此，便直接导致了两个方面的不足性。从教师方面看，教师仅仅把握到自己对学生的理想性规定，便必然会产生对学生片面的理想性影响而难以产生对师生双方理想性与现实性以及自返性的对应关注；从学生方面看，学生仅仅把握到教师对自己的理想性规定，便必然会产生对教师理想性规定的片面接受而难以产生对师生双方理想性与现实性以及自返性的对应关注。

二是，从师生双方的活动指向看，现行教学原则论，在把握到教师活动的理想性对学生活动的现实性的影响指向的同时，却遮蔽了学生活动的理想性对教师活动的现实性的影响指向；进一步，还遮蔽了师生双方由理想性与现实性的不一致性所产生的自返性影响指向。由此，便直接导致了两个方面的不足性。从教师方面看，教师仅仅把握到自己对学生的理想性影响指向，便必然会产生对这种理想性指向的依赖而难以产生对师生双方理想性与现实性以及自返性影响指向的对应关注；从学生方面看，学生仅仅把握到教师对自己的理想性影响指向，便必然会产生对这种理想性指向的接受而难以产生对师生双方理想性与现实性以及自返性影响指向的对应关注。

三是，从师生双方的活动结果看，现行教学原则论，在把握到教师活动的理想性对学生活动的现实性的影响结果的同时，却遮蔽了学生活动的理想性对教师活动的现实性的影响结果；进一步，还遮蔽了师生双方由理想性与现实性的不一致性所产生的自返性影响结果。由此，便直接导致了两个方面的不足性。从教师方面看，教师仅仅把握到自己对学生的理想性影响结果，便必然会产生对学生的单一理想性影响结果的接受而难以产生对师生双方理想性与现实性以及自返性影响结果的对应接受；从学生方面看，学生仅仅把握到教师单一的理想性影响结果，便必然会产生对教师单一的理想性影响结果的接受而难以产生对师生双方理想性与现实性以及自返性影响结果的对应接受。

总之，现行教学原则论，从教师对学生的理想性规定，切到对教学原则的理解，从师生双方的对应教学来看，确实存在严重的简单性偏差并因此受到合理的反思与改造。

四、本节小结

综上所述，我们看到，现行教学原则论，从教师对学生的理想性规定，切到对教学原则的理解，虽然能够把握到教师对学生的理想性的简单教学，也能够把握到这种简单教学的根据并对实际的简单教学活动产生积极的作用；但是，遮蔽了师生双方在教学活动中所产生的理想性与现实性以及自返性的对应影响或对应教学。从思维运作看，现行教学原则论的偏蔽，是由其主观思维的抽象泛化所导致的。从事实看，这种抽象泛化的思维或认识，对实际的对应教学活动存在多方面的消极作用。因此，现行教学原则论，就必然被合理地反思与改造。

五、本节提示

在本节最后，需要做两点提示。一是，探寻现行教学原则论的思维活动切入点的根据，就是现行教学原则论的内容；或者说，我们是通过现行教学原则论的基本内容而探寻到其思维活动的切入点的。二是，对现行教学原则论的思维活动切入点的遮蔽性分析，不是我们简单的主观分析，而是根据现行教学原则论所包含的主观思维活动切入点的所见与所不见而展开的——要特别注意，现行教学原则论所包含的简单静态的主观思维，必然会遮蔽与其对应的动态的客观事实。

附言：

1. 教学活动，当然可以从教师对学生的理想性规定开始；但是，关于教学活动的原则的理论，不能仅仅停留在这里。

2. 现行教学原则论，仅仅把握到教师对学生的理想性规定，而把握不到现实性规定与自返性规定——这决定了现行教学原则论不可能具有理想性与现实性以及自返性的对应属性。

3. 现行教学原则论，只能把握到教师对学生的理想性规定，而把握不到现实性规定与自返性规定——这为实际教学活动中教师主观轻浮的简单与片面，提供了直接的认识论支撑。

4. 现行教学原则论，仅仅把握到教师对学生的理想性规定——这当然是典型的简单原则论；此种原则论，根本不可能具有反思的理论品质。

5. 仅仅把握到自身活动的理想性规定，而把握不到现实性与自返性规定的教师，就是典型的简单的教师；这种简单的教师，根本不可能具有反思的人格品质。

6. 人类的行为或活动，必然具有理想性与现实性以及自返性的对应性——这直接决定了人类行为的基本原则必然要具有内在的对应性。

第二节　对现行教学原则论的对应改造

切问：

1. 从动态的教学活动的事实看，现行教学原则论所包含的"教师对学生的理想性规定"，其实都是"师生双方理想性与现实性以及自返性的对应性规定"吗？

2. 教师对学生的理想性规定，只能从师生双方的现实性规定开始——由此，就可以说，师生双方活动的理想性与现实性是对应存在的吗？同时，由于理想性与现实性的不一致性，师生双方又必然会产生自返性吗？

3. 教师对学生理想性规定的指向，必然会引起学生理想性与现实性的回应吗？而学生的这种回应，又必然会引起教师理想性与现实性的反应吗？同时，由于理想性与现实性的不一致性，师生双方又必然会产生自返性指向吗？

4. 教师对学生理想性规定的影响，必然会产生学生理想性与现实性对应的影响结果吗？这种影响结果，又必然会产生教师理想性与现实性对应的影响结果吗？同时，由于理想性与现实性的不一致性，师生双方又必然会产生自返性影响结果吗？

5. 在教学活动中，师生双方的理想性与现实性以及自返性，都不是抽象泛化的属性，而是具有边界对应关系的具体属性吗？我们需要从抽象泛化的思维，转换到具体的边界思维或对应思维吗？

6. 如果只有教师对学生的理想性活动，那么，师生之间就只能产生没有现实性基础的浮躁而浪漫的简单关系吗？而如果师生双方都分别具有理想性与现实性以及自返性的活动，那么，师生双方就会产生以理想性与现实性以及自返性的对应为基础的对等关系吗？

一、对现行教学原则论所包含的泛化思维的对应改造

上一节我们谈到，现行教学原则论，之所以存在偏蔽，是因为在其思维运作中存在抽象泛化的不足。因此，要改造现行教学原则论，就必须改造其抽象泛化的主观思维。如何改造这种思维呢？这首先就需要摆脱现行教学原则论所包含的简单主观思维，而转向对教学活动事实或过程的关注——由主观思维，转向事实思维。然后，还需要走出教学研究者简单泛化的抽象思维，而转向对教学活动的客观与主观对应的边界思维——由简单的泛化思维，转向对应的边界思维。

二、对现行教学原则论所包含的思维切入点的对应改造

现行教学原则论，从教师对学生的理想性规定开始，切到对教学原则的理解；这一切入点本身并不存在问题。现行教学原则论的问题在于：首先，从教师对学生的理想性规定开始，切到对教学原则的理解；然而并没有对这一动态影响的过程做出对应的考察，而是仅仅停留在教师对学生的理想性规定方面，并将教学原则抽象为教师对学生的理想性规定。

从教师对学生的理想性规定开始的教学活动的动态过程，又是怎样的呢？征之于实际，我们看到，在教学活动中，教师对学生的理想性规定，必然会引起学生包含理想性与现实性的反应；而这种反应，又必然会反过来对教师产生包含理想性与现实性的对应影响。同时，由于理想性与现实性的不一致性，师生双方又必然会产生自返性的反应。这清楚地表明，教师对学生的理想性规定，必然是师生双方之间的理想性与现实性以及自返性的对应规定，而不是现行教

学原则论所把握到的教师对于学生简单的理想性规定。由此，我们就将现行教学原则论所包含的“教师对学生的理想性规定”的切入点，改造为“教师与学生双方理想性与现实性以及自返性的对应性规定”的切入点。

三、对现行教学原则论所包含的具体内容的对应改造

对应教学原则论，从师生双方理想性与现实性以及自返性的对应性规定，切到对教学原则的理解，能够对现行的简单教学原则论，做出哪些方面的改造呢？下面，分而论之。

第一，从师生双方的活动属性看，对应教学原则论，既能把握到教师活动的理想性与现实性，又能把握到学生活动的理想性与现实性，还能把握到师生双方由于理想性与现实性的不一致性所产生的自返性；而不是现行简单教学原则论所把握到的教师活动的理想性与学生活动的现实性。这里的道理是：在实际的教学过程中，教师对学生的理想性规定，只能从师生双方的现实性开始并依靠师生双方的现实性才能实现；而离开师生双方的现实性规定，师生双方单一的理想性规定，就只能是抽象思维中不健康的产物。同时，由于理想性与现实性的不一致性，师生双方又必然会产生自返性规定。这清楚地表明，在实际的教学活动中，师生双方活动的理想性与现实性以及自返性，都只能是相互对应的规定性，而不可能是现行简单教学原则论所把握到的教师对学生片面的理想性——这种片面的理想性，当然，只能是抽象泛化的形而上学的理想性。

第二，从师生双方的活动指向看，对应教学原则论，既能把握到教师对学生理想性与现实性的影响指向，又能把握到学生对教师理想性与现实性的影响指向，还能把握到师生双方由于理想性与现实性的不一致性所产生的自返性影响指向；而不是现行简单教学原则论所把握到的教师对学生的单方面的理想性影响指向。这里的道理是：在实际的教学过程中，教师对学生的理想性与现实性影响指向，都必然会引起学生的反应；而这种反应，又必然会引起教师的反应。同时，由于理想性与现实性的不一致性，师生双方又必然会产生自返性影响指向。这清楚地表明，在实际的教学活动中，教师对学生的理想性与现实性影响指向，都必然是师生双方理想性与现实性的双向度影响指向以及自返性影响指向，而不可能是现行简单教学原则论所把握到的教师对学生单向度的理想性影响指向——这种单向度的理想性影响指向，当然，也只能是抽象泛化的形而上学的影响指向。

第三，从师生双方的活动结果看，对应教学原则论，既能把握到教师对学生的理想性与现实性影响结果，又能把握到学生对教师的理想性与现实性影响

结果，还能把握到师生双方由于理想性与现实性的不一致性所产生的自返性影响结果；而不是现行简单教学原则论所把握到的教师对学生单方面的理想性影响结果。这里的道理是：在实际的教学活动中，教师对学生的理想性与现实性影响，都必然会产生学生理想性与现实性的影响结果；而这种影响结果，又必然会反过来对教师产生理想性与现实性的影响结果。同时，由于理想性与现实性的不一致性，师生双方又必然会产生自返性影响结果。这清楚地表明，在实际的教学活动中，教师对学生的理想性与现实性的影响结果，都必然是师生双方理想性与现实性以及自返性的对应影响结果，而不可能是现行简单教学原则论所把握到的教师对学生单方面的理想性影响结果——这种单方面的理想性影响结果，当然也只能是抽象泛化的形而上学的影响结果。

四、对应教学原则论的积极功能

对应教学原则论，从师生双方理想性与现实性以及自返性的对应性规定，切到对教学原则的理解，能够对实际的教学活动，产生哪些方面的积极影响呢？下面，分而论之。

第一，从师生双方的活动属性看，对应教学原则论，能够对实际的教学活动产生如下三方面的积极影响。一方面是，对应教学原则论，能够把握到教师对学生的理想性与现实性以及自返性规定；因此，不仅能够支持教师对学生做出理想性与现实性规定，而且也能够支持教师对自己做出自返性规定。另一方面是，对应教学原则论，能够把握到学生对教师的理想性与现实性以及自返性规定；因此，不仅能够支持学生对教师做出理想性与现实性规定，而且能够支持学生对自己做出自返性规定。最后一个方面是，对应教学原则论，既能把握到教师对学生的理想性与现实性以及自返性规定，又能把握到学生对教师的理想性与现实性以及自返性规定；因此，能够支持师生双方建构出以各自理想性与现实性以及自返性的对应为基础的对等影响关系。鉴于现行简单教学原则论的遮蔽或偏差，我们愿意特别强调如下三点。第一点是，关注教师对学生的现实性规定以及自返性规定。这里的关键是要走出人们熟悉的现行教学理论的偏蔽，那就是认为教学原则是教师对学生理想性规定的观点——那当然是简单抽象思维泛化的后果。在对应思维看来，教师对学生的规定，必然是理想性与现实性以及自返性对应的规定；所以，不仅要关注教师对学生的理想性规定，还要关注教师对学生的现实性规定与自返性规定。第二点是，关注学生对教师的理想性与现实性以及自返性规定。这里的关键也是要走出人们熟悉的现行教学理论的偏蔽，那就是认为教学原则是教师对学生单向规定的观点——那当然是简单抽象思维泛化的后果。在对应思维看来，教师对学生的规定，必然是师生双方双向度的相互性规定与自返性规定；所以，不仅要关注教师对学生的理想性与现实性以及自返性规定，还要关注学生对教师的理想性与现实性以及自返性规定。第三点是，关注师生双方在活动属性维度上对等定位的教学关系即四线定位的教学关系。既然师生双方都具有理想性与现实性以及自返性的对应规定性，那么，师生双方就要关注在双方理想性与现实性以及自返性规定的一致性与不一致性前提下的四线定位关系。这种四线定位关系的基本内容是：关注理想性的上线，即师生双方在理想性与现实性规定的一致性前提下，走向对等的教学，以实现双方的互补性变化或发展；关注过渡性的自返线，即师生双方在理想性与现实性规定的不一致性前提下，返回到自身，以调整自身与对方的关系；关注现实性的中线，即师生双方在理想性与现实性规定的不一致性前提下，经由过渡性的自返线而走向对话或讨论，以实现双方的生成性变化或发展；关注禁止性的底线，即师生双方在理想性与现实性规定的不一致性前提下，都不能破坏或割裂对应的教学关系。我们认为，在师生双方的活动属性维度上，经由四线定位的教学，就可以构建出师生双方以各自的理想性与现实性以及自返性的对应为基础的，涉及理想、自返、现实与戒律的对等教学关系；由此，也可以规避由教师对学生的片面理想性规定所必然导致的简单的不对等教学关系。

第二，从师生双方的活动指向看，对应教学原则论，能够对实际的教学活动产生如下三方面的积极影响。一方面是，对应教学原则论，能够把握到教师对学生的理想性与现实性以及自返性影响指向；因此，不仅能够支持教师指向学生的理想性与现实性影响，而且能够支持教师指向自己的影响。另一方面是，对应教学原则论，能够把握到学生对教师的理想性与现实性以及自返性影响指向；因此，不仅能够支持学生指向教师的理想性与现实性影响，而且能够支持学生指向自己的影响。最后一个方面是，对应教学原则论，既能把握到教师对学生的理想性与现实性以及自返性影响指向，又能把握到学生对教师的理想性与现实性以及自返性影响指向；因此，能够支持师生双方建构出以各自的理想性与现实性以及自返性影响指向的对应为基础的对等影响关系。鉴于现行简单教学原则论的遮蔽或偏差，我们需要特别强调如下三点。第一点是，关注教师对学生的现实性影响指向与自返性影响指向。这里的关键是要走出人们熟悉的现行教学理论的偏蔽，那就是认为教学指向是教师对学生理想性影响指向的观点——那当然是简单抽象思维泛化的后果。在对应思维看来，教师对学生的影响指向，必然是理想性与现实性以及自返性对应的影响指向；所以，不仅要关注教师对学生的理想性影响指向，还要关注教师对学生的现实性影响指向与自返性影响指向。第二点是，关注学生对教师的理想性与现实性以及自返性影响指向。这里的关键也是要走出人们熟悉的现行教学理论的偏蔽，那就是认为教学指向是教师对学生单一影响指向观点——那当然是简单抽象思维泛化的后果。在对应思维看来，教师对学生的影响指向，必然是师生双方双向度的相互影响指向与自返性影响指向；所以，不仅要关注教师对学生的理想性与现实性以及自返性影响指向，还要关注学生对教师的理想性与现实性以及自返性影响指向。第三点是，关注师生双方在活动指向维度上对等定位的教学关系即四线定位的教学关系。既然师生双方都具有理想性与现实性以及自返性对应的影响指向，那么，师生双方就要关注在双方理想性与现实性以及自返性影响指向一致性与不一致性前提下的四线定位关系。这种四线定位关系的基本内容是：关注理想性的上线，即师生双方在理想性与现实性影响指向的一致性前提下，走向对等的教学，以实现双方的互补性变化或发展；关注过渡性的自返线，即师生双方在理想性与现实性影响指向的不一致性前提下，返回自身，以调整自身与对方的关系；关注现实性的中线，即师生双方在理想性与现实性影响指向的不一致性前提下，经由过渡性的自返线而走向对话或讨论，以实现双方的生成性变化或发展；关注禁止性的底线，即师生双方在理想性与现实性影响指向的不一致性前提下，都不能破坏或割裂对应的教学关系。我们认为，在师生双方的活动指向维度上，经由四线定位的教学，就可以构建出师生双方以各自的理想性与现实性以及自返性影响指向的对应为基础的，涉及理想、自返、现实与戒律的对等教学关系；由此，也可以规避由教师对学生单一的理想性影响指向所必然导致的简单的不对等教学关系。

第三，从师生双方的活动结果看，对应教学原则论，能够对实际的教学活动产生如下三方面的积极影响。一方面是，对应教学原则论，能够把握到教师对学生理想性与现实性以及自返性的影响结果；因此，不仅能够支持教师对学生理想性与现实性影响结果的教育价值，而且能够支持教师对自我影响结果的教育价值。另一方面是，对应教学原则论，能够把握到学生对教师理想性与现实性以及自返性的影响结果；因此，不仅能够支持学生对教师理想性与现实性影响结果的教育价值，而且能够支持学生对自我影响结果的教育价值。最后一个方面是，对应教学原则论，既能把握到教师对学生理想性与现实性以及自返性的影响结果，又能把握到学生对教师理想性与现实性以及自返性的影响结果；因此，能够支持师生双方建构出以各自理想性与现实性以及自返性影响结果的对应为基础的对等影响关系。鉴于现行简单教学原则论的遮蔽或偏差，我们愿意特别强调如下三点。第一点是，关注教师对学生的现实性影响结果与自返性影响结果。这里的关键是要走出人们熟悉的现行教学理论的偏蔽，那就是认为教学结果是教师对学生理想性影响结果的观点——那当然是简单抽象思维泛化的后果。在对应思维看来，教师对学生的影响结果，必然是理想性与现实性以及自返性对应的影响结果；所以，不仅要关注教师对学生的理想性影响结果，还要关注教师对学生的现实性影响结果与自返性影响结果。第二点是，关注学生对教师的理想性与现实性以及自返性影响结果。这里的关键也是要走出人们熟悉的现行教学理论的偏蔽，那就是认为教学结果是教师对学生理想性影响结果的观点——那当然是简单抽象思维泛化的后果。在对应思维看来，教师对学生的影响结果，必然是师生双方的对应影响结果；所以，不仅要关注教师对学生的理想性与现实性以及自返性影响结果，还要关注学生对教师的理想性与现实性以及自返性影响结果。第三点是，关注师生双方在活动结果维度上对等定位的教学关系即四线定位的教学关系。既然师生双方都具有理想性与现实性以及自返性的对应影响结果；那么，师生双方就要关注在双方理想性与现实性以及自返性影响结果一致性与不一致性前提下的四线定位关系。这种四线定位关系的基本内容是：关注理想性的上线，即师生双方在理想性与现实性影响结果的一致性前提下，走向对等的教学，以实现双方的互补性变化或发展；关注过渡性的自返线，即师生双方在理想性与现实性影响结果的不一致性前提下，返回自身，以调整自身与对方的关系；关注现实性的中线，即师生双方在理想性与现实性影响结果的不一致性前提下，经由过渡性的自返线而走向对话或讨论，以实现双方的生成性变化或发展；关注禁止性的底线，即师生双方在理想性与现实性影响结果的不一致性前提下，都不能破坏或割裂对应的教学关系。我们认为，在师生双方的活动结果维度上，经由四线定位的教学，就可以构建出师生双方以各自的理想性与现实性以及自返性影响结果的对应为基础的，涉及理想、自返、现实与戒律的对等教学关系；由此，也可以规避由教师对学生单方面的理想性影响结果所必然导致的简单的不对等教学关系。

五、本节小结

综上所述，我们对现行简单教学原则论的改造，涉及三层基本内容。一是，首先，由现行简单教学原则论所包含的主观思维路线，转换到事实思维路线；然后，在事实思维路线基础上，将现行简单教学原则论所包含的单一主观泛化的思维路线，改造为主观与客观的对应思维路线。二是，在对应思维路线上，将现行简单教学原则论所包含的认识教学原则的“教师对学生理想性规定”的思维切入点，改造为“师生双方理想性与现实性以及自返性的对应性规定”的思维切入点。三是，在“师生双方理想性与现实性以及自返性的对应性规定”视野中，分别对师生双方的活动属性、指向与结果这些基本教学关系，做出了对应的考察。最后，我们分别考察了对应教学原则论，在师生双方的活动属性、指向与结果这些基本维度上，对实际的教学活动所产生的积极影响；以推动人们从现行的简单教学原则论，转换到对应的教学原则论。

为了更简明地把握两种教学原则论的不同，我们不妨将其中所包含的不同思维路线，做出如下比较。

简单教学原则论的单线定位路线——教学原则，就是教师对于学生的简单的理想性规定——这里需要特别注意，简单教学原则论，仅仅是对教师的单一理想性这一条思维路线的反应。

对应教学原则论的四线定位路线——教学原则，就是教师与学生双方理想性与现实性以及自返性的对应性规定；它包含双方理想性与现实性以及自返性对应影响的理想的上线、过渡的自返线、现实的中线以及戒律的底线——这里需要特别注意，对应教学原则论，是对教师与学生双方理想性与现实性以及自返性对应影响的理想、自返、现实与戒律的四条思维路线的反应。

六、本节提示

在本节最后，需要做两点提示。一是，由“教师对学生的理想性规定”到“教师与学生双方理想性与现实性以及自返性的对应性规定”的过渡环节，就是由对教学活动的主观抽象思维，转向对教学活动的客观与主观的对应思维。二是，由“教师对学生的理想性规定”到“师生双方的自返性规定”的过渡环节，就是在教学活动中师生双方的理想性规定所必然引起的不一致性，不理解这种不一致性，就很难完成从理想性规定到自返性规定的内在转换。

附言：

1. 从教师对学生的理想性规定开始的教学活动，其实，都是教师与学生双方理想性与现实性以及自返性的对应性影响活动。

2. 对教师与学生的理想性与现实性以及自返性的评价，都应该是具体的边界评价，而不能是抽象的泛化评价。

3. 仅仅把握到教师理想性而不能把握到现实性以及自返性的现行教学原则论，必然是浪漫性泛化的简单教学原则论；此种原则论，很难避免不切合实际的空谈的劣质。

4. 教师对学生的理想性与现实性规定的不一致所生成的张力，正是推动师生双方走向自我反思或自我反省的最基本、最经常、最可靠的动力。

5. 仅仅明白教师的理想性而不能同时明白教师的现实性以及自返性的人，其实，也就是简单的人。

6. 人的理想性与现实性以及自返性的一致性对应关系，是人在简单生活中的简单关系；而人的理想性与现实性以及自返性的不一致性对应关系，则是人在对应生活中充满张力的对应关系。

第十五章

对现行教学方法论的遮蔽性分析与对应改造

第一节　对现行教学方法论的遮蔽性分析

切问：

1. 现行教学理论，将教学方法理解为教师对学生的引导法；其思维活动的切入点在哪里？我们如何才能探索到其思维活动的切入点？

2. 现行教学方法论，从自己理解教学方法的切入点上，能够把握到教学方法哪些方面的内容呢？

3. 现行教学方法论的根据是什么？这种方法论，对实际的教学活动会产生哪些积极作用？

4. 现行教学方法论，从自己理解教学方法的切入点上，在对教学方法有所把握的同时，却又遮蔽了哪些内容呢？

5. 在思维运行中，现行教学方法论，存在遮蔽的根源在哪里？

6. 现行教学方法论，对实际的教学活动会产生怎样的消极作用？

一、现行教学方法论的内容、属性及其思维活动的切入点

（一）现行教学方法论的内容

关于教学方法，在《教育学》中写道："教学方法是为完成教学任务而采用的方法，它包括教师教的方法和学生学的方法，是教师引导学生掌握知识技能、获得身心发展而共同活动的方法。"① 从这种理解中，我们能够看到，现行教学理论，首先把教学方法理解为师生双方为完成教学任务而共同活动的方法；然

① 王道俊，郭文安．教育学［M］．北京：人民教育出版社，2009：234.

后，又进一步规定出这种共同活动的方法的内在关系——这也就是教师对学生的引导。直白地说，按照现行教学理论的理解，教学方法，就是教师引导学生的方法。这就是现行教学方法论的基本内容。

（二）现行教学方法论的属性

现行教学方法论，具有怎样的属性呢？

按照现行教学方法论的理解，教学方法就是教师引导学生的方法。教学活动的实际，果真是这样的吗？当教师对学生进行引导时，难道不会受到学生自身需要的限定吗？学生自身需要的限定，难道不是对教师的反向制约吗？教师的引导与学生的被引导之间，难道仅仅是一方指向另一方的关系而不是双方之间的对应关系吗？教师的引导与学生的被引导之间，难道仅仅是一方对于另一方的改造关系而不是双方之间的对应改造关系吗？这种双方的对应改造关系，难道不会产生双方的自返性改造吗？从前面的引文中，我们能够发现，现行教学理论，却根本无视教学活动实际中这些具有内在对应性的问题；仅仅从自己的主观愿望或主观价值出发，一厢情愿地将教学方法抽象为教师对学生的引导法——由此，我们就可以有根据地说，现行教学方法论的属性，就是片面性或简单性。现行教学方法论，因为具有内在的孤立性或简单性的属性；所以，我们也将现行教学方法论以术语表达为简单教学方法论或简单方法论。

（三）现行教学方法论的思维活动的切入点

现行教学方法论，既然将教学方法规定为教师对学生的引导法。那么，我们就可以据此逆向推论出现行教学方法论的思维活动的起点或切入点，那就是“教师对学生的规定性”。正向地表达，现行教学方法论，从教师对学生的规定性，切到对教学方法的理解；由此，才将教学方法规定为教师对学生的引导法。

二、现行教学方法论的所见、根据及其积极功能

（一）现行教学方法论的所见

现行教学方法论，从教师对学生的规定性，切到对教学方法的理解，能够把握到教学方法哪些方面的内容呢？一是，从师生双方的活动属性看，现行教学方法论，能够把握到教师活动的引导性与学生活动的被引导性。关于教师活动的引导性，直接套用上面引文中的话说，那就是教师对学生的“引导”；而学生活动的被引导性，那也就是学生被教师所引导。二是，从师生双方的活动指

向看，现行教学方法论，能够把握到教师活动的引导性对学生活动的被引导性的影响指向。那也就是上面引文所说的，教师引导学生中包含的影响指向。三是，从师生双方的活动结果看，现行教学方法论，能够把握到教师活动的引导性对学生活动的被引导性的影响结果。套用上面引文中的话说，那就是“教师引导学生掌握知识技能、获得身心发展”的内容。总之，现行教学方法论，从教师对学生的规定性，切到对教学方法的理解，能够把握到的基本内容，也就是：教师活动的引导性对学生活动的被引导性的影响或改造。

（二）现行教学方法论的根据

现行教学方法论，从教师对学生的规定性，切到对教学方法的理解，所把握到的基本内容，是有根据的吗？一是，从师生双方的活动属性看，作为教学活动的参加者一方，教师以自身的优越性必然会对学生产生引导性；而作为教学活动参加者的另一方，学生因自身的不足性也必然会产生被引导性。就此而论，现行教学方法论所把握到的师生双方的活动属性，就是有根据的。二是，从师生双方的活动指向看，教师要对学生进行引导，就必然会将自身的活动指向学生，这也是有根据的。三是，从师生双方的活动结果看，既然教师对学生进行了引导，那么，学生就必然会受到教师的影响而发生变化或发展。这也是有根据的。总之，现行教学方法论，从教师对学生的规定性，切到对教学方法的理解，所把握到的基本内容，从教师对于学生方面的教学来看，都是有根据的，因而也就是合理的。

（三）现行教学方法论的积极功能

现行教学方法论，从教师对学生的规定性，切到对教学方法的理解，所把握到的基本内容，对于实际的教学活动，都具有积极的功能或价值。一是，从师生双方的活动属性看，现行教学方法论，能够把握到教师活动的引导性与学生活动的被引导性；这能够支持教师按照既定的教学任务去引导学生，也能够支持学生按照既定的教学任务去接受教师的引导。二是，从师生双方的活动指向看，现行教学方法论，能够把握到教师对学生的指向；这能够支持教师对学生的引导，也能够支持学生接受教师的引导。三是，从师生双方的活动结果看，现行教学方法论，能够把握到教师对学生引导性的影响结果；这能够支持教师对学生引导性的影响结果，也能够支持学生接受教师引导性的影响结果。总之，现行教学方法论，从教师对学生的规定性，切到对教学方法的理解，所把握到的基本内容，从教师对学生方面的教学来看，都具有积极的价值或作用。

三、现行教学方法论的偏蔽、根源及其消极功能

（一）现行教学方法论的偏蔽

现行教学方法论，从教师对学生的规定性，切到对教学方法的理解，在有所见或有所把握的同时，却又遗漏或遮蔽了哪些内容呢？一是，从师生双方的活动属性看，现行教学方法论，在把握到教师活动的引导性与学生活动的被引导性的同时，却遮蔽了教师活动的被引导性与学生活动的引导性；进一步，还遮蔽了师生双方由引导性与被引导性的不一致性所必然产生的自返性。二是，从师生双方的活动指向看，现行教学方法论，在把握到教师活动的引导性对学生活动的被引导性的影响指向的同时，却遮蔽了学生活动的引导性对教师活动的被引导性的影响指向；进一步，还遮蔽了师生双方由引导性与被引导性的不一致性所必然产生的自返性影响指向。三是，从师生双方的活动结果看，现行教学方法论，在把握到教师活动的引导性对学生活动的被引导性的影响结果的同时，却遮蔽了学生活动的引导性对教师活动被引导性的影响结果；进一步，还遮蔽了师生双方由引导性与被引导性的不一致性所必然产生的自返性影响结果。总之，现行教学方法论，从教师对学生的规定性，切到对教学方法的理解，在把握到教师活动的引导性对学生活动的被引导性的影响的同时，却遮蔽了学生活动的引导性对教师活动的被引导性的影响；进一步，还遮蔽了师生双方由引导性与被引导性的不一致性所必然产生的自返性影响。

（二）现行教学方法论的偏蔽的根源

从思维运作看，现行教学方法论，之所以存在上述偏蔽，是因为其主观抽象思维的泛化。一是，从师生双方的活动属性看，教师对学生的任何引导性，在实际的教学活动中，都必然会引起学生包含被引导性与引导性在内的反应并对教师产生反向的规定性。同时，由于引导性与被引导性的不一致性，又必然会产生双方的自返性规定。这清楚地表明，在实际的教学活动中，师生双方都会同时具有引导性与被引导性以及自返性。然而，现行教学方法论，在其主观思维中，片面地抽取出教师活动的引导性与学生活动的被引导性，并以偏概全地泛指师生双方在教学活动中对应的属性；由此，便遮蔽了教师活动的被引导性与学生活动的引导性，还遮蔽了师生双方由引导性与被引导性的不一致性所产生的自返性。二是，从师生双方的活动指向看，教师对学生的影响指向，在实际的教学活动中，都必然会引起学生的反应并对教师产生回返性的指向。同时，由于双方影响指向的不一致性，又必然会产生双方的自返性影响指向。这

清楚地表明，在实际的教学活动中，师生双方的影响指向，都是双向度的影响指向与自返性的影响指向。然而，现行教学方法论，在其主观思维中，片面地抽取出教师对学生的影响指向，并以偏概全地泛指师生双方在教学活动中产生的对应影响指向；由此，便遮蔽了学生对教师的影响指向，也遮蔽了师生双方的自返性影响指向。三是，从师生双方的活动结果看，教师对学生的引导性影响，在实际的教学活动中，必然会对学生产生影响结果并对教师产生回返性的影响结果。同时，由于双方影响结果的不一致性，又必然会产生双方的自返性影响结果。这清楚地表明，在实际的教学活动中，师生双方的影响结果，都是双方引导性与被引导性相互影响的结果以及自返性影响的结果。然而，现行教学方法论，在其主观思维中，片面地抽取出教师对学生的影响结果，并以偏概全地泛指师生双方在教学活动中所产生的对应影响结果；由此，便遮蔽了学生对教师的引导性与被引导性影响结果，也遮蔽了师生双方由引导性与被引导性的不一致性所必然产生的自返性影响结果。

（三）现行教学方法论的消极功能

现行教学方法论，从教师对学生的规定性，切到对教学方法的理解，在有所把握的同时，却又存在偏蔽。这些认识或思维中的偏蔽，对实际的教学活动，会产生哪些消极影响呢？

一是，从师生双方的活动属性看，现行教学方法论，在把握到教师活动的引导性与学生活动的被引导性的同时，却遮蔽了教师活动的被引导性与学生活动的引导性；进一步，还遮蔽了师生双方由引导性与被引导性的不一致性所必然产生的自返性。由此，便直接导致了两个方面的不足性。从教师方面看，教师仅仅把握到自己对学生的引导性，便必然会产生对学生片面的引导性影响而难以产生对师生双方引导性与被引导性以及自返性的对应关注；从学生方面看，学生仅仅把握到自己的被引导性，便必然会产生对教师引导性的片面接受而难以产生对师生双方引导性与被引导性以及自返性的对应关注。

二是，从师生双方的活动指向看，现行教学方法论，在把握到教师活动的引导性对学生活动的被引导性的影响指向的同时，却遮蔽了学生活动的引导性对教师活动的被引导性的影响指向；进一步，还遮蔽了师生双方由引导性与被引导性的不一致性所必然产生的自返性影响指向。由此，便直接导致了两个方面的不足性。从教师方面看，教师仅仅把握到自己对学生的引导性影响指向，便必然会产生对这种影响指向的依赖而难以产生对师生双方引导性与被引导性的双向度指向以及自返性影响指向的对应关注；从学生方面看，学生仅仅把握到教师对自己的影响指向，便必然会产生对这种影响指向的接受而难以产生对师生双方引导性与被引导性的双向度指向以及自返性影响指向的对应关注。

三是，从师生双方的活动结果看，现行教学方法论，在把握到教师活动的引导性对学生活动的被引导性的影响结果的同时，却遮蔽了学生活动的引导性对教师活动的被引导性的影响结果；进一步，还遮蔽了师生双方由引导性与被引导性的不一致性所必然产生的自返性影响结果。由此，便直接导致了两个方面的不足性。从教师方面看，教师仅仅把握到自己对学生的引导性影响结果，便必然会产生对学生的单一引导性影响结果的接受而难以产生对师生双方引导性与被引导性影响结果以及自返性影响结果的对应接受；从学生方面看，学生仅仅把握到教师单一的引导性影响结果，便必然会产生对教师单一的引导性影响结果的接受而难以产生对师生双方引导性与被引导性影响结果以及自返性影响结果的对应接受。

总之，现行教学方法论，从教师对学生的规定性，切到对教学方法的理解，从师生双方的对应教学来看，确实存在严重的简单性偏差并因此受到合理的反思与改造。

四、本节小结

综上所述，我们看到，现行教学方法论，从教师对学生的规定性，切到对教学方法的理解，虽然能够把握到教师对学生单方面引导性的教学，也能够把握到这种简单教学的根据并对学校的简单教学活动产生积极的作用；但是，遮蔽了师生双方在教学活动中所产生的引导性与被引导性以及自返性的对应影响或对应教学。从思维运作看，现行教学方法论的偏蔽，是其主观思维的抽象泛化所导致的。从实际看，这种抽象泛化的思维或认识，对实际的对应教学活动存在多方面的消极作用。因此，现行教学方法论，就必然被合理地反思与改造。

五、本节提示

在本节最后，需要做两点提示。一是，探寻现行教学方法论的思维活动切入点的根据，就是现行教学方法论的内容；或者说，我们是通过现行教学方法论的基本内容而探寻到其思维活动的切入点的。二是，对现行教学方法论的思维活动切入点的遮蔽性分析，不是我们简单的主观分析，而是根据现行教学方法论所包含的主观思维活动切入点的所见与所不见而展开的——要特别注意，现行教学方法论所包含的简单静态的主观思维，必然会遮蔽与其对应的动态的客观事实。

附言：

1. 教学活动，当然可以从教师对学生的引导开始；但是，关于教学方法的理论，不能仅仅停留在这里。

2. 现行教学方法论，仅仅把握到教师对学生的引导性，而把握不到学生对教师的引导性，也把握不到师生双方的自返性——这决定了现行教学方法论不可能具有引导性与被引导性以及自返性的对应属性。

3. 现行教学方法论，只能把握到教师对学生的引导性，而把握不到学生对教师的引导性，也把握不到师生双方的自返性——这为实际教育活动中教师偏重于教的方法而偏轻于学的方法，提供了直接的认识论支撑。

4. 现行教学方法论，仅仅把握到教师对学生的引导性——这当然是典型的简单方法论；这种方法论，根本不可能建立师生双方对应联系的操作性品质。

5. 仅仅把握到自身活动的引导性，而把握不到被引导性与自返性的教师，就是典型的简单的教师；这种教师，根本不可能建立师生双方对应联系的技术性品质。

6. 人类的行为或活动，必然具有引导性与被引导性以及自返性的对应性——这直接决定了人类行为的基本方法必然具有内在的对应性。

第二节　对现行教学方法论的对应改造

切问：

1. 从动态的教学活动的事实看，现行教学方法论所包含的“教师对学生的规定性”，其实都是“师生双方规定性与被规定性以及自返性的对应性”吗？

2. 人对他人的规定性，只能从自身的被规定性开始——由此，就可以说，师生双方活动的引导性与被引导性都是对应的吗？同时，由于引导性与被引导性的不一致性，又必然会产生自返性吗？

3. 教师对学生引导性的影响指向，必然会引起学生的回应吗？而学生的这种回应，又必然会引起教师被引导性的反应吗？同时，由于引导性与被引导性的不一致性，又必然会产生自返性的影响指向吗？

4. 教师对学生引导性的影响，必然会产生学生引导性与被引导性对应的影响结果吗？这种影响结果，又必然会产生教师引导性与被引导性对应的影响结果吗？同时，由于引导性与被引导性的不一致性，又必然会产生自返性的影响结果吗？

5. 在教学活动中，师生双方的引导性与被引导性以及自返性，都不是抽象泛化的属性，而是具有边界对应关系的具体属性吗？我们需要从抽象泛化的思维，转换到具体的边界思维或对应思维吗？

6. 如果只有教师对学生的引导性活动，那么，师生之间就只能产生不对等的简单关系吗？而如果师生双方都分别具有引导性与被引导性以及自返性的活动，那么，师生双方就会产生以引导性与被引导性以及自返性的对应为基础的对等关系吗？

一、对现行教学方法论所包含的泛化思维的对应改造

上一节我们谈到，现行教学方法论，之所以存在偏蔽，是因为在其思维运作中存在抽象泛化的不足。因此，要改造现行教学方法论，就必须改造其抽象泛化的主观思维。如何改造这种思维呢？这首先就需要摆脱现行教学方法论所包含的简单主观思维，而转向对教学活动事实或过程的关注——由主观思维，转向事实思维。然后，还需要走出教学研究者简单泛化的抽象思维，而转向对教学活动的客观与主观对应的边界思维——由简单的泛化思维，转向对应的边界思维。

二、对现行教学方法论所包含的思维切入点的对应改造

现行教学方法论，从教师对学生的规定性开始，切到对教学方法的理解；这一切入点本身并不存在问题。现行教学方法论的问题在于：从教师对学生的规定性开始，切到对教学方法的理解；然而并没有对这一动态影响的过程做出对应的考察，而是仅仅停留在教师对学生的规定性哪里，并将教学方法抽象为教师对学生的引导法。

从教师对学生的规定性开始的教学活动的动态过程，又是怎样的呢？征之于实际，我们看到，在教学活动中，教师对学生的引导，必然会引起学生包含被引导性与引导性在内的反应；而这种反应，又必然会反过来对教师产生包含被引导性与引导性在内的对应影响。同时，由于引导性与被引导性的不一致性，师生双方又必然会产生自返性影响。这清楚地表明，教师对学生的引导性，必然是师生双方之间引导性与被引导性以及自返性的对应规定，而不是现行教学方法论所把握到的教师对于学生简单的引导性。由此，我们就将现行教学方法论所包含的“教师对学生的规定性”的切入点，改造为“师生双方规定性与被

规定性以及自返性的对应性”的切入点。

三、对现行教学方法论所包含的具体内容的对应改造

对应教学方法论，从师生双方规定性与被规定性以及自返性的对应性，切到对教学方法的理解；能够对现行的简单教学方法论，做出哪些方面的改造呢？下面，分而论之。

第一，从师生双方的活动属性看，对应教学方法论，既能把握到教师活动的引导性与被引导性，又能把握到学生活动的引导性与被引导性，还能把握到师生双方由引导性与被引导性的不一致性所必然产生的自返性；而不是现行简单教学方法论所把握到的教师活动的引导性与学生活动的被引导性。这里的道理是：在教学活动的实际过程中，教师对学生的引导性，只能从师生双方的实际情况出发——这也就是说，教师对学生的引导性，是被师生双方的实际情况所规定或引导的。而离开师生双方的实际情况，师生双方单一的引导性，就只能是抽象思维中不健康的产物。同时，由于引导性与被引导性的不一致性，师生双方又必然会产生自返性。这清楚地表明，在教学活动的实际中，师生双方活动的引导性与被引导性以及自返性，都只能是相互对应的规定性，而不可能是现行简单教学方法论所把握到的教师对学生片面的引导性——这种片面的引导性，当然，只能是抽象泛化的形而上学的引导性。

第二，从师生双方的活动指向看，对应教学方法论，既能把握到教师对学生的影响指向，又能把握到学生对教师的影响指向，还能把握到师生双方由引导性与被引导性的不一致性所必然产生的自返性影响指向；而不是现行简单教学方法论所把握到的教师对学生的单方面的引导性影响指向。这里的道理是：在教学活动的实际过程中，教师对学生的影响指向，都必然会引起学生的反应；而这种反应，又必然会引起教师的反应。同时，由于引导性与被引导性的不一致性，师生双方又必然会产生自返性影响指向。这清楚地表明，在教学活动的实际中，教师对学生的引导性与被引导性影响指向，都必然是师生双方引导性与被引导性的双向度的影响指向以及自返性影响指向，而不可能是现行简单教学方法论所把握到的教师对学生单向度的引导性影响指向——这种单向度的引导性影响指向，当然，也只能是抽象泛化的形而上学的影响指向。

第三，从师生双方的活动结果看，对应教学方法论，既能把握到教师对学生的影响结果，又能把握到学生对教师的影响结果，还能把握到师生双方由引导性与被引导性的不一致性所必然产生的自返性影响结果；而不是现行简单教学方法论所把握到的教师对学生单方面的引导性影响结果。这里的道理是：在

教学活动的实际过程中，教师对学生的任何影响，都必然会对学生产生影响结果；而这种影响结果，又必然会反过来对教师产生影响结果。同时，由于引导性与被引导性的不一致性，师生双方又必然会产生自返性影响结果。这清楚地表明，在教学活动的实际中，教师对学生的影响结果，都必然是师生双方引导性与被引导性以及自返性的对应影响结果，而不可能是现行简单教学方法论所把握到的教师对学生单方面的引导性影响结果——这种单方面的引导性影响结果，当然也只能是抽象泛化的形而上学的影响结果。

四、对应教学方法论的积极功能

对应教学方法论，从师生双方规定性与被规定性以及自返性的对应性，切到对教学方法的理解；能够对实际的教学活动，产生哪些方面的积极影响呢？下面，分而论之。

第一，从师生双方的活动属性看，对应教学方法论，能够对实际的教学活动产生如下三方面的积极影响。一方面是，对应教学方法论，能够把握到教师活动的引导性与被引导性以及自返性；因此，不仅能够支持教师按照既定的教学任务去引导学生，而且能够支持教师根据学生对自己的引导而反思或调整对学生的引导。另一方面是，对应教学方法论，能够把握到学生活动的引导性与被引导性以及自返性；因此，不仅能够支持学生按照既定的教学任务去引导教师，而且能够支持学生根据教师对自己的引导而反思或调整对教师的引导。最后一个方面是，对应教学方法论，既能把握到教师活动的引导性与被引导性以及自返性，又能把握到学生活动的引导性与被引导性以及自返性；因此，能够支持师生双方建构出以各自引导性与被引导性以及自返性的对应为基础的对等影响关系。鉴于现行简单教学方法论的遮蔽或偏差，我们愿意特别强调如下三点。第一点是，关注教师活动的被引导性与自返性。这里的关键是要走出人们熟悉的现行教学理论的偏蔽，那就是认为教学方法是教师对学生引导的观点——那当然是简单抽象思维泛化的后果。在对应思维看来，教师对学生的引导，必然是引导性与被引导性以及自返性对应的规定；所以，不仅要关注教师活动的引导性，还要关注教师活动的被引导性与自返性。第二点是，关注学生活动的引导性与自返性。这里的关键也是要走出人们熟悉的现行教学理论的偏蔽，那就是认为教学方法是教师对学生单向引导的观点——那当然是简单抽象思维泛化的后果。在对应思维看来，教师对学生的引导，必然是师生双方双向度的相互性引导与自返性引导；所以，不仅要关注学生活动的被引导性，还要关注学生活动的引导性与自返性。第三点是，关注师生双方在活动属性维度上对等定位的教学关系即四线定位的教学关系。既然师生双方都具有引导性与被引导性以及自返性的对应规定性；那么，师生双方就要关注在双方引导性与被引导性以及自返性规定的一致性与不一致性前提下的四线定位关系。这种四线定位关系的基本内容是：关注理想性的上线，即师生双方在引导性与被引导性规定的一致性前提下，走向对等的教学，以实现双方的互补性变化或发展；关注过渡性的自返线，即师生双方在引导性与被引导性规定的不一致性前提下，返回自身，以调整自身与对方的关系；关注现实性的中线，即师生双方在引导性与被引导性规定的不一致性前提下，经由过渡性的自返线而走向对话或讨论，以实现双方的生成性变化或发展；关注禁止性的底线，即师生双方在引导性与被引导性规定的不一致性前提下，都不能破坏或割裂对应的教学关系。我们认为，在师生双方的活动属性维度上，经由四线定位的教学，就可以构建出师生双方以各自的引导性与被引导性以及自返性的对应为基础的涉及理想、自返、现实与戒律的对等教学关系；由此，也可以规避由教师对学生单方面的引导性规定所必然导致的简单的不对等教学关系。

第二，从师生双方的活动指向看，对应教学方法论，能够对实际的教学活动产生如下三方面的积极影响。一方面是，对应教学方法论，能够把握到教师对学生的影响指向与自返性影响指向；因此，不仅能够支持教师指向学生的影响，而且能够支持教师指向自己的影响。另一方面是，对应教学方法论，能够把握到学生对教师的影响指向与自返性影响指向；因此，不仅能够支持学生指向教师的影响，而且能够支持学生指向自己的影响。最后一个方面是，对应教学方法论，既能把握到教师对学生的影响指向与自返性影响指向，又能把握到学生对教师的影响指向与自返性影响指向；因此，能够支持师生双方建构出以各自的引导性与被引导性以及自返性影响指向的对应为基础的对等影响关系。鉴于现行简单教学方法论的遮蔽或偏差，我们愿意特别强调如下三点。第一点是，关注学生对教师的影响指向。这里的关键是要走出人们熟悉的现行教学理论的偏蔽，那就是认为教学指向是教师对学生单一影响指向观点——那当然是简单抽象思维泛化的后果。在对应思维看来，教师对学生的影响指向，必然是师生双方双向度的相互影响指向；所以，不仅要关注教师对学生的影响指向，还要关注学生对教师的影响指向。第二点是，关注师生双方的自返性影响指向。这里的关键也是要走出人们熟悉的现行教学理论的偏蔽，那就是认为教学指向是教师对学生单一影响指向观点——那当然是简单抽象思维泛化的后果。在对应思维看来，教师对学生的影响指向，必然是师生双方双向度的相互性影响指向与自返性影响指向；所以，不仅要关注师生双方双向度的影响指向，还要关注师生双方自返性的影响指向。第三点是，关注师生双方在活动指向维度上对等定位的教学关系即四线定位的教学关系。既然师生双方都具有引导性与被引导性以及自返性的对应的影响指向，那么，师生双方就要关注在双方引导性与被引导性以及自返性影响指向一致性与不一致性前提下的四线定位关系。这种四线定位关系的基本内容是：关注理想性的上线，即师生双方在引导性与被引导性影响指向的一致性前提下，走向对等的教学，以实现双方的互补性变化或发展；关注过渡性的自返线，即师生双方在引导性与被引导性影响指向的不一致性前提下，返回自身，以调整自身与对方的关系；关注现实性的中线，即师生双方在引导性与被引导性影响指向的不一致性前提下，经由过渡性的自返线而走向对话或讨论，以实现双方的生成性变化或发展；关注禁止性的底线，即师生双方在引导性与被引导性影响指向的不一致性前提下，都不能破坏或割裂对应的教学关系。我们认为，在师生双方的活动指向维度上，经由四线定位的教学，就可以构建出师生双方以各自的引导性与被引导性以及自返性影响指向的对应为基础的，涉及理想、自返、现实与戒律的对等教学关系；由此，也可以规避由教师对学生单一的引导性影响指向所必然导致的简单的不对等教学关系。

第三，从师生双方的活动结果看，对应教学方法论，能够对实际的教学活动产生如下三方面的积极影响。一方面是，对应教学方法论，能够把握到教师对学生的影响结果以及自返性影响结果；因此，不仅能够支持教师对学生的影响结果，而且能够支持教师对自己的影响结果。另一方面是，对应教学方法论，能够把握到学生对教师的影响结果以及自返性影响结果；因此，不仅能够支持学生对教师的影响结果，而且能够支持学生对自己的影响结果。最后一个方面是，对应教学方法论，既能把握到教师对学生的影响结果与自返性影响结果，又能把握到学生对教师的影响结果与自返性影响结果；因此，能够支持师生双方建构出以各自的引导性与被引导性以及自返性影响结果的对应为基础的对等影响关系。鉴于现行简单教学方法论的遮蔽或偏差，我们愿意特别强调如下三点。第一点是，关注学生对教师的影响结果。这里的关键是要走出人们熟悉的现行教学理论的偏蔽，那就是认为教学结果是教师对学生单一影响结果观点——那当然是简单抽象思维泛化的后果。在对应思维看来，教师对学生的影响结果，必然是师生双方相互的影响结果；所以，不仅要关注教师对学生的影响结果，还要关注学生对教师的影响结果。第二点是，关注师生双方的自返性影响结果。这里的关键也是要走出人们熟悉的现行教学理论的偏蔽，那就是认为教学结果是教师对学生单一影响结果观点——那当然是简单抽象思维泛化的后果。在对应思维看来，教师对学生的影响结果，必然是师生双方相互的影响结果与自返性影响结果；所以，不仅要关注师生双方的相互性影响结果，还要关注师生双方的自返性影响结果。第三点是，关注师生双方在活动结果维度上对等定位的教学关系即四线定位的教学关系。既然师生双方都具有引导性与被引导性以及自返性对应的影响结果，那么，师生双方就要关注在双方引导性与被引导性以及自返性影响结果一致性与不一致性前提下的四线定位关系。这种四线定位关系的基本内容是：关注理想性的上线，即师生双方在引导性与被引导性影响结果的一致性前提下，走向对等的教学，以实现双方的互补性变化或发展；关注过渡性的自返线，即师生双方在引导性与被引导性影响结果的不一致性前提下，返回自身，以调整自身与对方的关系；关注现实性的中线，即师生双方在引导性与被引导性影响结果的不一致性前提下，经由过渡性的自返线而走向对话或讨论，以实现双方的生成性变化或发展；关注禁止性的底线，即师生双方在引导性与被引导性影响结果的不一致性前提下，都不能破坏或割裂对应的教学关系。我们认为，在师生双方的活动结果维度上，经由四线定位的教学，就可以构建出师生双方以各自的引导性与被引导性以及自返性影响结果的对应为基础的，涉及理想、自返、现实与戒律的对等教学关系；由此，也可以规避由教师对学生单方面的引导性影响结果所必然导致的简单的不对等教学关系。

五、本节小结

综上所述，我们对现行简单教学方法论的改造，涉及三层基本内容。一是，首先，由现行简单教学方法论所包含的主观思维路线，转换到事实思维路线；然后，在事实思维路线基础上，将现行简单教学方法论所包含的单一主观泛化的思维路线，改造为主观与客观的对应思维路线。二是，在对应思维路线上，将现行简单教学方法论所包含的认识教学方法的“教师对学生的规定性”的思维切入点，改造为“师生双方规定性与被规定性以及自返性的对应性”的思维切入点。三是，在“师生双方规定性与被规定性以及自返性的对应性”视野中，分别对师生双方的活动属性、指向与结果这些基本教学关系，做出了对应地考察。最后，我们分别考察了对应教学方法论，在师生双方的活动属性、指向与结果这些基本维度上，对实际的教学活动所产生的积极影响；以推动人们从现行的简单教学方法论，转换到对应的教学方法论。

为了更简明地把握两种教学方法论的不同，我们不妨将其中所包含的不同思维路线，做出如下比较。

简单教学方法论的单线定位路线——教学方法，就是教师对学生的引导性规定——这里需要特别注意，简单教学方法论，仅仅是对教师的单一主观性这一条思维路线的反应。

对应教学方法论的四线定位路线——教学方法，就是教师与学生双方引导性与被引导性以及自返性的对应性规定；它包含双方引导性与被引导性以及自返性对应影响的理想的上线、过渡性的自返线、现实的中线以及戒律的底线——这里需要特别注意，对应教学方法论，是对师生双方引导性与被引导性以及自返性对应影响的理想、自返、现实与戒律的四条思维路线的反应。

六、本节提示

在本节最后，需要做两点提示。一是，由“教师对学生的引导性规定”到“教师与学生双方引导性与被引导性以及自返性的对应性规定”的过渡环节，就是由对教学活动的主观抽象思维，转向对教学活动的客观与主观的对应思维。二是，由“教师对学生的引导性规定”到“师生双方的自返性规定”的过渡环节，就是在教学活动中师生双方的引导性规定所必然产生的不一致性，不理解这种不一致性，就很难完成从引导性规定到自返性规定的内在转换。

附言：

1. 从教师对学生引导而开始的教学活动，其实，都是教师与学生双方引导性与被引导性以及自返性的对应影响活动。

2. 对教师与学生的引导性与被引导性以及自返性的评价，都应该是具体的边界评价，而不能是抽象的泛化评价。

3. 仅仅把握到教师引导性而不能把握到被引导性与自返性的现行教学方法论，必然是引导性泛化的简单教学方法论；此种方法论，很难避免对教师引导作用的夸大。

4. 师生双方之间引导与被引导的不一致性所生成的张力，正是推动师生双方反思教学方法的最基本、最经常、最可靠的动力。

5. 仅仅明白教师活动的引导性而不能同时明白教师活动的被引导性以及自返性的人，其实，也就是简单的人。

6. 人们之间的引导性与被引导性以及自返性的一致性对应关系，是人们在简单生活中的简单关系；而人们之间的引导性与被引导性以及自返性的不一致性对应关系，则是人们在对应生活中充满张力的对应关系。

第十六章

对现行教学策略论的遮蔽性分析与对应改造

第一节　对现行教学策略论的遮蔽性分析

切问：

1. 现行教学理论，将教学策略规定为教师对学生的调控；其思维活动的切入点在哪里？我们如何才能探索到其思维活动的切入点？

2. 现行教学策略论，从自己理解教学活动的切入点上，能够把握到教学策略哪些方面的内容呢？

3. 现行教学策略论的根据是什么？这种策略论，对实际的教学活动会产生哪些积极作用？

4. 现行教学策略论，从自己理解教学活动的切入点上，在对教学策略有所把握的同时，却又遮蔽了哪些内容呢？

5. 在思维运行中，现行教学策略论，存在遮蔽的根源在哪里？

6. 现行教学策略论，对实际的教学活动会产生怎样的消极作用？

一、现行教学策略论的内容、属性及其思维活动的切入点

（一）现行教学策略论的内容

要弄明白什么是教学策略，就先要弄明白什么是教学。关于教学，在《教育学》中写道："教学乃是在教师引导下学生能动地学习知识以获得个性发展的活动。"① 关于教学策略，在这本教材中写道："教学策略是指为达成教学的目

① 王道俊，郭文安．教育学［M］．北京：人民教育出版社，2009：161.

的与任务，组织与调控教学活动而进行的谋划。”① 从这两层理解中，我们不难发现，按照现行教学理论的理解，教学策略，也就是教师“引导”或“调控”学生的策略——这就是现行教学策略论的基本内容。

（二）现行教学策略论的属性

现行教学策略论，具有怎样的性质呢？

按照现行教学策略论的理解，教学策略，也就是教师调控学生的策略。教学活动的实际，果真是这样的吗？当教师对学生进行调控时，难道不会受到学生的影响或制约吗？学生对教师的制约，难道不会带来教师的反思或反省的自返性吗？教师与学生双方的影响，难道仅仅具有一致性关系而没有不一致性关系吗？当师生双方的影响具有不一致性关系时，难道教师还能够单方面地“引导”或“调控”学生吗？从上面的引文中，我们不难发现，现行教学策略论，根本无视教学实际中这些客观存在的内在对应性问题，而仅仅将教学策略规定为教师对于学生的调控策略。由此，我们就可以有根据地说，现行教学策略论的属性，就是片面性或简单性。

（三）现行教学策略论的思维活动的切入点

现行教学策略论，既然将教学策略规定为教师对于学生的调控策略，那么，我们就可以据此逆向推论出现行教学策略论的思维活动的起点或切入点，那就是 教师对于学生的如上面引文中所说的“谋划”。正向地表达，现行教学理论，正是从教师对于学生的谋划或规划，切到对教学策略的理解，才将教学策略规定为教师对于学生的调控策略。

二、现行教学策略论的所见、根据及其积极功能

（一）现行教学策略论的所见

现行教学策略论，从教师对学生的规划，切到对教学策略的理解，能够把握到教学策略哪些方面的内容呢？一是，从师生双方的活动属性看，现行教学策略论，能够把握到教师的调控性与学生的被调控性。二是，从师生双方的活动指向看，现行教学策略论，能够把握到具有调控性的教师对于具有被调控性的学生的影响指向。三是，从师生双方的活动结果看，现行教学策略论，能够把握到具有调控性的教师对于具有被调控性的学生的影响。总之，现行教学策略论，从教师对学生的规划，切到对教学策略的理解，能够把握到的基本内容，

① 王道俊，郭文安．教育学［M］．北京：人民教育出版社，2009：237.

也就是：具有调控性的教师对于具有被调控性的学生的影响。

（二）现行教学策略论的根据

现行教学策略论，从教师对学生的规划，切到对教学策略的理解，所把握到的基本内容，是有根据的吗？一是，从师生双方的活动属性看，作为教学活动的参加者，在教学活动中教师当然会具有调控性，而学生也当然会具有被调控性。就此而论，现行教学策略论所把握到的教师的调控性与学生的被调控性，就是有根据的。二是，从师生双方的活动指向看，教师要对学生进行调控，就必然会将这种影响指向学生。这也是有根据的。三是，从师生双方的活动结果看，既然教师对学生进行了调控，那么，学生就必然会受到教师的影响。这也是有根据的。总之，现行教学策略论，从教师对学生的规划，切到对教学策略的理解，所把握到的基本内容，从教师对学生的教学来看，都是有根据的，因而也就是合理的。

（三）现行教学策略论的积极功能

现行教学策略论，从教师对学生的规划，切到对教学策略的理解，所把握到的基本内容，对于实际的教学活动，都具有积极的功能或价值。一是，从师生双方的活动属性看，现行教学策略论，能够把握到教师的调控性与学生的被调控性；这能够支持教师对学生的调控，也能够支持学生接受教师的调控。二是，从师生双方的活动指向看，现行教学策略论，能够把握到教师对学生的调控；这能够支持教师指向学生的调控，也能够支持学生接受教师的调控。三是，从师生双方的活动结果看，现行教学策略论，能够把握到教师对学生的调控结果；这能够支持教师肯定对学生的调控结果，也能够支持学生接受教师的调控结果。总之，现行教学策略论，从教师对学生的规划，切到对教学策略的理解，所把握到的基本内容，从教师对学生的教学来看，都具有积极的价值或作用。

三、现行教学策略论的偏蔽、根源及其消极功能

（一）现行教学策略论的偏蔽

现行教学策略论，从教师对学生的规划，切到对教学策略的理解，在有所见或有所把握的同时，却又遗漏或遮蔽了哪些内容呢？一是，从师生双方的活动属性看，现行教学策略论，在把握到教师的调控性与学生的被调控性的同时，却遮蔽了教师的被调控性与学生的调控性；进一步，还遮蔽了师生双方由调控性与被调控性的不一致性所必然产生的自返性。二是，从师生双方的活动指向看，现行教学策略论，在把握到教师调控性对学生被调控性的影响指向的同时，

却遮蔽了学生调控性对教师被调控性的影响指向；进一步，还遮蔽了师生双方由调控性与被调控性的不一致性所必然产生的自返性影响指向。三是，从师生双方的活动结果看，现行教学策略论，在把握到教师调控性对学生被调控性的影响结果的同时，却遮蔽了学生调控性对教师被调控性的影响结果；进一步，还遮蔽了师生双方由调控性与被调控性的不一致性所必然产生的自返性影响结果。总之，现行教学策略论，从教师对学生的规划，切到对教学策略的理解，在把握到教师调控性对学生被调控性的影响的同时，却遮蔽了学生调控性对教师被调控性的影响；进一步，还遮蔽了师生双方由调控性与被调控性的不一致性所必然产生的自返性影响。

（二）现行教学策略论的根源

从思维运作看，现行教学策略论，之所以存在上述偏蔽，是因为其主观抽象思维的泛化。一是，从师生双方的活动属性看，在实际的教学活动中，教师对学生进行的任何调控，都必然会引起学生的反应；而学生的反应，又必然会对教师产生制约或调控。同时，由于双方调控性与被调控性的不一致性，又必然会产生双方的自我调控性或自返性。这种事实表明，师生双方的调控性与被调控性以及自返性，都是对应存在的。然而，现行教学策略论，在其主观思维中，片面地抽取出教师的调控性与学生的被调控性，并以偏概全地泛指师生双方在教学活动中所产生的对应属性；由此，便遮蔽了教师的被调控性与学生的调控性，进一步，还遮蔽了师生双方由调控性与被调控性的不一致性所必然产生的自返性。二是，从师生双方的活动指向看，在实际的教学活动中，教师指向学生的影响，必然会引起学生的反应；而学生的反应，又必然会反过来指向教师。同时，由于师生双方指向的不一致性（双方中至少有一方不接受或不认可对方的影响），又必然会产生双方的自返性指向。这种事实表明，师生双方的相互影响指向与自返性影响指向，都是对应存在的。然而，现行教学策略论，在其主观思维中，片面地抽取出教师对学生的影响指向，并以偏概全地泛指师生双方在教学活动中所产生的对应性影响指向；由此，便遮蔽了学生对教师的影响指向，进一步，还遮蔽了师生双方由于相互指向的不一致性所必然产生的双方的自返性指向。三是，从师生双方的活动结果看，在实际的教学活动中，教师指向学生的影响，必然会对学生产生影响结果；而这种影响结果，又必然会反过来对教师产生影响结果。同时，由于师生双方影响结果的不一致性（双方中至少有一方不接受或不认可对方的影响结果），又必然会产生双方的自返性影响结果。这种事实表明，师生双方的影响结果，都是对应存在的。然而，现行教学策略论，在其主观思维中，片面地抽取出教师对学生的影响结果，并以偏概全地泛指师生双方在教学活动中所产生的对应影响结果；由此，便遮蔽了学生对教师的影响结果，进一步，还遮蔽了师生双方由相互影响结果的不一致性所必然产生的自返性影响结果。

（三）现行教学策略论的消极功能

现行教学策略论，从教师对学生的规划，切到对教学策略的理解，在有所把握的同时，却又存在偏蔽。这些认识或思维中的偏蔽，对实际的教学活动，会产生哪些消极影响呢?

一是，从师生双方的活动属性看，现行教学策略论，在把握到教师的调控性与学生的被调控性的同时，却遮蔽了教师的被调控性与学生的调控性；进一步，还遮蔽了师生双方由调控性与被调控性的不一致性所必然产生的自返性。由此，便直接导致了两个方面的不足性——从教师方面看，教师仅仅把握到自己对学生的调控性，便必然会产生片面的调控性而难以产生对自己调控性与被调控性以及自返性的对应关注；从学生方面看，学生仅仅把握到自己对教师的被调控性，便必然会产生对教师调控性的片面接受而难以产生对自己的被调控性与调控性以及自返性的对应关注。

二是，从师生双方的活动指向看，现行教学策略论，在把握到教师调控性对学生被调控性的影响指向的同时，却遮蔽了学生调控性对教师被调控性的影响指向；进一步，还遮蔽了师生双方由调控性与被调控性的不一致性所必然产生的自返性影响指向。由此，便直接导致了两个方面的不足性——从教师方面看，教师仅仅把握到自己对学生的影响指向，便必然会产生对学生影响指向的偏重而难以产生对师生双方影响指向与自返性影响指向的对应关注；从学生方面看，学生仅仅把握到教师的影响指向，便必然会产生对教师影响指向的偏重而难以产生对师生双方影响指向与自返性影响指向的对应关注。

三是，从师生双方的活动结果看，现行教学策略论，在把握到教师调控性对学生被调控性的影响结果的同时，却遮蔽了学生调控性对教师被调控性的影响结果；进一步，还遮蔽了师生双方由调控性与被调控性的不一致性所必然产生的自返性影响结果。由此，便直接导致了两个方面的不足性——从教师方面看，教师仅仅把握到自己对学生的影响结果，便必然会产生对学生单方面影响结果的接受而难以产生对师生双方影响结果与自返性影响结果的对应关注；从学生方面看，学生仅仅把握到教师的单方面影响结果，便必然会产生对教师单方面影响结果的接受而难以产生对师生双方影响结果与自返性影响结果的对应关注。

总之，现行教学策略论，从教师对学生的规划，切到对教学策略的理解，对教学活动实际产生的消极作用就是：仅仅把握到教师调控性与学生被调控性的现行教学策略论，必然会内在地衍生出教师对学生单方面的调控策略——这也就是我们以术语表达的简单教学策略。

四、本节小结

综上所述，我们看到，现行教学策略论，从教师对学生的规划，切到对教学策略的理解，虽然能够把握到教师的调控性与学生的被调控性，也能够把握到师生双方属性的根据并对实际的简单教学活动产生积极的作用；但是，遮蔽了教师的被调控性与学生的调控性以及师生双方的自我调控性或自返性。从思维运作看，现行教学策略论的偏蔽，是其主观思维的抽象泛化所导致的。从实际看，这种抽象泛化的思维或认识，对师生双方对应的教学活动存在多方面的消极作用。因此，现行教学策略论，就必然被合理地反思与改造。

五、本节提示

在本节最后，需要做两点提示。一是，探寻现行教学策略论的思维活动切入点的根据，就是现行教学策略论的内容；或者说，我们是通过现行教学策略论的内容而探寻到其思维活动的切入点的。二是，对现行教学策略论的思维活动切入点的遮蔽性分析，不是我们简单的主观分析，而是根据现行教学策略论所包含的主观思维活动切入点的所见与所不见而展开的——要特别注意，现行教学策略论所包含的简单静态的主观思维，必然会遮蔽与其对应的动态的客观事实。

附言：

1. 教学活动，当然可以从教师对学生的谋划开始，但是，关于教学策略的理论，不能仅仅停留在这里。

2. 现行教学策略论，只能把握到教师的调控性与学生的被调控性——这为注入式教学，提供了直接的理论支撑。

3. 教师绝不仅仅具有调控性，而学生也绝不仅仅具有被调控性——对师生双方而言，这或许都是个有意义的提醒。

4. 要想走出注入式教学的泥淖，就必须对师生双方的调控性与被调控性以及自返性做出对应的关照。

5. 仅仅把握到自身调控性的教师，就是典型的简单的教师；此种教师，很难具有谦虚或对等的品质。

6. 由调控性与被调控性以及自返性所生成的张力，正是教师永葆教育活力的根据。

第二节　对现行教学策略论的对应改造

切问：

1. 从动态的教学活动的事实看，现行教学策略论所包含的“教师对学生的规划”的切入点，其实都是“教师与学生双方规划与被规划以及自我规划的对应性规划”的切入点吗？

2. 教师的调控性，对学生而言就是被调控性；而学生的调控性，对教师而言就是被调控性。同时，由于调控性与被调控性的不一致性，又必然会产生师生双方的自我调控性或自返性。由此，就可以说，师生双方的调控性与被调控性以及自返性是对应存在的吗？

3. 教师指向学生的影响，必然会引起学生的反应吗？而学生的这种反应，又必然会指向教师并引起教师的反应吗？同时，由于师生双方影响指向的不一致性，又必然会产生双方的自返性影响指向吗？

4. 教师指向学生的影响，必然会对学生产生影响结果吗？这种影响结果，又必然会对教师产生影响结果吗？同时，由于师生双方影响结果的不一致性，又必然会产生双方的自返性影响结果吗？

5. 在教学活动中，师生双方的调控性与被调控性以及自返性，都不是抽象泛化的属性，而是具有边界对应关系的具体属性吗？我们需要从抽象泛化的思维，转换到具体的边界思维或对应思维吗？

6. 如果只有教师的调控性与学生的被调控性活动，那么，师生双方就只能产生注入式的不对等的教学关系吗？而如果师生双方都分别具有调控性与被调控性以及自返性的活动，那么，师生双方就会产生以调控性与被调控性以及自返性的对应为基础的对等教学关系吗？

一、对现行教学策略论所包含的泛化思维的对应改造

上一节我们谈到，现行教学策略论，之所以存在偏蔽，是因为在其思维运

作中存在抽象泛化的不足。因此，要改造现行教学策略论，就必须改造其抽象泛化的主观思维。如何改造这种思维呢？这首先就需要摆脱现行教学策略论所包含的简单主观思维，而转向对教学活动事实或过程的关注——由主观思维转向事实思维。然后，还需要走出教学研究者简单泛化的抽象思维，而转向对教学活动的客观与主观对应的边界思维——由简单的泛化思维，转向对应的边界思维。

二、对现行教学策略论所包含的思维切入点的对应改造

现行教学策略论，从教师对学生规划开始，切到对教学策略的理解；这一切入点本身并不存在问题。现行教学策略论的问题在于：首先，从教师对学生的规划开始，切到对教学策略的理解；然而并没有对这一动态影响的过程做出对应的考察，而是仅仅停留在教师对学生的规划这里，并将教学活动的策略规定为教师对学生的调控策略。

教师对学生调控的教学活动的动态过程，又是怎样的呢？征之于实际，我们看到，在教学活动中，教师对学生的任何调控，都必然会引起学生的反应；而这种反应，又必然会反过来对教师产生影响。同时，师生双方影响的不一致性，又必然会产生双方的自返性。这清楚地表明，教师与学生双方规划与被规划以及自我规划，都是对应存在的；而不是现行教学策略论所把握到的教师对学生单方面规划。由此，我们就将现行教学策略论所包含的“教师对学生的规划”的切入点，改造为“师生双方规划与被规划以及自我规划的对应性规划”的切入点。

三、对现行教学策略论所包含的具体内容的对应改造

对应教学策略论，从师生双方规划与被规划以及自我规定的对应性规划，切到对教学策略的理解；能够对现行的简单教学策略论，做出哪些方面的改造呢？下面，分而论之。

第一，从师生双方的活动属性看，对应教学策略论，既能把握到教师的调控性与被调控性，又能把握到学生的调控性与被调控性，还能把握到师生双方由调控性与被调控性的不一致性所产生的自返性；而不是现行简单教学策略论所把握到的教师的调控性与学生的被调控性。这里的道理是：在教学的实际过程中，教师的调控性，对学生而言就是被调控性；而学生的调控性，对教师而言就是被调控性。同时，由于调控性与被调控性的不一致性，又必然会产生师生双方的自返性。这清楚地表明，在教学活动的实际中，师生双方的调控性与

被调控性以及自返性，都必然是对应的规定性，而不可能是现行简单教学策略论所把握到的教师的调控性与学生的被调控性——这种片面的调控性与被调控性，当然，只能是抽象泛化的形而上学的属性。

第二，从师生双方的活动指向看，对应教学策略论，既能把握到教师对学生的影响指向，又能把握到学生对教师的影响指向，还能把握到师生双方的自返性影响指向；而不是现行简单教学策略论所把握到的教师对学生单方面的影响指向。这里的道理是：在教学的实际过程中，教师指向学生的影响，必然会引起学生的反应；而这种反应，又必然会指向教师。同时，师生双方相互影响的不一致性，又必然会产生双方的自返性影响指向。这清楚地表明，在教学活动的实际中，教师对学生的影响指向，必然是师生双方双向度的影响指向与自返性的影响指向，而不可能是现行简单教学策略论所把握到的教师对学生单一影响指向——这种单一的指向，当然，也只能是抽象泛化的形而上学的指向。

第三，从师生双方的活动结果看，对应教学策略论，既能把握到教师对学生的影响结果，又能把握到学生对教师的影响结果，还能把握到师生双方的自返性影响结果；而不是现行简单教学策略论所把握到的教师对学生单方面的影响结果。这里的道理是：在教学的实际过程中，教师指向学生的任何影响，都必然会对学生产生影响结果；而这种影响结果，又必然会对教师产生影响结果。同时，师生双方相互影响结果的不一致性，又必然会产生双方的自返性影响结果。这清楚地表明，在教学活动的实际中，教师对学生的影响结果，必然是师生双方的影响结果与自返性影响结果，而不可能是现行简单教学策略论所把握到的教师对学生单方面的影响结果——这种单方面的影响结果，当然，也只能是抽象泛化的形而上学的影响结果。

四、对应教学策略论的积极功能

对应教学策略论，从师生双方规划与被规划以及自我规划的对应性规划，切到对教学策略的理解；能够对实际的教学活动，产生哪些方面的积极影响呢？下面，分而论之。

第一，从师生双方的活动属性看，对应教学策略论，能够对实际的教学活动产生如下三方面的积极影响。一方面是，对应教学策略论，能够把握到教师对学生的调控性与被调控性以及自返性；因此，不仅能够支持教师对学生的调控，而且能够支持教师接受学生的调控，还能够支持教师对自我的调控。另一方面是，对应教学策略论，能够把握到学生对教师的调控性与被调控性以及自返性；因此，不仅能够支持学生对教师的调控，而且能够支持学生接受教师的调控，还能够支持学生对自我的调控。最后一个方面是，对应教学策略论，既能把握到教师对学生的调控性与被调控性以及自返性，又能把握到学生对教师的调控性与被调控性以及自返性；因此，能够支持师生双方建构出以各自调控性与被调控性以及自返性的对应为基础的对等影响关系。鉴于现行简单教学策略论的遮蔽或偏差，我们愿意特别强调如下三点。第一点是，关注教师对学生的被调控性与自返性。这里的关键是要走出人们熟悉的现行教学理论的偏蔽，那就是认为教学策略是教师对学生进行调控的观点——那当然是简单抽象思维泛化的后果。在对应思维看来，教师对学生的调控，必然是师生双方调控性与被调控性以及自返性的对应调控；所以，不仅要关注教师对学生的调控性，还要关注教师对学生的被调控性与自返性。第二点是，关注学生对教师的调控性与自返性。这里的关键也是要走出人们熟悉的现行教学理论的偏蔽，那就是认为教学策略是教师对学生进行调控的观点——那当然是简单抽象思维泛化的后果。在对应思维看来，教师对学生的调控，必然是师生双方调控性与被调控性以及自返性的对应调控；所以，不仅要关注学生对教师的被调控性，还要关注学生对教师的调控性与自返性。第三点是，关注师生双方在活动属性维度上对等定位的教学关系即四线定位的教学关系。既然师生双方都具有调控性与被调控性以及自返性，那么，师生双方就要关注在双方调控性与被调控性以及自返性的一致性与不一致性前提下的四线定位关系。这种四线定位关系的基本内容是：关注理想性的上线，即师生双方在调控性与被调控性的一致性前提下，走向对等的教学，以实现双方的互补性变化或发展；关注过渡性的自返线，即师生双方在调控性与被调控性的不一致性前提下，返回自身，以调整自身与对方的关系；关注现实性的中线，即师生双方在调控性与被调控性的不一致性前提下，经由过渡性的自返线而走向对话或讨论，以实现双方的生成性变化或发展；关注禁止性的底线，即师生双方在调控性与被调控性的不一致性前提下，都不能破坏或割裂对应的教学关系。我们认为，在师生双方的活动属性维度上，经由四线定位的教学，就可以构建出师生双方以各自调控性与被调控性以及自返性的对应为基础的，涉及理想、自返、现实与戒律的对等教学关系；由此，也可以规避由教师调控性与学生被调控性所必然导致的简单的不对等教学关系。

第二，从师生双方的活动指向看，对应教学策略论，能够对实际的教学活动产生如下三方面的积极影响。一方面是，对应教学策略论，能够把握到教师对学生的影响指向与对自己的影响指向；因此，不仅能够支持教师指向学生的影响，而且能够支持教师指向自己的影响。另一方面是，对应教学策略论，能够把握到学生对教师的影响指向与对自己的影响指向；因此，不仅能够支持学生指向教师的影响，而且能够支持学生指向自己的影响。最后一个方面是，对应教学策略论，既能把握到教师对学生的影响指向，又能把握到学生对教师的影响指向，还能把握到师生双方的自返性影响指向；因此，能够支持师生双方建构出以双方影响指向与自返性影响指向的对应为基础的对等影响关系。鉴于现行简单教学策略论的遮蔽或偏差，我们愿意特别强调如下三点。第一点是，关注学生对教师的影响指向。这里的关键是要走出人们熟悉的现行教学理论的偏蔽，那就是认为教学指向是教师指向学生的观点——那当然是简单抽象思维泛化的后果。在对应思维看来，教师对学生的影响指向，必然是师生双方相互的影响指向；所以，不仅要关注教师对学生的影响指向，还要关注学生对教师的影响指向。第二点是，关注师生双方的自返性影响指向。这里的关键也是要走出人们熟悉的现行教学理论的偏蔽，那就是认为教学指向是教师指向学生的观点——那当然是简单抽象思维泛化的后果。在对应思维看来，教师对学生的影响指向，必然是师生双方相互的影响指向与自返性影响指向；所以，不仅要关注师生双方相互的影响指向，还要关注师生双方的自返性影响指向。第三点是，关注师生双方在活动指向维度上对等定位的教学关系即四线定位的教学关系。既然师生双方都具有调控性与被调控性以及自返性的影响指向，那么，师生双方就要关注在双方调控性与被调控性以及自返性影响指向一致性与不一致性前提下的四线定位关系。这种四线定位关系的基本内容是：关注理想性的上线，即师生双方在调控性与被调控性影响指向的一致性前提下，走向对等的教学，以实现双方的互补性变化或发展；关注过渡性的自返线，即师生双方在调控性与被调控性影响指向的不一致性前提下，返回自身，以调整自身与对方的关系；关注现实性的中线，即师生双方在调控性与被调控性影响指向的不一致性前提下，经由过渡性的自返线而走向对话或讨论，以实现双方的生成性变化或发展；关注禁止性的底线，即师生双方在调控性与被调控性影响指向的不一致性前提下，都不能破坏或割裂对应的教学关系。我们认为，在师生双方的活动指向维度上，经由四线定位的教学，就可以构建出师生双方以各自调控性与被调控性以及自返性影响指向的对应为基础的，涉及理想、自返、现实与戒律的对等教学关系；由此，也可以规避由教师对学生的单一影响指向所必然导致的简单的不对等教学关系。

第三，从师生双方的活动结果看，对应教学策略论，能够对实际的教学活动产生如下三方面的积极影响。一方面是，对应教学策略论，能够把握到教师对学生的影响结果与对自己的影响结果；因此，不仅能够支持教师对学生的影响结果，而且能够支持教师对自己的影响结果。另一方面是，对应教学策略论，能够把握到学生对教师的影响结果与对自己的影响结果；因此，不仅能够支持学生对教师的影响结果，而且能够支持学生对自己的影响结果。最后一个方面是，对应教学策略论，既能把握到教师对学生的影响结果，又能把握到学生对教师的影响结果，还能把握到师生双方的自返性影响结果；因此，能够支持师生双方建构出以双方影响结果与自返性影响结果的对应为基础的对等影响关系。鉴于现行简单教学策略论的遮蔽或偏差，我们愿意特别强调如下三点。第一点是，关注学生对教师的影响结果。这里的关键是要走出人们熟悉的现行教学理论的偏蔽，那就是认为教学结果是教师对学生影响结果的观点——那当然是简单抽象思维泛化的后果。在对应思维看来，教师对学生的影响结果，必然是师生双方相互的影响结果；所以，不仅要关注教师对学生的影响结果，还要关注学生对教师的影响结果。第二点是，关注师生双方的自返性影响结果。这里的关键也是要走出人们熟悉的现行教学理论的偏蔽，那就是认为教学结果是教师对学生影响结果的观点——那当然是简单抽象思维泛化的后果。在对应思维看来，教师对学生的影响结果，必然是师生双方相互的影响结果与自返性影响结果；所以，不仅要关注师生双方相互的影响结果，还要关注师生双方的自返性影响结果。第三点是，关注师生双方在活动结果维度上对等定位的教学关系即四线定位的教学关系。既然师生双方都具有调控性与被调控性以及自返性的影响结果；那么，师生双方就要关注在双方调控性与被调控性以及自返性影响结果一致性与不一致性前提下的四线定位关系。这种四线定位关系的基本内容是：关注理想性的上线，即师生双方在调控性与被调控性影响结果的一致性前提下，走向对等的教学，以实现双方的互补性变化或发展；关注过渡性的自返线，即师生双方在调控性与被调控性影响结果的不一致性前提下，返回自身，以调整自身与对方的关系；关注现实性的中线，即师生双方在调控性与被调控性影响结果的不一致性前提下，经由过渡性的自返线而走向对话或讨论，以实现双方的生成性变化或发展；关注禁止性的底线，即师生双方在调控性与被调控性影响结果的不一致性前提下，都不能破坏或割裂对应的教学关系。我们认为，在师生双方的活动结果维度上，经由四线定位的教学，就可以构建出师生双方以各自的调控性与被调控性以及自返性影响结果的对应为基础的，涉及理想、自返、现实与戒律的对等教学关系；由此，也可以规避由教师对学生的单方面影响结果所必然导致的简单的不对等教学关系。

五、本节小结

综上所述，我们对现行简单教学策略论的改造，涉及三层基本内容。一是，首先，由现行简单教学策略论所包含的主观思维路线，转换到事实思维路线；然后，在事实思维路线基础上，将现行简单教学策略论所包含的单一主观泛化的思维路线，改造为主观与客观的对应思维路线。二是，在对应思维路线上，将现行简单教学策略论所包含的认识教学策略的“教师对学生的规划”的思维切入点，改造为“师生双方规划与被规划以及自我规划的对应性规划”的思维切入点。三是，在“师生双方规划与被规划以及自我规划的对应性规划”的视野中，分别对师生双方的活动属性、指向与结果这些基本教学关系，做出了对应的考察。最后，我们分别考察了对应教学策略论，在师生双方的活动属性、指向与结果这些基本维度上，对实际的教学活动所产生的积极影响；以推动人们从现行的简单教学策略论，转换到对应的教学策略论。

为了更简明地把握两种教学策略论的不同，我们不妨将其中所包含的不同思维路线，做出如下比较。

简单教学策略论的单线定位路线——教学策略，就是具有调控性的教师对具有被调控性的学生的简单调控策略——这里需要特别注意，简单教学策略论，仅仅是对教师的单一主观性这一条思维路线的反应。

对应教学策略论的四线定位路线——教学策略，就是分别具有调控性与被调控性以及自返性的教师与学生双方的对应调控策略；它包含双方调控性与被调控性以及自返性对应影响的理想的上线、过渡的自返线、现实的中线以及戒律的底线——这里需要特别注意，对应教学策略论，是对师生双方调控性与被调控性以及自返性对应影响的理想、自返、现实与戒律的四条思维路线的反应。

六、本节提示

在本节最后，需要做两点提示。一是，由“教师对学生的规划”到“师生双方规划与被规划以及自我规划的对应性规划”的过渡环节，就是由对教学活动的主观抽象思维，转向对教学活动的客观与主观的对应思维。二是，由“教师对学生的规划”到“师生双方的自我规划”的过渡环节，就是师生双方的规划在教学活动中所必然产生的被规划的不一致性，不理解这种不一致性，就很难完成从规划到自我规划的内在转换。

附言：

1. 从教师对学生规划开始的教学活动，其实，都是师生双方规划与被规划以及自我规划的对应教学活动。

2. 对教师与学生的调控性与被调控性以及自返性的认识，都应该是具体的边界认识，而不能是抽象的泛化认识。

3. 仅仅把握到教师调控性而不能把握到被调控性与自返性的现行教学策略论，必然是调控性泛化的简单教学策略论；此种策略论，根本不可能具有自我反思与自我改造的品质。

4. 师生双方调控性与被调控性的不一致所生成的张力，正是推动师生双方进行自我调控的内在动力。

5. 仅仅明白自己的调控性而不能同时明白自己的被调控性与自我调控性的教师，其实，也就是简单的教师——此种教师，根本不可能具有自我否定与自我长进的品质。

6. 师生双方的调控性与被调控性以及自我调控性的一致性对应关系，是师生双方简单教学的内在机理；而师生双方的调控性与被调控性以及自我调控性的不一致性对应关系，则是师生双方对应教学的内在机制。

后记

关于从“三线定位”到“四线定位”的一点说明

在对应理论的体系中，三线定位属于对应定位的理论与方法。

在2009年7月内蒙古人民出版社出版的我的《丰富的人与教育——基础教育学引论》一书中，我就在基础教育学领域中，系统地运用三线定位的理论与方法。

为改造2008年《中小学教师职业道德规范》，我在2016年给当时教育部的袁贵仁部长写了一个系列的七封公开信（这些信，已被收入光明日报出版社2021年6月出版的我的博文集《从简单教育论到对应教育论》之中）。在这些信中，我又用三线定位的理论与方法，对中小学教师的每一条职业道德规范，逐一做出了对应的反思与改造。

2021年秋季学期，为给我们学院的博士们讲授“对应教育原理”这门课，我便从哲学或思维的维度对三线定位的理论与方法进行了较为系统的考察；这些考察的结果已被表达在《对应教育论——对等社会的基础教育学》一书中。

2022年年末，我在回顾这些年逐步形成的遮蔽性思维、对应差异思维与三线规范思维时，突然发现三线定位理论与方法的内在机械性的粗疏与不足；由此，加以反思与改造，便将三线定位的理论与方法，推进到了四线定位的理论与方法——这也就是本书导论部分的内容。

以上就是关于从三线定位到四线定位的一点说明，一是为读者做一点必要的提示，二是为自己做一点必要的表白。

李春桥

2023年3月31日